Alexander Bogner
Gesellschaftsdiagnosen

Alexander Bogner

Gesellschafts-diagnosen

Ein Überblick

2., überarbeitete Auflage

BELTZ JUVENTA

Der Autor

Alexander Bogner, Jg. 1969, PD Dr., ist Soziologe und arbeitet am Institut für Technikfolgen-Abschätzung der Österreichischen Akademie der Wissenschaften in Wien. Seine Arbeitsschwerpunkte liegen in der Umweltsoziologie, der Wissenschafts- und Technikforschung sowie in den Qualitativen Methoden.

Bibliografische Information der Deutschen Nationalbibliothek
Die Deutsche Nationalbibliothek verzeichnet diese Publikation in der Deutschen Nationalbibliografie; detaillierte bibliografische Daten sind im Internet über http://dnb.d-nb.de abrufbar.

MIX
Papier aus verantwortungsvollen Quellen
FSC® C089473
FSC www.fsc.org

1. Auflage 2012
2., überarbeitete Auflage 2015

Werderstraße 10, 69469 Weinheim
www.beltz.de · www.juventa.de
Herstellung und Satz: Ulrike Poppel
Druck und Bindung: Beltz Bad Langensalza GmbH, Bad Langensalza
Printed in Germany
ISBN 978-3-7799-3258-1

Vorwort zur zweiten Auflage

In der zweiten Auflage dieses Buches ist die Darstellung der „Erlebnisgesellschaft“ und verwandter Gesellschaftsdiagnosen an die Stelle des Kapitels über die „ökologische Gesellschaft“ getreten. Die ökologische Gesellschaft – bislang noch kein geläufiger Titel innerhalb der Gesellschaftsdiagnostik – diente in der ersten Auflage als willkommener Aufhänger für eine Kurzeinführung in die Systemtheorie. Insofern war dieses Kapitel eine kleine Mogelpackung, wenn auch aus ehrbaren didaktischen Motiven. Eine gründliche Überarbeitung haben außerdem die Kapitel 4 („Die technologische Gesellschaft“) und 6 („Sicherheitsgesellschaft“) erhalten.

Die aktuelle Darstellung konzentriert sich nunmehr auf Werke, die mit dem expliziten Anspruch auftreten, ihrer Gesellschaft eine bündige Diagnose zu stellen. Natürlich steckt in jeder anspruchsvollen Gesellschaftstheorie immer auch diagnostisches Potenzial. Dieses heraus zu präparieren, wäre jedoch eine interpretative Aufgabe, die den Rahmen dieser Darstellung sprengen würde. Manch großen Namen der Soziologie wird man daher vermissen.

Dieses Buch ist aus einer Vorlesung gleichen Titels an der Universität Wien hervorgegangen. Es gilt also, die Züge des Unterrichts und der Improvisation zu betonen, die den folgenden Bemerkungen eigen sind. Die Anregung zu dieser Vorlesung verdanke ich Christoph Reinprecht vom Institut für Soziologie der Universität Wien. Wolfgang Menz, Walter Peissl, Frank Seiß und Günter Stummvoll haben Teile des Manuskripts gelesen und hilfreiche Kritik formuliert. Peter Prenner hat mich immer dann, wenn die Universitätsbibliotheken passen mussten, mit Literatur aus den fantastischen Beständen der Bibliothek der Arbeiterkammer in Wien versorgt.

Wien, im Mai 2015
Alexander Bogner

Inhalt

Kapitel 1
Der diskrete Charme der Gesellschaftsdiagnostik

Wirklich etabliert ist der Begriff der *Gesellschaftsdiagnose* im wissenschaftlichen Sprachgebrauch noch nicht. Meist spricht man im Fall jener Analysen, die eine Zustandsbeschreibung, also eine Diagnose ihrer gegenwärtigen Gesellschaft liefern wollen, von Zeitdiagnosen. Der Begriff der *Zeitdiagnose* verweist auf eine Zeit, in der die Gesellschaft im soziologischen Sinne noch gar nicht der ausgewiesene Bezugspunkt der Analyse war. In dieser vorsoziologischen Zeit soziologischen Denkens philosophierte man über die leitenden Ideen der Epoche und den Geist der Zeit, den Zeitgeist. Der Begriff der Gesellschaft gewinnt erst an Boden, als sich ein neues Verständnis der Zeit durchsetzt: die Zukunftsoffenheit der Zeit. Das heißt, der Lauf der Dinge ist nun nicht mehr in einem von Gott oder Hegel vorgezeichneten Plan geborgen. Man glaubt vielmehr, dass die sozialen Umstände gestaltet werden können und müssen.

Mit der jungen Soziologie bildet sich eine Wissenschaft vom Sozialen heraus, der man eine entsprechende Gestaltungskompetenz zutraut. Die Soziologie trägt dann auch entscheidend zur Popularisierung und Präzisierung des Begriffs der Gesellschaft bei. Der Begriff der Gesellschaft signalisiert: Menschliches Zusammenleben ist gestaltbar, aber auch gestaltungsbedürftig. Anstelle der Zeit – eines für die Kennzeichnung des umfassendsten Sozialzusammenhangs viel zu unscharfen Begriffs – ist es darum fortan die Gesellschaft, die sich mithilfe einer ausdifferenzierten Sozialwissenschaft analysiert.

Der Begriff der Gesellschaftsdiagnose markiert also einen semantischen Wandel, der letztlich auf ein neues Verständnis der Zeit und des menschlichen Miteinanders verweist – sowie auf die gesteigerte Bedeutung der Soziologie. Die Soziologie spricht darum heute lieber von Gesellschaftsdiagnosen als von Zeitdiagnosen. Wer sich vor allem auf die philosophische Tradition bezieht, wird eher von Zeitdiagnosen sprechen. Der Titel dieses Buches lehnt sich an den jüngeren, soziologischen Diskurs an, obwohl in den ersten Kapiteln auch philosophische Zeitdiagnosen vorgestellt werden. Auf den ersten Seiten wird daher vor allem der Begriff der Zeitdiagnose verwendet, anschließend wird überwiegend von Gesellschaftsdiagnosen die Rede sein. Aber das sind Feinheiten. Selbst im wissenschaftlichen Sprachgebrauch werden die beiden Begriffe meist synonym verwendet.

Zeitdiagnosen verfolgen das Ziel, eine umfassende Deutung ihrer Zeit vorzulegen, die „Signatur der Zeit" zu entziffern, also das für die Gesellschaft im Ganzen Charakteristische auf den Punkt zu bringen. Mit Max Weber könnte man sagen, sie zielen darauf ab, durch eine „einseitige *Steigerung eines* oder *einiger* Gesichtspunkte" (Weber 1988a: 191) das zentrale Wesensmerkmal der Gesellschaft sowie die Perspektiven ihrer Entwicklung auf den Begriff zu bringen. Die derart konstruierten Gesellschaftsbilder werden allerdings meist nicht als Idealtyp, sondern als Realtyp verstanden. Schließlich verdankt sich der Impuls zur Zeitdiagnose nicht selten der Überzeugung, es gelte in der Gegenwart vor bereits eingetretenen oder sich abzeichnenden krisenhaften Entwicklungen zu warnen. Gerade die klassische Zeitdiagnostik des 19. und frühen 20. Jahrhunderts traut sich nicht nur die Diagnose zu. Sie entwickelt vielmehr, darauf aufbauend, konkrete Therapievorschläge (um im medizinischen Bild zu bleiben).

Die Zeitdiagnose ist ein seit Langem eingeführtes Genre, das keineswegs auf die Soziologie beschränkt ist. Auch Philosophen und Kulturwissenschaftler sind traditionell auf diesem Terrain tätig, ebenso Journalisten oder Schriftsteller, die in ihren Werken in irgendeiner Weise den Zeitgeist portraitieren. Die Wissenschaft hat also keinen Exklusivanspruch auf Zeitdiagnosen. Allein deswegen ist die Zeitdiagnose ein recht diffuses Genre geblieben. Und selbst innerhalb des Wissenschaftsbereichs tut man sich damit recht schwer. Es gibt keinen präzisen, weithin anerkannten Begriff von Zeitdiagnose, und eigentlich gibt es noch nicht einmal systematische Anstrengungen zu dessen Präzisierung, auch nicht innerhalb der Soziologie. Nicht selten wird das Etikett „Zeitdiagnose" in abwertender Absicht verliehen, und zwar von jenen, die im Umkehrschluss festhalten wollen, was (heutzutage) wirkliche Wissenschaft ist.

Innerhalb des Fachs Soziologie wird die Gesellschaftsdiagnostik von der Allgemeinen Soziologie mitverwaltet, aber weil sie gemeinhin als Schwundstufe der Gesellschaftstheorie gilt, fristet sie eine Randexistenz. Es überrascht daher nicht, dass Lehr- und Einführungsbücher zu diesem Thema Mangelware sind. Ausnahmen gibt es, etwa eine Sammlung von Überblicksdarstellungen soziologischer Gegenwartsdiagnosen (Schimank/Volkmann 2007), eine Einführung in aktuelle soziologische Gesellschaftsbegriffe (Kneer et al. 2001) sowie eine populäre Darstellung einflussreicher Zeitdiagnosen (Pongs 1999/2000). Es gibt sogar einen Band mit dem Titel „Gesellschaftsdiagnosen", herausgegeben von Sven Papcke (1991). Darin finden sich allerdings keine soziologischen Zeitdiagnosen; es handelt sich vielmehr um eine Sammlung von Essays über klassische Texte der deutschen Soziologie zu ganz unterschiedlichen Themen, angefangen von Max Weber über Karl Mannheim bis hin zu Dahrendorf und Popitz.

Von der Auseinandersetzung mit Zeitdiagnosen könnte die Soziologie viel lernen – vor allem über sich selbst. Denn was als Zeitdiagnose gilt, ist immer auch abhängig von fachspezifischen Theorie- und Formalisierungsstandards, von wissenschaftlichen Schulbildungen und Theorietrends, sodass die Theorie von gestern heute schon als Diagnose erscheinen kann. Dies lässt sich gegenwärtig an Theorieoptionen erkennen, die für die soziologische Theoriebildung als nicht mehr anschlussfähig gelten, beispielsweise an der Kritischen Theorie (siehe Kapitel 3). Was gegenwärtig als Zeitdiagnose gilt, ist insofern aufschlussreich für das Selbstbild sowie für eine Standortbestimmung der Soziologie.

1 Zeitdiagnostik – ein unseriöses Geschäft?

Die akademische Wertschätzung gegenüber Zeitdiagnosen ist ambivalent. Einerseits gelten Zeitdiagnosen als oft recht anregende Deutungen, die für unser Verständnis der Gegenwart einen erheblichen Orientierungswert haben können. Außerdem sind Zeitdiagnosen meist gut geschrieben, sie haben tendenziell eine größere Öffentlichkeit als abstrakte Theorieprodukte und sorgen daher für mediale Aufmerksamkeit für das eigene Fach. Es sei in diesem Zusammenhang nur an die wohl einflussreichste soziologische Zeitdiagnose der jüngeren Vergangenheit erinnert, an Ulrich Becks „Risikogesellschaft", ein Buch, das bislang in über 30 Sprachen übersetzt und allein in Deutschland in rund 200 000 Exemplaren verkauft wurde. Dies ist einerseits die Außenwerbung, die die Soziologie dringend braucht.

Andererseits jedoch wirkt auf manche Fachkollegen der Versuch allzu ambitioniert, angesichts der komplexen Realität und fortschreitenden Spezialisierung in den Wissenschaften die Struktur der Gesellschaft auf ein einziges, möglichst markantes Etikett einzudampfen. So bekommt die Charakterisierung eines Werks als „Zeitdiagnose" oftmals einen negativen Klang. Man müsse, fordert etwa Axel Honneth (1994: 8), Zeitdiagnosen „ein erhebliches Maß an Skepsis" entgegenbringen. Denn sie seien „Produkte einer Überverallgemeinerung von gesellschaftlichen Entwicklungen", die nur eine beschränkte historische oder soziale Reichweite besitzen. „Kaum ein theoretisches Unternehmen wird heute voreiliger und unbesonnener betrieben als das der Zeitdiagnose." (ebd.: 7) Keine soziologische Zeitdiagnose der jüngeren Vergangenheit habe, so Honneth weiter, die Phase der gründlichen empirischen Überprüfung unbeschadet überstanden.

Das aufregend Neue, das die Zeitdiagnose auf den Begriff gebracht zu haben beansprucht, ist, so die Vermutung, nur auf Basis unzulässiger Komplexitätsreduktion zu haben. Weil in den letzten Jahrzehnten hundertfach die nächste und allerneueste Gesellschaft ausgerufen wurde – sei es als Risiko-, Informations-, Freizeit- oder Dienstleistungsgesellschaft –, haben es Zeitdiagnosen in Fachkreisen mittlerweile recht schwer. Ihre gute Lesbarkeit gilt vielen als Oberflächlichkeit, ihre pointierten Begriffsprägungen als Beweis für fehlendes Differenzierungsvermögen, und auch ihre mangelhafte empirische Fundierung ist ein Dauerthema.

Letztlich steht der unterschwellige *Vorwurf der Unwissenschaftlichkeit* im Raum. Zeitdiagnosen gelten als erfahrungsgestützte Deutungen, die Standortbestimmungen vornehmen, also Orientierung und Anlass zu Diskussionen geben wollen – und dies über die engen Grenzen der wissenschaftlichen Fachgemeinde hinaus. Sie haben nicht das Format datenkontrollierter Thesensätze, die ihre Behauptungen mit allen methodologischen Finessen abstützen und im Idealfall kommastellengenaue Begründungen liefern. Kurz: Zeitdiagnosen wohnt ein spekulatives Moment inne (Schimank 2007: 17). Aber gilt Gleiches nicht auch für Gesellschaftstheorien?

Der – in der Tradition des kritischen Rationalismus vertretene – Anspruch, Theorien müssten sich in eine Reihe falsifizierbarer Hypothesen zerlegen lassen, um nach entsprechenden empirischen Detailuntersuchungen als (un-)wissenschaftlich qualifiziert werden zu können, rekurriert auf ein antiquiertes Wissenschaftsideal. Diesem Ideal zufolge steht die Wissenschaft einer von ihr getrennten Objektwelt gegenüber und ist darum in der Lage, die relevanten Variablen vollständig zu identifizieren und Beziehungen zwischen ihnen lückenlos zu kontrollieren. Die Gesellschaft erscheint in diesem Bild als eine Maschine und die Soziologie als externe Beobachtungs- und Kontrollinstanz. Doch die Soziologie ist keine Wissenschaft, die plausibel machen könnte, dass es da draußen eine Welt (also die Gesellschaft) gibt, von der sie selbst unabhängig ist. Die Soziologie ist vielmehr Teil dessen, was sie analysiert, und die Gesellschaft ist und bleibt für die Soziologie immer die Gesellschaft der soziologischen Beschreibungen. All ihre Diagnosen haben daher erstens eine Halbwertszeit, weil die Gesellschaft dynamisch ist, und zuweilen haben ja sogar soziologische Diagnosen einen gewissen Anteil an dieser Dynamik. Und zweitens existiert für soziologische Beschreibungen keine äußere, unabhängige Prüfinstanz – sondern nur andere Beschreibungen, die wiederum auf bestimmten (wissenschafts-)theoretischen und methodischen Grundlagen basieren. Schließlich ist die Soziologie (so wie alle anderen Wissenschaften) nicht in der Lage, die Welt realistisch „abzubilden", gewissermaßen: die gesellschaftliche Realität in objektives Wissen zu übersetzen. Dieser erkenntnistheoretische Realismus, der vor allem die Naturwissenschaften geprägt hat, geht an der Realität vorbei.

Einer strengen empirischen Prüfung sind Gesellschaftsdiagnosen – genauso wie Gesellschaftstheorien – also nicht zugänglich. Die Schlussfolgerung mancher Soziologen lautet darum, man solle besser gleich auf den Begriff der Gesellschaft verzichten. Dahinter steht die Auffassung, dass die Gesellschaft als primärer Bezugspunkt der Soziologie prinzipiell untauglich sei, eben weil sie als hoffnungslos komplexer Gegenstand nicht in ein überschaubares Set zusammenhängender Variablen zu übersetzen, kurz: nicht operationalisierbar sei. „Die Kritik des Rekurses auf Gesellschaft macht sich also Sorgen darum, dass man dann nur selektiv auf den Forschungsgegenstand zugreifen kann – als gelte das nicht prinzipiell für jede Form von Forschung, wie kleinräumig sie sich auch immer geben mag.“ (Nassehi 2001: 552) Ein Begriff wie Gesellschaft gilt dieser Kritik als hoffnungslose Spekulation oder gleich als reine Esoterik. So wird der Angriff auf Gesellschaftsdiagnosen zum Angriff auf jede Form von Gesellschaftstheorie. Die leicht irritierende Schlussfolgerung dieser Kritik lautet: Wer heute noch von Gesellschaft redet, kann kein Soziologe sein.

Betreiben Zeitdiagnosen also ein wissenschaftlich unseriöses Geschäft? Darüber wird sich – wie so oft in der Wissenschaft – wohl niemals Einigkeit herstellen lassen. Mit dem Kriterium der Wissenschaftlichkeit jedenfalls wird man sich bei der (Dis-)Qualifizierung von Zeitdiagnosen schwer tun. Ein solches Kriterium hätte zur Voraussetzung, dass man sich überhaupt erst einmal auf einen gemeinsamen Begriff von Wissenschaftlichkeit verständigen könnte. Angesichts der konkurrierenden Wissenschaftskonzeptionen zwischen und innerhalb der einzelnen Disziplinen und Fächer scheint dies ziemlich aussichtslos. Auch und gerade in der Soziologie herrscht diesbezüglich seit 100 Jahren erhebliche Unordnung, man denke an den Werturteilsstreit zu Zeiten Max Webers oder an den Positivismusstreit, der in den 1960er-Jahren schwelte. Oder an die Dauerkontroverse darüber, ob denn qualitative Methoden wirklich wissenschaftlich sind. Das heißt nicht, dass zwischen Zeitdiagnose und Gesellschaftstheorie keinerlei Unterschiede auszumachen wären. Doch der Rekurs auf ein so unscharfes und deutungsoffenes Kriterium wie das der Wissenschaftlichkeit scheint zu diesem Zweck nicht sonderlich aussichtsreich.

Das Unbehagen an der Zeitdiagnostik ist ein für die deutschsprachige Soziologie vielleicht nicht ganz untypisches Phänomen. Im englischsprachigen Bereich gibt es vergleichbare Bedenken nicht. Dort existieren keine Anstrengungen, zwischen Gesellschaftstheorie und Zeitdiagnosen exakt zu unterscheiden; der Begriff Zeitdiagnose ist dort praktisch unbekannt und wird – wenn überhaupt – im deutschen Original übernommen. Das könnte daran liegen, dass man sich weniger für Streitigkeiten um das Etikett der Wissenschaftlichkeit interessiert, sondern eher dafür, ob eine Deutung interessant ist.

Den eigentümlichen Reiz der Zeitdiagnose wird man sich mit positivistischen Wissenschaftsidealen jedenfalls nicht vom Hals halten können. Es wird weiterhin – allen Bemühungen um Verwissenschaftlichung zum Trotz – einen Markt für Zeitdiagnosen geben, auch innerhalb der Soziologie. So trifft es zweifellos die gegenwärtige Gemütslage der Wissenschaft, wenn man abschließend festhält: „Zeitdiagnostik gilt als interessant, aber doch auch als ein wenig unsolide." (Reese-Schäfer 1996: 377) Gerade Studierende sollte dieser Befund jedoch aufhorchen lassen. Denn der hohe Anspruch der Wissenschaftlichkeit verheißt meist Ausflüge in extreme Abstraktionshöhen und staubtrockene Lektüre. Wir denken in diesem Zusammenhang sofort an Methodenveranstaltungen, Einführungen in die Statistik und Wissenschaftstheorie. Die Abwertung der Zeitdiagnostik seitens der strengen Wissenschaft könnte bedeuten, dass es in diesem Buch um ganz spannende Dinge geht.

2 Gesellschaftsdiagnose, Gesellschaftstheorie – wo ist der Unterschied?

Gesellschafts- oder Zeitdiagnosen zielen auf die Bestimmung einer Eigenheit, die für die Gesellschaft im Ganzen typisch ist. Gesellschaftsdiagnosen wollen das Charakteristische einer zeitlich und geografisch abgegrenzten Gesellschaft auf den Punkt bringen. Dies wirft die Frage auf, was denn die Zeitdiagnostik von dem – wissenschaftlich unumstrittenen – Genre der Gesellschafts*theorie* unterscheidet. Zielt nicht die Zeitdiagnose genauso wie die Gesellschaftstheorie darauf ab, ihre Zeit, wie Hegel es gefordert hat, in Gedanken zu erfassen? Nimmt die Gesellschaftstheorie nicht ebenfalls die ganze Gesellschaft in den Blick? Inwiefern lassen sich angesichts all dieser Parallelen gravierende Unterschiede zwischen Gesellschaftsdiagnosen und Gesellschaftstheorien ausmachen?

Im Folgenden sollen einige zentrale Unterscheidungsdimensionen skizziert werden. Damit ist nicht die Absicht eines systematischen Vergleichs zwischen Zeitdiagnose und Gesellschaftstheorie verbunden. Ein solcher Vergleich müsste auf einer kriteriengeleiteten Analyse ausgewählter Zeitdiagnosen basieren. Dies kann in einer Einführung nicht geleistet werden. In unserem Zusammenhang kann es nur darum gehen, eine erste Orientierung zu vermitteln.

Natürlich ist es problematisch, bereits am Beginn einer Darstellung einflussreicher Zeitdiagnosen festzulegen, was Zeitdiagnostik im Folgenden bedeuten soll. Eine detaillierte Festlegung kann letztlich nur im Durchgang durch die entsprechenden Texte begründet werden. Andererseits ist es zwingend erforderlich, eine definitorische Eingrenzung der Zeitdiagnose im Vorgriff auf die Textlektüre zu liefern. Eine solche Heuristik ist schon aus didaktischen Gründen sinnvoll. Außerdem lässt sich nur auf Basis einer Heuristik die Textauswahl begründen. Anderenfalls kommt es zu Überdehnungen des Begriffs. Mitunter wird der Begriff der Gesellschaftsdiagnose in der Literatur so breit ausgelegt, dass auch Konzepte darunter fallen, die man gemeinhin dem gesellschaftstheoretischen Kontext zurechnet (vgl. Kneer et al. 2001). Zwar mag jede Gesellschaftstheorie über zeitdiagnostisches Potenzial verfügen, doch bereits diese Feststellung rekurriert selbst wieder auf eine vorgängige Unterscheidung der beiden Genres. In der neueren Literatur finden sich für diese Unterscheidung einige Kriterien, auf die ich gleich zu sprechen komme. Vorher jedoch gilt es, darauf hinzuweisen, dass eine solche Unterscheidung selbst wieder ein soziales Phänomen ist, in diesem Fall: ein Ergebnis von Differenzierungsprozessen innerhalb der Soziologie. Was heißt das?

Zeitdiagnostik und Gesellschaftstheorie gelten heute als ungleiches Paar in ähnlicher Mission, nämlich der Gesellschaftsbeobachtung. Dass die scharfe Kontrastierung der beiden Genres keineswegs selbstverständlich ist, lässt sich mit Blick auf die Gründerväter der Soziologie wie Max Weber (1864–1920) oder Émile Durkheim (1858–1917) festhalten. Auf Webers Rationalisierungsthese und ihr zeitdiagnostisches Potenzial komme ich in Kapitel 8 zurück. Doch auch Durkheims Analyse der Turbulenzen, in die die moderne Gesellschaft geraten ist, enthält zeitdiagnostisches Potenzial (Durkheim 1992). Wie lässt sich eine tragfähige Moral für eine Gesellschaft finden, die durch wachsende Desintegration und Zersplitterung, durch Arbeitsteilung, moralischen Individualismus, Verwissenschaftlichung und Technisierung charakterisiert ist? So lautet Durkheims Basisfrage. Seine gesellschaftstheoretischen Überlegungen führen ihn zu der Empfehlung, dass die ausdifferenzierte, durch Anomie bedrohte Gesellschaft einer neuen institutionellen Struktur bedarf, um eine wirksame Kollektivmoral etablieren zu können. Es sind die Berufsgruppen, die Durkheim als wirksame Vermittler dieser neuen Moral ansieht. Das heißt, Durkheims Analyse des sozialen Wandels enthält eine Diagnose (lautend auf Individualismus und Anomie) sowie eine präzise Therapie (Moralisierung der Gesellschaft mittels der Neuauflage von Berufsverbänden).

Die uns heute geläufigen Abgrenzungsversuche verweisen darauf, dass die ehemalige Einheit zwischen Gesellschaftsdiagnose und Gesellschaftstheorie zerrissen ist. Die soziologische Analyse der Gesellschaft hat sich also in zwei Genres ausdifferenziert, wobei man als eine wesentliche Triebfeder dieses Prozesses den starken Innen- bzw. Außenbezug der Genres vermuten wird. Das heißt: Während der Gesellschaftstheorie vor allem an der Überzeugung eines fachinternen Publikums gelegen ist, zielt die Zeitdiagnose stärker auf fachfremde Resonanz – so zumindest die gängige Sichtweise. Ob sich Zeitdiagnosen tatsächlich von vornherein stärker an den Bedürfnissen medialer Kommunikation orientieren oder ob sich dieses Genre heute vor allem der Abgrenzungsarbeit einer um Wissenschaftlichkeit bemühten Soziologie verdankt, ist eine andere Frage, die hier nicht geklärt werden muss.

Die Herausbildung der Gesellschaftsdiagnose als eigenständiges Genre wird in der Soziologie mit gemischten Gefühlen beobachtet. Es gibt Stimmen, die sie am liebsten aus dem Bereich der Soziologie hinausdefinieren würden. Zeitdiagnostik gilt dieser Kritik bestenfalls als Feuilletonsoziologie. Mildere Kritiker weisen darauf hin, dass man das Reflexionspotenzial der Zeitdiagnose, ihre besondere Sensibilität für neuartige Problemkonstellationen, nicht verschenken sollte. Zeitdiagnosen kommt aus dieser Perspektive gewissermaßen eine Spürhundfunktion zu. Vonseiten der Zeitdiagnostik gibt es hierzu keine Einlassungen. Warum? Offenbar weil es keine bekennenden Zeitdiagnostiker gibt.

Die Bindestrichgesellschaft

Soziologische Zeitdiagnosen erkennt man oft auf den ersten Blick schon daran, dass mit dem Buchtitel eine neue Gesellschaftsform ausgerufen wird. Manche Autoren reden dann von der Wissensgesellschaft, andere von Dienstleistungsgesellschaften, es gibt die Freizeit-, die Erlebnis-, die Multioptions- und die Informationsgesellschaft, und eigentlich gibt es im Reich dieser Bindestrichgesellschaften nichts, was es nicht gibt.

Michael Marien hat schon in den späten 1970er-Jahren über 350 verschiedene Benennungen für die gegenwärtige Gesellschaft gefunden (Marien 1977). In seiner Liste findet sich Etzionis „The Active Society" genauso wie Croziers „The Stalled Society", Kenneth Bouldings „Post-Civilised Society", die „Consumer Society" oder die „Service Society" – dies alles Zeitdiagnosen aus dem sozialwissenschaftlichen Bereich. Bis zum heutigen Tag sind noch etliche Titel hinzugekommen, die meisten davon schon wieder vergessen. Diese Inflation unterschiedlicher, zuweilen komplementärer Gesellschaftsetiketten ist kein Zufall, sondern resultiert aus der Bauart von Zeitdiagnosen.

Wie können wir uns die Bauanleitung für Zeitdiagnosen vorstellen? Zeitdiagnosen basieren auf einer „Konstruktion, die aus kleinen, bereichsspezifischen Phänomenen gesellschaftliche Globaltransformationen schmiedet. (…) Man sucht nach ‚Nussschalen', die im Kleinen vormachen, was auf gesamtgesellschaftlicher Ebene zu beobachten ist." (Osrecki 2011: 193, 308) Zeitdiagnosen funktionieren gewissermaßen nach einer „pars pro toto"-Logik, das heißt, die in einem bestimmten Gesellschaftsbereich identifizierten Veränderungen werden auf einen grundlegenden Wandel der ganzen Gesellschaft hochgerechnet. Kurz, das (neuartige) Einzelphänomen wird für das Ganze genommen – aus Mikro wird Makro. Die Plausibilität einer Zeitdiagnose steht und fällt daher mit dem Nachweis, dass das aufgefundene Grundmuster gesellschaftlichen Wandels sich tatsächlich in den zentralen Teilbereichen der Gesellschaft wiederfindet. Angesichts der gängigen Standards empirischer Plausibilitätskontrolle ist dies eine Herkulesaufgabe.

Zeitdiagnosen sind monofaktorielle Konstruktionen. Sie stützen sich auf die Identifikation eines einzigen, integralen Faktors, der die Differenz zwischen alter und neuer Gesellschaft markiert. Mit der Zeitdiagnose verbindet sich darum in aller Regel die These eines Epochenbruchs. Es ist die Gegenwart, in der sich etwas völlig Neues ereignet. Die Vergangenheit erscheint in dieser Konstruktion als eine vergangene und überholte Phase, von der in der Gegenwart nicht viel bleibt (Osrecki 2011: 306f.). Die Geschichte wird auf diese Weise zu einer linearen Abfolge abgeschlossener Zeit-Entitäten. Die Auswirkungen dieses Epochenbruchs werden in der jeweiligen Gegenwart gerade greifbar oder werfen ihre Schatten voraus. Bevorzugtes Objekt der Abgrenzung ist dabei heute zumeist die Industriegesellschaft – die aufgrund reichhaltiger Beforschung und klassischer Studien (z.B. Aron 1964) selbst nicht mehr als Zeitdiagnose gilt.

Die monofaktorielle Konstruktion von Zeitdiagnosen entspricht im Übrigen der Idealform der medizinischen Diagnose. Bei der medizinischen Diagnose geht es um die Übersetzung von (meist technisch) erhobenen Befunden in ein präzises Krankheitsbild. Ähnlich operiert die Zeitdiagnose. Aufgrund ihres Dranges zu griffigen Konzepten kommt es mit schöner Regelmäßigkeiten zur Ausrufung von Bindestrichgesellschaften – auch wenn man weiß, dass die Konkurrenz gleichermaßen (wenig) überzeugende Begriffe im Regal hat.

Dementsprechend gilt das Nebeneinanderbestehen verschiedener Zeitdiagnosen zuweilen als theoretisches Defizit der Soziologie. Wenn verschiedene Autoren zeitgleich von der Risiko-, Wissens-, Erlebnis- oder Mediengesellschaft sprechen, dann kann es, so die gängige Vermutung, mit dem Wahrheitsanspruch dieser Diagnosen nicht so weit her sein. Tatsächlich können solche schnell wechselnden Etikettierungen, wie Klaus Lichtblau (1991) betont hat, wohl kaum als Indizien eines Epochenwandels verstanden werden, der ja dann fast jährlich stattfinden müsste. Sie sind vielmehr als Beschreibungen bestimmter Aspektstrukturen der modernen Gesellschaft zu verstehen, die in ihren theoretischen Prämissen manchmal konvergieren, oft aber inkompatibel sind. Mit ihrem Bewusstsein der Legitimität pluraler Weltsichten und Positionen bringen sie absichtslos eine Bewusstseinslage zum Ausdruck, die man als modern oder postmodern bezeichnen kann: nämlich die Überzeugung, dass wir in einer Epoche leben, die das Nebeneinander verschiedener kleinerer Erzählungen zulässt und sich daher durch die vielzitierte Unübersichtlichkeit auszeichnet. In diesem Sinne ließe sich das Neben- und Durcheinander der verschiedenen Gesellschaftsetiketten selbst wieder zeitdiagnostisch deuten. In leicht ironischer Wendung hat André Kieserling (2002) darum von der „Diagnosegesellschaft“ gesprochen.

Die Varianz der Bindestrichgesellschaften ist schon deshalb nicht überraschend, weil die meisten Zeitdiagnosen ihren Ausgangspunkt von bestimmten bindestrichsoziologischen Analysen nehmen. So ist etwa die Debatte um die Sicherheitsgesellschaft ganz wesentlich durch marxistisch inspirierte Analysen aus der Kriminologie geprägt; Bruno Latours Kritik an einer „halbierten“, nicht wirklich modernen Moderne bezieht ihre Plausibilität hauptsächlich aus empirischen Analysen naturwissenschaftlicher Laborpraktiken (Latour 1998); Ulrich Becks Entwurf einer Risikogesellschaft erklärt sich aus der Wucht, mit der die ökologische Frage ab den späten 1970er-Jahren zum politischen und öffentlichen Thema wurde. All ihren unterschiedlichen Impulsen und Bezugspunkten zum Trotz ist diesen Zeitdiagnosen eines gemeinsam: Sie beanspruchen, ein Basisproblem identifiziert, eine Entwicklungstendenz gefunden zu haben, die die Gesellschaft als Ganzes charakterisiert.

Wie immer gibt es Ausnahmen: So präsentiert sich die „Weltgesellschaft“ im deutschsprachigen Raum weniger als Zeitdiagnose denn als soziologischer Theoriezusammenhang, der die Themen von Globalisierung und Kosmopolitismus in einen explizit systemtheoretischen Zusammenhang stellt – und auf diese Weise modische Gesellschaftsdiagnosen gewissermaßen theoretisch sanieren will (Luhmann 2005, Stichweh 2000).

Alarmismus

Die Zeitdiagnose ist ein Kind des 19. Jahrhunderts, und zwar jener Ära des entwickelten Industrialismus, in der ein *kulturkritisches Denken* die hochgespannten Erwartungen der Aufklärungszeit an der tristen, durch Urbanisierung, Fabrikarbeit, Pauperismus und Hygieneprobleme geprägten Realität zu messen beginnt. Das einigende Band dieser recht diversen, weil keiner wissenschaftlichen Disziplin und keiner politischen Richtung exklusiv zurechenbaren Denkströmung besteht in dem Generalvorbehalt gegen die Moderne (Bollenbeck 2007). Der Kulturkritik erscheint die Moderne als unheilvoller Siegeszug eines entfesselten Individualismus, eines durch Nutzenkalkül entstellten Rationalismus sowie einer menschenfeindlichen Technik. In ihren schlechteren Ausprägungen verkommt die Kulturkritik zum platten Ressentiment gegen alles Moderne, in ihren besseren Varianten sensibilisiert sie für die Ambivalenzen der Moderne. Der Glaube an die lineare Perfektionierung der Geschichte jedenfalls ist ihr abhandengekommen. Die Kulturkritik legt sich die Geschichte eher als Verfallsgeschichte zurecht. Daraus resultiert ein Alarmismus, der seine Energie aus der Überzeugung bezieht, rechtzeitig vor dem Schlimmsten warnen zu müssen.

Die Zeitdiagnose hat ihre Wurzeln in dieser Kulturkritik. Dies wird offenkundig, sobald man die Metapher der Diagnostik ernst nimmt. Das Diagnostizieren im medizinischen Sinne, also die Zuordnung eines Befundes zu einem Krankheitsbild, impliziert einen Krankheitsverdacht und damit die Option des Eingreifens im Sinne eines akut notwendigen oder präventiven Handelns. Jede Diagnose basiert also auf der begründeten Annahme, dass eine Intervention („Therapie") erstens prinzipiell möglich ist und zweitens im konkreten Fall auch notwendig sein könnte. Übertragen auf unser Thema heißt das: Die Zeitdiagnostik steht unter dem Stern eines fundamentalen Vertrauensverlusts in die Selbstheilungskräfte der Geschichte. Anders als noch der deutsche Idealismus sind die kulturkritisch imprägnierten Zeitdiagnosen nicht mehr von dem Urvertrauen getragen, dass sich die Gesellschaft – trotz aller momentanen Abweichungen vom Idealzustand – langfristig zur Perfektion entwickeln werde. Zeitdiagnosen lassen sich vielmehr von der Überzeugung leiten, dass sich die Gesellschaft gerade in einer kritischen Phase befinde, die entschlossene Eingriffe in korrektiver Absicht erforderlich mache. Die Krise („Krankheit") bezieht sich auf die in hochgradig dynamischer Entwicklung begriffene Industriegesellschaft, und die Therapieempfehlungen früher Zeitdiagnosen rekurrieren in jeweils unterschiedlichen Semantiken auf eine „kulturelle Erneuerung" (siehe Kapitel 2). Das heißt, viele Therapievorschläge basieren auf einer Stilisierung vergangener Epochen bzw. eines harmonischen Urzustandes. Nietzsches Aufruf zur Rückkehr zu einem „echten" Leben voll dionysischer Energie fällt genauso darunter wie Heideggers Wunsch nach einem „anfänglichen", also irgendwie anderen Denken. Aber noch in der gegenwärtigen Soziologie finden sich vergleichbare Kritik- und Argumentationsmuster (siehe Kapitel 8).

Die Zeitdiagnose will also aufrütteln, beunruhigen, mobilisieren. Schließlich ist ihre Epochenbeschreibung in der Regel durch eine Krisenwahrnehmung motiviert. Dieser alarmistische Impuls lebt in den jüngeren Zeitdiagnosen fort, wenngleich es Ausnahmen gibt (siehe Kapitel 10). Man will vor der (drohenden) Katastrophe warnen oder zumindest für die Nebenfolgen des westlich-rationalistischen Zivilisationsmodells sensibilisieren. Darum geraten Zeitdiagnosen in ihrer Tonlage oft etwas grell. Die Dringlichkeit des eigenen Anliegens mag dann entschuldigen, dass zentrale Begrifflichkeiten nicht bis ins Letzte ausgefeilt sind und Kausalitätsbehauptungen im Vorgriff auf ihre empirische Plausibilisierung aufgestellt werden. Vor diesem Hintergrund nehmen sich Zeitdiagnosen zuweilen als ein Laboratorium „wilden Denkens" aus. Dies aber im Dienste der Gesellschaft. Ihre besondere Sensibilität für neuartige Problemkonstellationen wird der Zeitdiagnose jedenfalls niemand absprechen. So interveniert auch die Zeitdiagnose mit manchmal überraschenden Thesen und anregenden Deutungen von einem fiktiven Außen her in den wissenschaftlichen Routinebetrieb.

Außenbezug

Wer alarmieren will, muss sich einer breiteren Öffentlichkeit verständlich machen können. Mit Bezug auf den Medienbereich könnte man sagen: Dessen Nachricht muss einen Nachrichtenwert haben. Es ist also kein Wunder, dass Zeitdiagnosen in Bauart und Sprache den Bedürfnissen medialer Kommunikation entgegenkommen. Zeitdiagnosen geht es um die Verkündigung neuartiger Trends, die zwecks medialer Resonanz knapp und klar auf den Punkt gebracht werden müssen. Daraus erklärt sich die für Zeitdiagnosen typische Bauart („pars pro toto"). Und auch stilistisch weisen Zeitdiagnosen eine größere Nähe zur Öffentlichkeit auf als Gesellschaftstheorien. Zeitdiagnosen sind oft schwungvoll geschriebene, manchmal essayistische, in jedem Fall: leichter verständliche Deutungen des Heute. Im besten Fall dienen sie als Stichwortgeber für massenmediale Debatten. Gesellschaftstheorie ist anstrengender zu lesen. Zeitdiagnosen lassen sich abends als Bettlektüre konsumieren, die abstrakte Theoriesprache der Gesellschaftstheorie erfordert aufrechte Haltung.

Jetzt lässt sich nur schwer bestimmen, wie kompliziert eine Sprache sein muss, damit sie als soziologische Theoriesprache gelten kann. Diese Einstufung weist außerdem historisch bedingte Schwankungsbreiten auf. Galt früher einmal der Jargon Adornos als vorbildlich, so ist es heute eher die technische Sprache Luhmanns. Schnell eröffnet sich hier ein weites Feld für kämpferische Auseinandersetzungen zwischen den soziologischen Paradigmen. Für Fran Osrecki (2011) etwa wird erst ab Talcott Parsons (und in seiner Nachfolge) die Soziologie zur Wissenschaft. Die Technizität des strukturfunktionalistischen Begriffsuniversums wird damit zur Messlatte für alle (ernst zu nehmende) Theorie. Auf der Rückseite dieses Verwissenschaftlichungsanspruchs etabliert sich die soziologische Zeitdiagnostik als ein eigenständiges Genre. Das heißt aber auch: Gesellschaftsanalysen, die stilistisch und theoretisch weniger abstrakt ansetzen, werden als Zeitdiagnostik und damit als nicht-fachlicher Beitrag qualifiziert. Für die Gegenwart ließe sich daraus schließen, dass es unterhalb der Systemtheorie kaum noch Gesellschaftstheorie geben kann. Das ist konsequent gedacht, aber es wird Gegenstimmen geben.

Festzuhalten bleibt: Beim Stichwort Gesellschaftstheorie denkt man an Texte, die vor allem der Ausarbeitung der eigenen Theorie gelten; man assoziiert mit Gesellschaftstheorie ein beständiges Basteln am eigenen Theoriegerüst, ohne vorgängiges Interesse daran, ob sich daraus so etwas wie eine Orientierungsbestimmung für die Gegenwart ergibt. In diesem Sinne ist das Projekt Gesellschaftstheorie *nach innen* gerichtet. Das heißt nicht, dass Gesellschaftstheorie nicht auch über den engen Bereich der Wissenschaft hinaus Resonanz entfalten wollte. Doch diese öffentliche Aufmerksamkeit stellt sich im Fall der Gesellschaftstheorie – ihrem Selbstbild zufolge – nicht über Alarmierung, sondern vielmehr über den Umweg der fachwissenschaftlichen Akklamation her. Demgegenüber sind Zeitdiagnosen durch einen stärkeren *Außenbezug* geprägt. Zeitdiagnosen suchen Resonanz in Politik und Öffentlichkeit. Anschlussfähigkeit wird über die entsprechende Struktur und Sprache hergestellt. Die darin begründete Nähe zum Feuilleton ist oft das unausgesprochene Letztkriterium für die Einstufung einer Gesellschaftsanalyse als Zeitdiagnose.

3 „Auf den Schultern von Riesen“: zur Darstellung und Textauswahl

Zeitdiagnosen sind, wir haben es eingangs gehört, kein Privileg der Wissenschaft. Literarische Zeitdiagnosen sowie populäre Diagnosen, die für die breite Öffentlichkeit geschrieben werden und (weitgehend) ohne Bezug auf die Wissenschaft auskommen, werden in diesem Band allerdings nicht berücksichtigt. Ein geläufiges Beispiel für populäre Zeitdiagnosen wäre etwa Florian Illies' Portrait der „Generation Golf“.

Im Mittelpunkt der folgenden Kapitel stehen soziologische Zeitdiagnosen jüngeren Datums. Im zweiten und dritten Kapitel, vereinzelt auch später, werde ich auf ältere Zeitdiagnosen zurückgreifen, das heißt auf philosophische oder soziologische Werke, die 50 Jahre und älter sind. Dafür sprechen mehrere Gründe. Erstens sind diese älteren Zeitdiagnosen der

Marke Nietzsche oder Adorno ganz einfach eindrucksvoll. Sie sind für eine ganze Epoche von Denkern stilprägend geworden, und sie beeinflussen bis heute unser Verständnis davon, was eine Zeitdiagnose zu leisten hat. Zweitens: Ein Nachhall dieser klassischen Deutungsangebote findet sich in jüngeren Gesellschaftsdiagnosen. Dass klassische Zeitdiagnosen nicht mehr die Realität unserer Jetztzeit adäquat beschreiben, ist daher kein tragfähiger Einwand gegen deren explizite Berücksichtigung im Rahmen dieser Textauswahl. Schließlich sind diese Zeitdiagnosen nach wie vor prägend dafür, mithilfe welcher Optik wir die Gesellschaft von heute in den Blick nehmen. Und für die professionelle Soziologie dienen sie als Stichwortgeber oder als Kontrastfolie für die eigene Deutung. In diesem Sinne gestalten die alten Zeitdiagnosen noch die Gegenwart mit.

Die Soziologie ist gut beraten, sich über die Voraussetzungen ihrer Theoriebildung Rechenschaft abzulegen. Das heißt, es muss der Soziologie immer auch um eine Reflexion darüber gehen, mit welchen Vorannahmen und Begrifflichkeiten sie an die Arbeit geht. Denn die Soziologie kann auf die Wirklichkeit nicht anders als begrifflich zugreifen. Die Soziologie erfindet nichts – so wie die Technikwissenschaften Apparate und Mechanismen erfinden, deren „Wahrheitsanspruch" im Test auf Funktionsfähigkeit geprüft werden kann. Die Soziologie entdeckt auch nichts – so wie die Naturwissenschaften mittels gigantischer Apparaturen (z.B. am CERN in Genf) immer wieder mal neue Elementarteilchen entdecken, die als Bestätigung oder Widerlegung bestimmter Theorien gehandelt werden. Die Soziologie kann nur begriffsbildend wirken. Das heißt, sie ist darauf verwiesen, unter Zuhilfenahme etablierter Begrifflichkeiten und Konzepte möglichst plausible Interpretationen der Wirklichkeit vorzulegen. Insofern konstruiert oder erfindet die Soziologie auch etwas, nämlich Begriffe. Aber ob diese Begriffe „funktionieren", ob sie in geeigneter Weise beispielsweise die Struktur unserer gegenwärtigen Gesellschaft auf den Begriff bringen, das lässt sich nicht so einfach testen. Dieser Test vollzieht sich vielmehr in schier endlosen Diskussionsschleifen unter Eingeweihten, wobei diese nur in den seltensten Fällen zu übereinstimmenden Festlegungen kommen. Manchmal allerdings ist die Soziologie in Sachen Begriffsbildung so erfolgreich, dass die von ihr geprägten Begriffe von der Öffentlichkeit aufgegriffen und zum allgemeinen Selbstbeschreibungsinventar der Gesellschaft werden: Kapitalismus, Individualisierung oder Wissensgesellschaft sind Beispiele dafür.

Die Tatsache, dass soziologisches Denken im besonderen Maße auf Begriffe und Begriffsbildungen festgelegt ist, begründet den ewigen Rekurs auf die Klassiker des Fachs, der gerade den Studienanfängern ziemlich befremdlich vorkommen muss. Man fragt sich in den ersten Semestern: Gibt es in dieser Wissenschaft denn gar keinen Wissensfortschritt? Warum beginnen die Soziologen mindestens bei Max Weber? Und warum fangen die Biologen nicht immer wieder mit Charles Darwin an? Aber dieser Rekurs auf die Klassiker hat damit zu tun, dass diese einflussreiche Begriffe geprägt haben, deren Erklärungspotenzial unter veränderten gesellschaftlichen Bedingungen immer wieder zu prüfen und nachzujustieren ist. Wer die eigene Gesellschaft auf den Begriff bringen möchte, ist darum gut beraten, sich zu erkundigen, mit welchen Begrifflichkeiten dies in der Vergangenheit versucht wurde. Denn davon ist unser Denken unweigerlich beeinflusst, ob bewusst oder nicht. Wir stehen, kurz gesagt, mit unserem Denken und Deuten immer schon „auf den Schultern von Riesen", woran der Soziologe Robert Merton (1983) erinnert hat.

Ein expliziter Anspruch der folgenden Ausführungen ist es, das Phänomen der Zeitdiagnostik in eine historische Perspektive zu rücken. Zwar liegt der Schwerpunkt des Bandes auf den soziologischen Gesellschaftsdiagnosen der jüngeren Vergangenheit. Doch darüber hinaus werden auch philosophische Werke vorgestellt, die Vorläufer bzw. Schrittmacher der soziologischen Zeitdiagnostik waren. Auf diese Weise wird nebenbei ersichtlich, wie stark die Soziologie in ihren Begriffen und Problemstellungen von der Philosophie geprägt ist.

Aus dem Spaziergang durch verschiedene Epochen der Zeitdiagnostik lässt sich ein Überblick über die maßgeblichen Themen und Trends der soziologischen Zeitdiagnostik gewinnen. Erst im historischen Rückblick wird beispielsweise deutlich, wie stark die philosophische Rationalismuskritik und – eng damit verbunden – die soziologische Technikkritik lange Zeit und bis in die jüngere Vergangenheit für Zeitdiagnosen prägend waren. Erst im historischen Rückblick wird auch der Entstehungskontext der Zeitdiagnostik transparent. All dies ist der Mehrwert einer historischen Perspektive. Eine systematische Geschichtsschreibung zur Zeitdiagnostik vorzulegen kann freilich nicht das Ziel dieser Darstellung sein.

Eine Kontextualisierung der einzelnen Zeitdiagnosen wird auch auf theoretischer Ebene betrieben. Zwar stehen in jedem Kapitel ein oder zwei Zeitdiagnosen im Vordergrund, doch werden diese eingebettet in einen weiteren Theoriezusammenhang. Das heißt, es finden jene soziologische Reflexionen und Traditionen Berücksichtigung, die eine wichtige Ergänzung oder einen interessanten Gegenentwurf zu den jeweils zentralen Werken darstellen. Wo immer möglich, wurde der Rekurs auf soziologische Klassiker gesucht, weil deren Kenntnis sich für Studierende auch in anderen Zusammenhängen als fruchtbar erweisen kann. Mitunter ergibt sich daraus die Gelegenheit, Plausibilität und Reichweite einzelner Zeitdiagnosen im Kontext der weiteren soziologischen Debatte zu diskutieren. Eine vertiefende Stärken-Schwächen-Analyse oder systematische Vergleiche zwischen einzelnen Zeitdiagnosen stehen hier nicht im Vordergrund. Genauso wenig geht es darum, anhand einschlägiger Gesellschaftsdiagnosen einen Überblick über den Forschungsstand im dazu gehörigen Themenfeld zu geben (z.B. Risikosoziologie, Sicherheitsforschung, Kultursoziologie).

Mit dieser diachronen und synchronen Betrachtungsweise der Zeitdiagnosen geht meine Darstellung weit über die schlichte Zusammenfassung einiger weniger berühmter Bücher hinaus. Darin liegt eine der Stärken dieses Bandes: Der Zwang zur geschlossenen Darstellung, der von einer Monografie ausgeht, verhindert eine Fragmentierung der Einzelfälle. Die bloße Zusammenfassung einzelner Zeitdiagnosen hätte den Nachteil, dass am Ende eine ganze Serie solcher Zeitdiagnosen relativ unverbunden nebeneinander stehen bleiben würde. Erforderlich wäre daher im zweiten Schritt eine vergleichende und vertiefende Analyse dieser Zeitdiagnosen. Weil die folgenden Ausführungen jedoch im Rahmen einer einsemestrigen Vorlesungsreihe entstanden sind, habe ich einen anderen Weg gewählt.

Gleichzeitig liegt die Schwachstelle dieses Buches auf der Hand. Es ist von nur einem Autor verfasst, während vergleichbare Einführungswerke in der Regel als Sammelbände konzipiert sind. Ein handbuchartig differenzierender und auf Vollständigkeit zielender Überblick kann daher nicht erwartet werden. Das ist nicht zu schaffen, jedenfalls nicht im Alleingang.

Welche Werke stehen nun im Zentrum dieses Bandes?
In der Reihenfolge ihres Auftretens:

- Die Grundzüge des gegenwärtigen Zeitalters (Fichte), Rede über den Geist des Positivismus (Comte), Die Geburt der Tragödie (Nietzsche) – Kapitel 2
- Dialektik der Aufklärung (Horkheimer/Adorno), Die Zeit des Weltbildes (Heidegger) – Kapitel 3
- The Technological Society (Ellul), Der Mensch in der wissenschaftlichen Zivilisation (Schelsky), Die Seele im technischen Zeitalter (Gehlen) – Kapitel 4
- Risikogesellschaft (Beck) – Kapitel 5
- Kultur der Kontrolle (Garland) – Kapitel 6
- Über die Demokratie in Amerika (Tocqueville), Der moderne soziale Konflikt (Dahrendorf), Bowling Alone (Putnam) – Kapitel 7
- Die McDonaldisierung der Gesellschaft (Ritzer), Über den Prozess der Zivilisation (Elias), Die einsame Masse (Riesman) – Kapitel 8
- Die Erlebnisgesellschaft (Schulze), Verfall und Ende des öffentlichen Lebens (Sennett), Multioptionsgesellschaft (Gross) – Kapitel 9

- Die nachindustrielle Gesellschaft (Bell), Die große Hoffnung (Fourastié), The Age of Discontinuities (Drucker) – Kapitel 10.

Die hier präsentierte Sammlung von Zeitdiagnosen ist notwendigerweise selektiv. Dem Fachpublikum werden einschlägige Titel fehlen. Das ist der Preis für ein vom Umfang her überschaubares Lese- und Arbeitsbuch. Gleichwohl wird dieser Band mit jeder Auflage gründlich überarbeitet. So ist in der aktuellen Auflage das Kapitel über die Erlebnisgesellschaft neu hinzugekommen, die Ausführungen zur Sicherheitsgesellschaft wurden aktualisiert. Im Vordergrund steht der Versuch, Studierende mit jenen Gesellschaftsdiagnosen vertraut zu machen, die innerhalb der Soziologie, aber auch außerhalb der überschaubaren Fachgemeinschaft rezipiert werden. Daher beschränkt sich meine Auswahl auch nicht auf Gegenwartsdiagnosen.

Ähnlich der Zeitdiagnostik selbst strebt dieses Buch nach Lesbarkeit. Deshalb wurde auf Fußnoten komplett verzichtet, und auch dem Zwang zum Verweis auf Literatur wurde nur so weit nachgegeben, wie es die wissenschaftliche Seriosität gebietet. Der Rekurs auf Spezialstudien und Sekundärliteratur wurde so weit wie möglich vermieden. Im Vordergrund steht nicht der imaginäre Dialog mit den Fachexperten, sondern die gehobene Unterhaltung von Studierenden (nicht nur der Soziologie) und interessierten Laien. Intendiert ist eine sozialverträgliche Aufbereitung eines recht umfangreichen Lehr- und Lernstoffs. Diesem Zweck dienen auch die Überprüfungsfragen im Anhang.

Kapitel 2
Die Geburt der Zeitdiagnose aus dem Geist der Kulturkritik

Im Mittelpunkt dieses Kapitels steht der Versuch, die ideengeschichtlichen Wurzeln der frühen Zeitdiagnostik genauer zu beleuchten. Die eingangs aufgestellte Behauptung lautete, dass sich der Aufschwung der Zeitdiagnostik im späten 19. Jahrhundert im Kontext der kulturkritischen Interpretation von Gesellschaftsproblemen vollzog. Erst vor diesem Hintergrund werden zwei ihrer maßgeblichen Charakteristika – ihr Alarmismus und ihr Außenbezug – verständlich. Solange gesellschaftliche Krisen noch als Durchgangsstadium zu einem positiven Entwicklungsziel gelten, solange in der Geschichte noch die List der Vernunft vermutet wird, so lange macht es keinen Sinn, im Fall philosophischer oder soziologischer Gesellschaftsanalysen von Zeitdiagnosen zu sprechen. Denn solchen optimistisch gestimmten Standortbestimmungen fehlt sowohl die Motivation zur Alarmierung ihrer Gesellschaft wie zur Entwicklung von Therapieempfehlungen.

Dieser Übergang wird deutlich, wenn man umfassende Zeitdeutungen aus der Ära des deutschen Idealismus mit der kulturkritisch imprägnierten Zeitdiagnostik vergleicht. Am Beispiel Fichtes wird zunächst eine eindrucksvolle Zeitdeutung präsentiert, die fest in der eschatologischen Geschichtskonzeption des deutschen Idealismus wurzelt. Das heißt, die menschliche Geschichte erscheint als Höherentwicklungsprozess mit eingebautem „Happy End“. Im Rekurs auf Nietzsche wird anschließend eine Zeitdiagnostik dargestellt, die deshalb prototypisch ist, weil darin der Höherentwicklungsglaube einem tiefen Kulturpessimismus Platz gemacht hat.

Im Folgenden geht es also nicht allein um die Darstellung einflussreicher früher Zeitdiagnosen. Diese Darstellung verfolgt vielmehr gleichzeitig den Zweck einer nachholenden Plausibilisierung der im ersten Kapitel angeführten Kriterien für Zeitdiagnosen.

1 Der Glaube an die Selbstheilungskräfte der Geschichte

Eine eindrucksvolle, aber heute selbst in Fachkreisen wenig beachtete Gesellschaftsanalyse im Geist des deutschen Idealismus stammt von Johann Gottlieb Fichte (1762–1814). In seinen Vorlesungen über die „Grundzüge des gegenwärtigen Zeitalters“, die er von 1804 bis 1805 an der Universität in Berlin gehalten hat, entwirft Fichte ein wenig schmeichelhaftes Bild der eigenen Gesellschaft. Zwar habe man sich aus dem Stadium einer rein instinkthaften bzw. durch Dogmen autoritativ verordneten Vernünftigkeit herausgearbeitet; überkommene Denk- und Glaubensgebäude seien wirkungsvoll kritisiert worden. Der Negationstrieb des gegenwärtigen Zeitalters stelle alles infrage – nur sich selbst nicht. Deshalb sei man auf dem Weg zur Verwirklichung der Vernunft in der Geschichte bislang auf der Hälfte stehen geblieben. Die Vernunft, mit anderen Worten, ist noch nicht reflexiv geworden, die Vernunftkritik schießt über das Ziel hinaus. Das gegenwärtige Zeitalter ist, sagt Fichte daher, „die Epoche der Befreiung, unmittelbar von der gebietenden äußeren Autorität, mittelbar von der Botmäßigkeit des Vernunftinstinkts und der Vernunft überhaupt in jeglicher Gestalt: das Zeitalter der absoluten Gleichgültigkeit gegen alle Wahrheit, und der völligen Ungebundenheit ohne einigen Leitfaden: der Stand der vollendeten Sündhaftigkeit.“ (Fichte 1962: 412)

Woran versündigt sich die Menschheit in den Augen Fichtes? Sie versündigt sich an der großen Kollektivaufgabe der Menschheit, „alle ihre Verhältnisse mit Freiheit nach der Vernunft einzurichten“ (ebd.: 414). Ein vernünftiges Leben besteht demnach im persönlichen Einsatz für das große Menschheitsprojekt der Vernunft. Doch mit der Durchsetzung eines schrankenlosen Individualismus, der sich in Egoismus und Selbstsucht ausdrückt, ist dieses Projekt ernsthaft in Gefahr. Darum Fichtes drastische Worte.

Fichtes Aufruf zur Selbstaufopferung für die Idee verdankt sich der Vorstellung, dass der bisherige Zivilisationsprozess durch das tatkräftige Wirken einzelner Heroen bewerkstelligt worden sei. Alexander der Große, Julius Cäsar und Napoleon: Das sind die großen Helden der deutschen Idealisten. Dass einem Machtpolitiker wie Cäsar keineswegs an der Durchsetzung der idealistischen Vernunftidee gelegen war, versteht sich. Dennoch hat Cäsar – gerade weil sein primäres Interesse dem eigenen Machterhalt galt – in Summe zur Durchsetzung eines robusten Staatswesens, der Keimzelle des modernen Staates, beigetragen. Und einen starken Staat begreifen die Idealisten als Garanten dafür, dass die Individuen ihr Leben am Wohl der Allgemeinheit ausrichten. Kurz: Die Hingabe einzelner Heroen an ihre eigene

Mission wirkt unter der Hand im Dienst der Allgemeinheit. Das ist es, was Hegel die List der Vernunft nennt. Die Helden der Geschichte sind für ihn darum die „Geschäftsführer des Weltgeistes“ (Hegel 1970: 46).

Aber zurück in Fichtes Gegenwart. Die geglückte Befreiung aus blinder Autorität und Tradition, so diagnostiziert Fichte, resultiert gegenwärtig in der Verabsolutierung des Individualismus. Man lebe in „der völligen Ungebundenheit“, ohne sich von höheren Idealen leiten zu lassen. Deshalb nennt Fichte seine Zeit ein vernunftloses Zeitalter, denn die Vernunft bezieht sich in seiner Perspektive auf die Verwirklichung vernünftiger Verhältnisse und damit notwendigerweise auf die Ebene der Menschheit. Eine Vernunft aber, die nur der Verfolgung persönlicher Zwecke dient und daher nur hinsichtlich ihres praktischen Funktionierens von Bedeutung ist, ist nichts als gesunder Menschenverstand. Der Siegeszug des gesunden Menschenverstandes über die Vernunft erscheint Fichte als Ausdruck eines entfesselten Individualismus.

Zum anderen, so Fichte, versündige sich die Menschheit an der Wahrheit. Was soll das heißen? Wir leben in einem Zeitalter, so hatte Fichte argumentiert, in der das Individuum, seine Selbstverwirklichung und sein Wohlbefinden im Zentrum stehen. Auch der Wissenschaft wird das Individuum zur alleinigen Richtschnur ihres Denkens, das heißt, es setzt sich die Auffassung durch, dass sich Wissenschaft auf die Ebene des (inter-)subjektiv Erfahrbaren zu beschränken habe und nicht darüber hinausgreifen dürfe. Typisch philosophische Ideen von höherer Ordnung, Freiheit und Vernunft werden als Spekulation oder religiöser Glaube gebrandmarkt und aus dem Bereich des Vernünftigen hinausdefiniert. Die Erfahrung gilt als einzig legitime Quelle der Erkenntnis. Erkenntnis ohne Erfahrung wird ausgeschlossen. Kurz gesagt: Es herrscht ein auf die Person zurückbezogenes Denken, denn als wahr gilt nun, was man be-greifen, sprichwörtlich: anfassen kann, was man mit eigenen Augen sehen kann. Die Wissenschaft auf dieser Stufe imitiert gewissermaßen die Rolle des ungläubigen Thomas – dieser glaubte auch erst an die Auferstehung Jesu, nachdem er selbst die Wundmale gesehen hatte. Ein solches Denken firmiert in theoretischer Ausformulierung unter dem Begriff des Empirismus, und dieser Empirismus ist Fichte zufolge die vorherrschende Denkart seines Zeitalters.

Dieses empiristische Zeitalter ist, wie Fichte sagt, „gleichgültig gegen alle Wahrheit“, weil es – durch die Absage an die philosophische Idee – an der Oberfläche bleibt. Wir sehen also, wie Fichte in seiner Kritik des Empirismus die Idee retten will. Aber was ist das, diese „Idee“? „Ideen“ im philosophischen Sinne sind nicht identisch mit Gedankenblitzen oder Einfällen. Sie sind eher so etwas wie Ideale oder Strukturen, also dem menschlichen Denken und Handeln vorgängige Prinzipien. Eine Idee, sagt Fichte (1962: 449), ist „ein selbständiger, in sich lebendiger und die Materie belebender Gedanke". Selbstständig meint, dass Ideen nicht individuell ausgedacht werden, sondern sich durch das Denken und Handeln der Individuen verwirklichen. Der Mensch ist gewissermaßen ein Angestellter im Dienste der Idee. Aber inwiefern kann die Idee die Materie beleben? Dem Idealismus gilt die Materie als Widerschein einer Idee. Das heißt, die Materie an sich lebt nicht, sondern wird nur lebendig durch die Idee. Dieser Gedanke wird etwas transparenter, wenn wir uns Alternativpositionen vergegenwärtigen, die damals innerhalb der Philosophie gängig waren. Auf die Kernfragen der Philosophie – Wie erfasst man die Wirklichkeit am besten? Wie ist der Zusammenhang von Denken und Dingwelt? – hatte der Materialismus des 18. Jahrhunderts geantwortet: Das Denken ist ein Abbild der Sachen; unser Gehirn arbeitet gewissermaßen tatsachentreu. Denn unsere Gedanken und Vorstellungen bilden sich als physiologischer Reflex auf die empirischen „Sensationen", die auf unsere Gehirnrinde auftreffen – die Materie bestimmt den Geist. Der Idealismus nun hält dagegen, dass die auf die Gehirnrinde auftreffenden „Sensationen" ohne eine vorgängige Idee gar keinen Sinn bekommen. Nackte Tatsachen, mit anderen Worten, sind gar nicht entzifferbar. Man muss also, wie Hegel sagt, eine Idee von der Sache haben. Erst dann erhalten die Erscheinungen überhaupt einen Sinn – eben weil sie in einen höheren Bedeutungszusammenhang eingewoben sind.

Die Idee lässt sich in diesem Sinne als ein erkenntnistheoretisches Prinzip verstehen. Ohne Ideen weiß man bei aller Beobachtung nicht, was nun wesentlich ist und was unwesentlich. Man kann – um bei Fichtes Vorlesungsthema zu bleiben – die Bedeutung und den Stellenwert des eigenen Zeitalters nur vor der Kontrastfolie einer allgemeinen Zielbestimmung der menschlichen Geschichte erkennen. Diese Zielbestimmung liegt dem Idealismus zufolge, wie bereits gehört, in der freien Einrichtung vernünftiger Verhältnisse. Wer vom größeren Ganzen keinen Begriff hat, ja wer die Existenz eines solchen Höheren rundheraus leugnet, denkt notwendigerweise empiristisch. Man beschränkt sich dann auf die bloße Wahrnehmung des Gegebenen. Die empirische Wissenschaft, so der Vorwurf an die damals gerade aufstrebende Konkurrenz innerhalb der Universitäten, erschöpfe sich darum in der fruchtlosen Beschreibung disparater Einzeltatsachen. Wer aber auf Ideen verzichtet, verspielt die Chance auf wirkliche Erkenntnis. Denn er wird das Wesen der Dinge nie erkennen können. Deswegen die Verteidigung des metaphysischen Denkens, also des Glaubens, dass es jenseits der physischen Dinge so etwas wie eine sinnstiftende Instanz geben müsse. Das metaphysische Denken, so Fichte (1962: 635), wurzle in dem Antrieb, „die gesamte Welt und alles Leben in der Zeit gar nicht für das wahre und eigentliche Dasein gelten zu lassen, sondern noch ein anderes, höheres Dasein jenseits der Welt anzunehmen." Man glaubt an die Existenz von etwas „Höherem", einer Idee, auf deren Realisierung der Geschichtsprozess notwendigerweise – wenn auch auf Umwegen – zuläuft. Auf diese Weise enthält die idealistische Philosophie ein Bekenntnis zur Metaphysik. Ist das noch Philosophie oder schon Theologie? Es ist ein religiöses Denken, antwortet Fichte seiner Zuhörerschaft in der letzten Vorlesung, aber eben: eine Philosophie, die diesen Impuls des religiösen Denkens nicht in sich aufnehme, verfalle zwangsläufig dem Empirismus. Wissenschaft ist entweder ideengeleitet (apriorisch) oder erfahrungsfixiert, also empirisch – eine dritte Möglichkeit gibt es nicht.

Individualismus und Empirismus – das sind also für Fichte die charakteristischen Kennzeichen seiner Zeit. Zwischen Individualismus und Empirismus besteht dabei ein enger Zusammenhang: In dem Maße, wie das Individuum gesellschaftlich in den Mittelpunkt rückt, wird es auch in der Wissenschaft zum Maß aller Dinge. Dies verbindet sich mit der Absage an jede Metaphysik. Für das „andere, höhere Dasein", so argumentieren die Empiristen, ist die Theologie zuständig. Wissenschaft, die angetreten ist, um die Menschheit von religiösen Dogmen und irrationalen Vorurteilen zu befreien, sollte selbst nicht in Metaphysik zurückfallen. Doch die Metaphysik, so Fichtes Gegenschlag, das Festhalten an der Idee verbürge, dass die eigene Analyse nicht einfach den Zeitgeist reproduziert. Hinter seiner Zeitdeutung verbirgt sich also ein erkenntnistheoretisches Credo. Es lautet: Die objektive Bedeutung eines Zeitalters erschließt sich nur dem, der die Geschichte im Hinblick auf ihre Entwicklungsmöglichkeiten zu lesen imstande ist. Oder anders gesagt: Die Wissenschaft kann die verwirrende Vielfalt der Welt nur dann sinnhaft verstehen, wenn sie einen vorgängigen, theoretischen Begriff vom größeren Ganzen hat. Kurz: wenn sie eine Idee von der Sache hat. Außerdem gewinnt sie durch die Idee einen normativen Maßstab, anhand dessen eine Kritik des gegenwärtigen Zeitalters möglich wird. Die Idee erweist sich gleichermaßen als erkenntnistheoretisches Prinzip wie als normative Instanz der Kritik. Schließlich muss sich das gegenwärtige Zeitalter an der Idee messen lassen. Fichte will also nicht nur darlegen, in welchem Zeitalter wir leben. Vielmehr verknüpft er seine Zeitdiagnose mit einer entschiedenen Verteidigung der Metaphysik. Er will die philosophische Idee retten und auf diese Weise die Chance auf Vollendung des Zeitalters offenhalten.

In seiner Kritik des Empirismus argumentiert Fichte wie ein früher Wissenssoziologe. Denn diese Denkart begreift er ganz explizit als Folge eines übersteigerten Individualismus. Das heißt, der Empirismus repräsentiert nicht einfach ein falsches Denken im Sinne von Fehlleistung oder Irrtum. Es beruht vielmehr, wie Fichte (1962: 427) schreibt, „auf dem ganzen mangelhaften Sein des Zeitalters". Das notwendigerweise falsche Denken (Empirismus) resultiert also aus einem „mangelhaften Sein" (Individualismus). Insofern hat dieses Denken einen Wahrheitskern: Es repräsentiert nämlich den Zeitgeist.

Fichtes Kritik am Individualismus seiner Zeit ist originell, steht sie doch im Kontext einer Epoche, die sich viel darauf zugutehält, den Menschen von Dogmen, Traditionen und Autoritäten zu befreien und in den Mittelpunkt zu stellen. In dieser frühen Blüte einer bürgerlichen Emanzipation kritisiert Fichte vehement den „bloßen nackten Individualismus", weil dieser auf Dauer der Vollendung der Geschichte im Wege steht. Man sieht also: Fichte unterzieht seine Zeit einer schonungslosen Analyse. Allerdings liefert er kein griffiges Etikett für sein gegenwärtiges Zeitalter. Das könnte daran liegen, dass seine Analyse so vielschichtig ist. Sie umfasst neben den hier genannten Aspekten auch noch ausführliche Analysen zu Ursprung und Funktionen von Staat, Religion und Sittlichkeit. Außerdem schlägt er bei aller Kritik nicht Alarm, er will nicht aufrütteln, auch wenn sein Ton mitunter polemisch ist, und er entwickelt keine Therapievorschläge zur Gesundung seiner Epoche. Warum eigentlich nicht?

Die Antwort liegt auf der Hand: Weil er seine Zeitdeutung im Urvertrauen auf die Selbstheilungskräfte der Geschichte entwirft. Der philosophische Idealismus hat keine Zweifel daran, dass die Vernunft die Welt regiert, dass die Geschichte einem „Weltplan" (Fichte) folgt. Oder wie Hegel in seinen „Vorlesungen über die Philosophie der Geschichte" sagt: „Gott regiert die Welt, (…) die Vollführung seines Plans ist die Weltgeschichte." (Hegel 1970: 53) Die Geschichte ist nicht einfach eine Abfolge von Zufällen. Die Regentschaft der Vernunft unterstellt eine grundsätzliche Erkennbarkeit der Geschichte als logischer Prozess. Erst eine solche Basisannahme motiviert überhaupt den philosophischen Versuch, die eigene Zeit verstehen zu wollen. Wenn der Welt keine Vernunft, kein planmäßiger Geist zugrunde liegen würde, könnte man sie nicht verstehen. Die intellegible Struktur der Welt: Das ist Grundlage aller Wissenschaft. Wenn wir glauben würden, die Welt wäre ein strukturloses Chaos, dann wäre der Versuch aussichtslos, sie zu ergründen. Die Welt bliebe unberechenbar, absurd und unverständlich. Das Projekt Wissenschaft basiert letztlich auf dem unbedingten Glauben (Nietzsche wird höhnen: auf dem Aberglauben!), dass die Natur und die Geschichte erkennbar sind.

Der Idealismus geht davon aus, dass die Geschichte durch die Vernunft bestimmt ist – andernfalls bliebe sie eine Abfolge von bloßen Zufällen, ein Sammelsurium irgendwie einzigartiger, aber unverständlicher Ereignisse. Der Mensch würde unaufgeklärt und orientierungslos durch seine eigene Geschichte taumeln. Für eine fest in der Aufklärung wurzelnde Philosophie ist dies eine unannehmbare Alternative. Wenn es also einen Weltplan gibt, wenn die menschliche Geschichte die Geschichte der sich sukzessive entfaltenden Vernunft ist, dann drängt sich die Frage auf, in welchem Stadium dieses Prozesses wir uns befinden. Genau dann, mit anderen Worten, liegt es nahe, in Epochen zu denken. Allerdings: Die Charakteristik einer bestimmten Epoche erschließt sich nur im synchronen und diachronen Vergleich. Um eine Epoche richtig zu charakterisieren, muss der Philosoph alle Epochen verstanden haben. Und dieses Verstehen setzt eben die begriffliche Erfassung des Weltplans voraus. Und damit sind wir wieder bei der erkenntnistheoretischen Bedeutung der Idee: Nur wer den Weltplan entziffert hat, dem erschließt sich die Geschichte, und zwar als ein logischer Entwicklungsprozess von sinnhaft aufeinander bezogenen Epochen.

Fichte bestimmt nun fünf Grundepochen der Geschichte, wobei er ausdrücklich den idealtypischen Charakter seiner Epochenunterscheidung betont. Das heißt, er gibt zu verstehen, dass diese Epochen sich in der Realität überlappen und die Menschen darum gleichzeitig in verschiedenen Epochen leben werden. Die ersten beiden Stufen auf der Treppenleiter der Geschichte beschreibt er als das Zeitalter des „Vernunftinstinkts". Auf Stufe 1 hat die Vernunft die Form eines von außen kommenden Gesetzeszwanges (Naturgesetze und Naturkräfte) und äußert sich auf der Handlungsebene als Gewohnheit und Routine. Auf Stufe 2 wird diese Vernünftigkeit dogmatisch, durch die Vermittlung einiger weniger Autoritäten, vertreten. Diese Vernunft ist noch nicht die reflektierte, auf ihre Gründe hin befragte Vernunft. Zwar ist die Vernunft also bereits praxiswirksam, aber ohne die notwendige Freiheit. Die Stufen 4 und 5 bezeichnen jene Entwicklungsphasen der Gesellschaft, in der es zur Realisierung eines freien Vernunftgebrauchs kommt. Dieses Zeitalter nennt Fichte die Epoche der „sehenden Vernunftherrschaft". Es ist die Zeit der Herrschaft der vernünftigen, das heißt durch philosophische Einsicht geprägten Wissenschaft. Stufe 4 bezeichnet dabei den Durchbruch der freien Vernunft in Gestalt der Wissenschaft (Fichte sagt: „Vernunftwissenschaft"). In Stufe 5 schließlich wird die Gesellschaft durch die Vernunftwissenschaft gestaltet: die vernunftmäßige Einrichtung einer Gesellschaft von Freien aus der individuellen Freiheit heraus – dies ist Krönung und Abschluss der menschlichen Geschichte.

Seine eigene Zeit – Stufe 3 – begreift Fichte als ein Übergangsstadium, das gewissermaßen in der Individualitätsfalle steckt: Zwar habe man sich – nicht zuletzt dank des Aufstiegs der empirischen Wissenschaft – vom bloßen „Vernunftinstinkt" befreit. Doch diese Vernunftkritik ist selbst noch nicht reflexiv geworden. Schließlich sei nur mehr das Individuum und mit ihm der gesunde Menschenverstand, das kurzsichtige Nutzendenken maßgebend. Alles, was darüber hinausreicht, wie etwa die philosophische Idee der Vernunft, gilt als metaphysischer Unsinn. Und selbst die zeitgenössischen Gegenbewegungen zum Empirismus (wie z.B. der Spiritualismus) bleiben der zeittypischen Vernunftfeindschaft verhaftet. Obskurantismus und „Schwärmerei" – das sind für Fichte geradezu zwangsläufige Begleiterscheinungen dieses Zeitalters. Festzuhalten bleibt also: Stufe 3 markiert den Eintritt in ein genuin wissenschaftliches Zeitalter, doch die Wissenschaft ist eben noch nicht beseelt durch Ideen. Es ist also noch ein längerer Weg bis zur Stufe 5. Allerdings: Das gegenwärtige Zeitalter ist ein notwendiges Durchgangsstadium auf dem Weg dorthin.

Dieses Geschichtsdenken findet sich – um an dieser Stelle die frühe Soziologie ins Spiel zu bringen – auch bei Auguste Comte (1798–1857), dem Namensgeber der Soziologie. In seinem bekannten „Dreistadiengesetz" bestimmt er die Geistesentwicklung der Menschheit als einen stufenweisen Fortschritt, der vom theologischen über das metaphysische zum wissenschaftlich-positiven Denken führt (Comte 1956). Im theologischen Zeitalter unterliegt der Mensch zunächst dem fetischistischen Denken: Beängstigende Naturphänomene erklärt man durch übernatürliche Kräfte und versucht diese durch Naturverehrung zu bannen. Spätere Versuche der Ursachenerklärung führen über den Polytheismus zum Monotheismus, das heißt dem frühen Glauben an gesetzesartige Zusammenhänge. Das metaphysische Zeitalter ist das Übergangsstadium zum wissenschaftlich-positiven Denken. Man versucht weiterhin das Wesen der Dinge zu erkennen, setzt dabei aber nicht mehr auf Gottheiten und übernatürliche Kräfte, sondern auf eine hinter den Dingen liegende Realitätsebene – quasi auf Ideen. Die Metaphysik, sagt Comte, ist „im Grunde nichts anderes als eine Art (…) schrittweise entnervter Theologie." (ebd.: 21) Das metaphysische Zeitalter finde, so kritisiert er, sein Heil letztlich doch wieder in der Theologie oder aber in deren bodenloser Kritik. Deswegen bezeichnet Comte das Denken dieser Epoche als eine Art „chronische Krankheit" – es ist weder Religion noch echte (empirische) Wissenschaft. Das positive Zeitalter – die Krönung der menschlichen Geschichte – ist erst dann erreicht, wenn die menschliche Einbildungskraft mittels empirischer Forschung gebändigt ist. An die Stelle bloßer Spekulation über letzte Wesensursachen tritt nun die Erforschung von Naturgesetzen auf Basis kontrollierter Beobachtung. Als wahr gilt fortan nur mehr das, was sich auf beobachtbare Fakten zurückführen lässt. Genau diese Grundregel, das haben wir vorhin gehört, bringt einen Idealisten wie Fichte zur Weißglut.

Das Dreistadiengesetz – eine Übertragung der christlichen Dreifaltigkeitslehre auf die Geschichte – postuliert also, dass die Menschheit notwendigerweise einem Fortschritt in Richtung auf eine immer adäquatere Welterkenntnis unterliegt. Dieser Fortschrittsprozess kennt keine Sprünge. Die drei

Stadien sind, wie Comte in seiner „Rede über den Geist des Positivismus" festhält, nacheinander zu durchlaufen. Am Ende – gewissermaßen dem Zeitalter des Heiligen Geistes – steht freilich nicht die absolute Wahrheit, im Gegenteil. Formulierbar sind immer nur relative Wahrheiten, weil die menschlichen Beobachtungssinne nun einmal unvollkommen sind. Comtes Dreistadiengesetz bezieht sich nicht nur auf die Welt des Geistes; jede Form von Entwicklung unterliegt diesem Gesetz, es gilt für den einzelnen Menschen wie für die gesamte Menschheit. Für seine eigene Zeit ergibt sich daraus die trostspendende Gewissheit, dass nach der Auflösung einer theologisch-feudalen Ordnung durch die Aufklärung jene Turbulenzen, in die die bürgerliche Gesellschaft geraten ist, in einer neuen Harmonie überwunden sein würden. Comte, der seine Zeit als Kampfschauplatz zwischen Revolution und Restauration erlebt, verfolgt in seiner Geschichtsphilosophie auch ein klares politisches Ziel, nämlich die Vermittlung von Ordnung und Fortschritt zu leisten. Konkret heißt das: die bürgerliche Gesellschaft in einer Weise zu stabilisieren, die die Errungenschaften der Revolution bewahrt, ohne deren Tendenz zu Anarchie und Despotismus nachzugeben. Die planmäßige Einrichtung einer geistig-moralisch erneuerten, politisch qua Verfassung stabilisierten sowie auf Fortschritt ausgerichteten Gesellschaft kann Comte zufolge nur in der privilegierten Einsicht in die Logik der Geschichte gründen. Hilfreich ist dabei eine Wissenschaft, die den positiven, das heißt empirisch-präzisen, Geist der Epoche verkörpert: die Soziologie. Diese junge Wissenschaft soll mithilfe empirischer Forschung nachweisen, dass die menschliche Geschichte der im Dreistadiengesetz postulierten Entwicklungslogik folgt – und auf diese Weise den Glauben an die Höherentwicklung der Menschheit stärken. Weil er solchermaßen das naturwissenschaftliche Denken in Gesetzmäßigkeiten auf gesellschaftliche Zusammenhänge anwenden will, versteht Comte die Soziologie als soziale Physik.

Interessant ist in unserem Zusammenhang zweierlei. Obwohl Comte heute vor allem als Exponent empiristischen Denkens gilt, begreift er doch die Geschichte – nicht anders als der deutsche Idealismus – als einen sinnvollen, gesetzmäßig ablaufenden und auf ein Erlösungsstadium zulaufenden Prozess. Anders als die Philosophie jedoch dringt er auf eine empirische Bestätigung seiner Geschichtskonzeption. Dies bringt die Soziologie ins Spiel. Und dies kann man dahingehend lesen, dass das Vertrauen in die Wirkmächtigkeit der „Idee" abnimmt. Der Ruf nach der Soziologie wäre damit – ganz entgegen der Intention Comtes – ein erster Hinweis auf den allmählich verblassenden Glanz der Geschichtsphilosophie. Das unablässige Zählen und Messen einer positivistischen Soziologie bricht in das Reich der geschichtsphilosophischen Spekulation ein.

Aber wie auch immer, bei Fichte finden sich solche Forderungen nach empirischer Validierung noch nicht. Und daher kann man abschließend fragen: Woher nimmt der Idealismus seine Gewissheit, dass die menschliche Geschichte tatsächlich eine Treppenleiter ist, die zwangsläufig hinauf zum Wahren und Guten führen muss? Woher die tief sitzende Überzeugung, dass die Geschichte ein Fortschrittsprozess ist? Dafür gibt es empirische Gründe. Angesichts des konkurrenzlos hohen Entwicklungsstandes der westlichen Staaten versteht der deutsche Idealismus die Geschichte als einen unaufhaltsamen Zivilisationsprozess. Man ist ganz einfach stolz auf das bis dato Erreichte: die Urbanisierung, die Zähmung der Naturkräfte und ihre Nutzbarmachung durch die Wissenschaft, die durch zunehmende Arbeitsteilung errungenen Produktivitätszuwächse, die Idee des Völkerrechts, die Humanisierung der Religion. In Friedrich Schillers Gedicht „Die Künstler“ (1789), einer Hymne auf die Vernunft des Menschen, heißt es: „Wie schön, o Mensch, mit deinem Palmenzweige / Stehst du an des Jahrhunderts Neige, / In edler stolzer Männlichkeit, / Mit aufgeschloßnem Sinn, mit Geistesfülle, / Voll milden Ernsts, in tatenreicher Stille, / Der reifste Sohn der Zeit, / Frei durch Vernunft, stark durch Gesetze, / Durch Sanftmut groß, und reich durch Schätze, / Die lange Zeit dein Busen dir verschwieg, / Herr der Natur, die deine Fesseln liebet, / Die deine Kraft in tausend Kämpfen übet / Und prangend unter dir aus der Verwildrung stieg!“

Auch Fichte (1962: 436ff.) feiert diese menschliche Erfolgsgeschichte in poetischen Worten: Wo vormals die Erde noch mit „faulenden Morästen und undurchdringlichen Waldungen“ bedeckt war, deren „dumpfe Atmosphäre giftige Insekten und verheerende Seuchen“ erzeugt hat, da sieht man heute „fruchttragende Ebnen und Rebenhügel, welche die Lüfte reinigen und sie mit belebenden Düften schwängern“; „Dörfer und Städte sind dem Boden entstiegen“ und beeindrucken mit „bequemen und anständigen Wohnungen“; die vormals durch die Wälder streifenden Menschen sind heute in den Städten „zu Massen vereinigt“, wobei ein jeder einen spezialisierten Beruf ausübt, „dessen Erlernung und Übung er sein Leben gewidmet, versorgend darin alle übrigen Stände“; Streitigkeiten werden unblutig geschlichtet, Gott wird geehrt, aber nicht mehr gefürchtet, und die Wissenschaft hat der Natur ihren Schrecken genommen und „uns fähig gemacht, manches ihrer Wunder für unseren Zweck nachzutun“. Fazit: Der Weg der Menschheit zeigt von einer finsteren Vorzeit, in der die Wildnis und die Wilden herrschten, zu einer lichten, harmonischen, friedfertigen Gegenwart, die besser ist als alle Vergangenheit.

Nichts kann den Fortschritt aufhalten, so die feste Überzeugung dieser Zeit. Sein gegenwärtiges Zeitalter – wiewohl fundamental kritisiert – gilt Fichte darum nicht als Ausdruck menschlicher Unzulänglichkeit oder gar als Indiz für einen Kulturverfall, sondern vielmehr als ein „notwendiges Bildungsstadium der Menschheit“, durch das man eben „hindurch“ müsse (ebd.: 491). Denn die gegenwärtige Epoche hat letztlich einen positiven Zweck: Die Kritik des Empirismus an einer „blinden Vernunftherrschaft" bereitet unabsichtlich, aber zwangsläufig einer freien Vernunftherrschaft den Weg. An seine Zuhörer gewandt sagt Fichte darum gleich eingangs, in der ersten Vorlesung: „Wie auch immer unser Urteil über das Zeitalter ausfallen möge, und in welche Epoche wir auch dasselbe zu stellen uns gedrungen fühlen möchten, so erwarten Sie doch hier weder den Ton der Klage, noch den der Satire, zumal der persönlichen. Nicht den der Klage: das ist eben die süßeste Belohnung der philosophischen Betrachtung, dass, da sie alles in seinem Zusammenhange ansieht, und nichts vereinzelt erblickt, sie alles notwendig, und darum gut findet, und das, was da ist, sich gefallen lässt, so wie es ist, weil es, um des höheren Zweckes willen, sein soll. Auch ist es unmännlich, mit Klagen über das vorhandene Übel eine Zeit zu verlieren, die man weiser anwendete, um, soviel in unseren Kräften steht, das Gute und Schöne zu schaffen." (ebd.: 407f.)

2 Zeitdiagnostik und Kulturkritik

Das von Fichte als „unmännlich" kritisierte Jammern über die eigene Zeit setzt im großen Stil erst gegen Ende des 19. Jahrhunderts ein. Über weite Strecken war das 19. Jahrhundert noch vom Glauben daran erfüllt gewesen, dass der durch Wissenschaft und Technik beschleunigte Fortschritt zu Wohlstand und Sicherheit für alle führen werde. Dieses Urvertrauen in die Fortschrittsidee der Aufklärung geht verloren. Man diagnostiziert eine Diskrepanz zwischen den ehemaligen Erwartungen, die sich mit den Versprechen der Aufklärung verbunden hatten, und den aktuellen Bedrängnissen des industriellen Zeitalters. Verstädterung, Armut, entfremdende Fabrikarbeit, Umweltverschmutzung, Hygieneprobleme – diese Missstände werden vor allem im deutschen Kaiserreich als Ausdruck einer tiefer liegenden Krise der Kultur interpretiert. Das heißt, die Kultur wird zum Resonanzraum politischer und sozialer Probleme, schließlich begreift man sich – in Abgrenzung zum revolutionären Frankreich, das für nationale Einheit und politische Stärke steht – als Kulturnation. In Deutschland wird die Krisenstimmung durch die Einsicht potenziert, dass der unter Kaiser Wilhelm II. angepeilte „Platz an der Sonne" innerhalb der imperialistischen Staatenkonkurrenz in recht weiter Ferne liegt.

Der deutsche Soziologe Werner Sombart (1863–1941) bringt diese Stimmung in einem Artikel für die Zeitschrift „Der Morgen" im Jahr 1907 auf den Punkt: „Galt es noch vor wenigen Jahren als eine Art von Axiom, dessen Richtigkeit nur wenige Sonderlinge anzuzweifeln wagten: dass die

Menschheit ‚fortschreite', dass die Bahn der Kultur eine Sonnenbahn sei, die uns emporführe zu höheren Formen des Lebens, so mehren sich jetzt die Stimmen derer, die ganz im Gegenteil nur Uebles von der Kultur auszusagen wissen, die in ihr nur noch Zerstörung, nur noch Niedergang erblicken." (Sombart 1907, zit. n. Kruse 1999: 72)

Worauf Sombart hinweist, das ist der anbrechende Boom der Kulturkritik. Kulturkritik ist einer jener assoziationsreichen Begriffe, bei denen jeder im Prinzip weiß, was gemeint ist, die aber gegenüber präzisen Definitionen recht widerstandsfähig sind. Die Kulturkritik ist keine Disziplin, keine Methode, sie ist nicht auf ein fest umrissenes Thema, auf bestimmte Medien und Institutionen (etwa die Wissenschaft) festgelegt. Kulturkritik ist im Prinzip – weil sie ihrem Anspruch nach von außen in den laufenden Betrieb interveniert – eine Sache für jedermann, sie hat „tausend Gesichter" (Konersmann 2008: 134). Ihr einigendes Band hat jene frühe Kulturkritik, die Sombart im Blick hat, in der entschiedenen Distanzierung von den Ideen der Aufklärung. Emanzipation, Gleichheit oder Demokratisierung gelten dieser Kulturkritik als hohle oder gefährliche Phrasen. Vor dem Hintergrund der hochgesteckten Erwartungen der Aufklärung reagiert sie auf die Enttäuschungen der Moderne umso heftiger. Bevorzugte Zielscheiben der Kritik werden der Rationalismus und die Technik, das Nutzendenken, die Entfremdung des Menschen und der allgemeine Sittenverfall.

Der Aufstieg der modernen Kulturkritik hängt also aufs engste mit dem Attraktivitätsverlust der Aufklärung zusammen. Zwar war die Aufklärung seitens der Philosophie schon früh in die Kritik geraten, doch bis in die 1880er-Jahre hinein blieb die Aufklärung als erstrebenswertes Ziel anerkannt (Bollenbeck 2007). Das ändert sich zum Ende des Jahrhunderts hin fundamental. Aufgrund der diversen Krisentendenzen geht der Glaube daran verloren, dass hinter der Geschichte ein „Weltplan" walte, der alles letztlich zu einem guten Ende bringen werde. Zwar hatte bereits der philosophische Idealismus die eigene Gegenwart keineswegs idealisiert. Dessen Zeitkritik fällt, wie wir gesehen haben, durchaus drastisch aus. Weil der Idealismus aber eine positive Entwicklungsprognose unterstellt, kann er auf Alarmismus verzichten. Die bisweilen grelle Kulturkritik hingegen „reagiert auf den Ausfall der geschichtsphilosophisch sanktionierten Kontinuitätsgarantien" (Konersmann 2008: 28). Die Abkehr von geschichtsphilosophischen Erlösungskonzeptionen hat zur Folge, dass die gesellschaftliche Entwicklung nunmehr als kontingenter, ergebnisoffener Prozess erscheint.

In Reaktion auf die spezifisch moderne Kontingenzerfahrung entwickelt sich eine breite publizistische Bewegung, die ein tief sitzendes Misstrauen gegenüber dem Projekt der Moderne, also gegen Aufklärung und Emanzipation, gegen Rationalisierung und Demokratisierung eint. Die Basisprämisse dieser kulturkritischen Aufklärung lautet, dass von der fortschreitenden Modernisierung nichts Gutes zu erwarten sei. Angesichts der erwähnten Krisenphänomene begreift man die Geschichte deshalb vor allem als Verfallsprozess. Eindrucksvoll realisiert findet sich dies in Oswald Spenglers zweibändigem Monumentalwerk „Der Untergang des Abendlandes" (1918/1922). Man will vor diesen Zumutungen der Moderne warnen und spart zu diesem Zweck nicht mit effektvollen Schlagworten und plakativer Kritik. Die Kulturkritik wird bald zum bevorzugten Betätigungsfeld philosophischer Dilettanten und zweitklassiger Literaten. Von diesem Imageschaden hat sie sich bis heute nicht erholt.

Aus dieser kulturkritischen Stimmungslage entwickelt sich die Zeitdiagnose. Die neu erfahrene Zukunftsoffenheit wird für die Intellektuellen zur Aufforderung, über den Zustand und den Stellenwert der eigenen Zeit im Geschichtsprozess aufzuklären. Der grassierende Kulturpessimismus spornt dazu an, die Zeitgenossen aufzurütteln, um die drohende Katastrophe doch noch irgendwie zu verhindern. Die frühen Zeitdiagnosen stellen generalisierende Epochendeutungen in kulturkritischer Absicht dar. Das heißt, Zeitdiagnosen sind kulturkritisch imprägniert, sie sind jedoch nicht auf Kulturkritik zu reduzieren, ganz einfach deshalb, weil Kulturkritik nicht unbedingt eine umfassende Epochendiagnose anstreben muss.

Dies lässt sich am Beispiel des ersten modernen Kulturkritikers zeigen, des französischen Philosophen Jean-Jacques Rousseau (1712–1778). In seiner Abhandlung über „Kunst und Wissenschaft" aus dem Jahr 1750 unterzieht Rousseau seine Zeit einer schonungslosen Kritik. Die von der Akademie von Dijon gestellte Preisfrage, „ob die Erneuerung der Wissenschaften und Künste dazu beigetragen habe, die Sitten zu bessern", beantwortet er – in scharfem Kontrast zur Aufklärung – negativ. Die Wissenschaften und Künste hätten nicht zur Verbesserung der Welt beigetragen, sondern im Gegenteil: „In dem Maß, in dem unsere Wissenschaften und Künste zur Vollkommenheit fortschritten, sind unsere Seelen verderbt geworden." (Rousseau 1995: 15) Zwar hätten Wissenschaften und Künste zur Zivilisierung des Menschen beigetragen, aber diese Zivilisierung ist für Rousseau die Quelle allen Übels. Denn die Zivilisierung interpretiert er als Entfernung des Menschen von einem natürlichen Urzustand, der durch Einfachheit und Tugendhaftigkeit charakterisiert gewesen sei. Das heißt nicht, dass die Menschen früher besser waren, aber sie begegneten einander offen und ehrlich, als das, was sie wirklich sind, nicht als „Charaktermasken" (Marx). Das moderne Leben aber werde dadurch zur Qual, dass mangels personaler Authentizität niemand mehr genau wisse, woran er beim anderen sei. „Keine aufrichtigen Freundschaften mehr, kein wirkliches Ansehen, kein gegründetes Vertrauen. Verdächte, Argwohn, Furcht, Kälte, Reserve, Hass,

Verrat verbergen sich ständig unter dem gleichaussehenden und scheinheiligen Schleier der Höflichkeit – hinter jener so gepriesenen Urbanität, die wir der Aufklärung unseres Jahrhunderts verdanken." (Rousseau 1995: 13)

Von der Tugend bleibe in der zivilisierten Gesellschaft nur noch der (gut gehütete) Schein. Warum dieses Pochen auf Tugendhaftigkeit? Weil tugendhafte Bürger für Rousseau die Gewähr für starke, wehrhafte Nationen sind. Wer durch Luxus und Müßiggang verweichliche, falle zwangsläufig unter das Joch stärkerer Völker und Nationen. Dies illustriert Rousseau in einem kurzen Durchgang durch die antike Geschichte. Ägypten, Griechenland und Rom seien nach ihrem Aufstieg zu Weltreichen letztlich zur leichten Beute einfältiger, aber männlich-tugendhafter Barbaren geworden, weil diese Hochkulturen zur Heimstätte von Wissenschaft und Kunst, Ausschweifungen und Luxus geworden seien. Weltreiche erscheinen in diesem Bild wie Organismen, die nach kraftvoller Jugend und erwachsener Reife unweigerlich dem Verfall geweiht sind. Diese Idee wird später Spengler übernehmen und daraus seine Morphologie der Weltgeschichte entwickeln.

Rousseaus Hauptvorwurf an die Adresse von Wissenschaft und Kunst lautet also, dass diese an der Zerstörung der Tugenden arbeiten. Die Wissenschaft deshalb, weil sie – als eine sitzende Tätigkeit – geeignet ist, „den Mut zu verweichlichen und zu verweiblichen" (ebd.: 43). Tapferkeit und militärische Tugenden werden untergraben, genauso wie die unbedingte Vaterlandsliebe und die Gottesfurcht. Schließlich sät die Wissenschaft die Saat des Zweifels und entweiht auf diese Weise alles, was dem Menschen vormals heilig war. Das heißt, Lasterhaftigkeit ist eine Folge der Wissenschaft, gleichzeitig erscheint sie bei Rousseau auch als deren Ursprung (insbesondere die Ruhmsucht). Die genaue Beziehung zwischen Sittenverfall und Luxus auf der einen Seite und dem Aufstieg von Wissenschaft und Kunst auf der anderen Seite wird nicht recht klar. Wissenschaft und Künste dienen vor allem als Chiffre für einen als hochproblematisch eingeschätzten Luxus, der im Zentrum der Anklage steht.

So wuchtig Rousseaus These ist, so unzulänglich erscheint deren Begründung. Wahrscheinlich geht es Rousseau vorrangig um eine kontraintuitive Beantwortung der Akademie-Frage, die gleichzeitig Platz schafft für eine fundamentale Kritik seines gegenwärtigen Zeitalters. Im Zentrum der Kritik steht der falsche Schein der Tugendhaftigkeit, den der Zivilisationsprozess implementiert, die Manieren und Manierismen seiner Zeit, die zu Uniformität und Unnatürlichkeit verurteilenden Verhaltensregeln einer feudalen Gesellschaft und damit letztlich: die Entfremdung des Menschen von seiner eigentlichen Natur. In Richard Sennetts Studie über die Persönlichkeitsschäden des modernen, flexiblen Menschen („The Corrosion of Character", 1998) wird diese Entfremdungsmelodie ein fernes Echo finden.

Rousseau liefert in Summe ein recht grob gezeichnetes Sittengemälde, nicht aber eine zugespitzte Zeitdiagnose. Schließlich bringt er aufgrund argumentativer und begrifflicher Schwächen das Wesen seines Zeitalters nicht auf den Punkt. Er konstruiert nicht einmal implizit, wenn man so will, eine Bindestrichgesellschaft (siehe Kapitel 1). Das liegt unter anderem daran, dass Rousseau die Wesensunterschiede zwischen Wissenschaft und Kunst nicht berücksichtigt. Zwar mag sich die frühe Wissenschaft teilweise wie eine Kunstlehre ausgenommen haben, doch die fehlende Differenzierung von Rationalitätsformen macht das Gesamtbild unscharf. Im Ergebnis erscheint der anonyme, nach dem erwähnten Entwicklungsgesetz ablaufende Zivilisationsprozess als das zentrale Übel.

Was im Hinblick auf eine Zeitdiagnose fehlt, das ist eine integrale und in ihrer Ursachenbestimmung überzeugende Deutung des diagnostizierten Sittenverfalls. Wollte man beispielsweise die Wissenschaft als dominante Kraft der Zerstörung denunzieren, müsste man das Spannungsverhältnis zwischen (dekadenter) Wissenschaft und (natürlicher) Moral genauer bestimmen. Aber zu diesem Zweck wäre erst einmal zu präzisieren, was denn diese wissenschaftliche Rationalität auszeichnet. Erst dann kann man die eigene Zeit wirkungsvoll unter dem Leitstern des Rationalismus analysieren.

Rousseau bleibt bei der Kulturkritik stehen. Die Leistung Nietzsches wird darin bestehen, das kulturkritische Denken erstmals in eine fulminante Zeitdiagnose zu gießen.

3 Die Tragödie der „sokratischen Cultur“

1872 hatte der damals als Altphilologe an der Universität Basel lehrende Friedrich Nietzsche (1844–1900) eine kleine Studie vorgelegt, die eine fundamentale Kritik am Geschichts- und Selbstverständnis der damaligen Zeit formulierte. Das Büchlein trägt den Titel „Die Geburt der Tragödie aus dem Geiste der Musik“. Darin geht es freilich nicht um eine wahrheitsgemäße Rekonstruktion der Entstehung der antiken Tragödie im alten Griechenland (Sophokles, Aischylos). Nietzsche ist vielmehr an der Vergegenwärtigung des Geists der Gegenwart gelegen. Indem er den Aufstieg und den Untergang der griechischen Tragödie skizziert, verhandelt er die Frage: Was ist der bestimmende Kulturtyp der Moderne? In welchem Zeitalter leben wir? Was ist das Signum unserer Zeit? Seine Antwort lautet: Wir leben im Zeitalter der methodengeleiteten Erkenntnis, wir leben in einer verwissenschaftlichten Zeit. Als Sinnbild für diese rationalistische Kultur steht bei Nietzsche die Figur des Sokrates. Deswegen spricht Nietzsche (1999: 116) auch von „sokratischer Cultur“, in der wir heute immer noch gefangen seien. Sokrates, der Philosoph aus dem fünften Jahrhundert vor Christus, der den Dingen mittels Logik und Verstand auf den Grund gehen wollte, repräsentiert für Nietzsche nun aber *nicht* den grandiosen Ausbruch aus einer mythologischen Vorzeit. Dieser Sokrates steht *nicht* für den Beginn aller ernst zu nehmenden Philosophie. Für Nietzsche repräsentiert Sokrates vielmehr das wissenschaftliche Prinzip, also ein Prinzip methodengeleiteten Erkennens, das gerade aufgrund seiner Erfolge problematisch wird. Denn Verwissenschaftlichung bedeutet für Nietzsche nichts anderes als eine tief greifende Krise der Kultur. Selbst heute noch, fast 150 Jahre nach Erscheinen seines Buchs, mag dieser Gedanke immer noch ungewohnt oder gar kontraintuitiv wirken. Das Aufkommen der Wissenschaft wird nicht als Fortschritt, sondern als Verfallstendenz gelesen. Wie kommt Nietzsche darauf?

Typisch soziologische Fragen nach der Logik sozialen Wandels, nach den Formen sozialer Ungleichheit oder Marginalisierung haben Nietzsche nicht sonderlich interessiert. Als großer Anhänger Richard Wagners ist ihm an Musik, Kunst und Kultur gelegen. Die gesellschaftliche Entwicklung interpretiert er hinsichtlich ihrer Potenziale für eine künstlerisch-kulturelle Vervollkommnung. Seine Basisannahme lautet, dass die Fortentwicklung der Kunst an eine homogene Verbindung des Apollinischen und des Dionysischen gebunden ist. Was sollen diese nach griechischen Gottheiten benannten Prinzipien bedeuten? In der griechischen Mythologie steht der Gott Apollon für die Mäßigung, für die Nüchternheit und im weiteren Sinne für das Prinzip der Individuierung und der Grenzziehung. Der Gott Dionysos hingegen steht für die Ekstase und den Rausch, für das Triebhafte und im weiteren Sinne für das Prinzip der Entgrenzung, also für unmittelbare Begegnung des Menschen mit dem Anderen, mit der Natur, aber auch mit sich selbst, sprich: mit seinem Unbewussten (Nietzsche 1999: 564ff.). Das Apollinische und Dionysische repräsentiert in einer gewissen Weise das, was dann später bei Freud das Ich und das Es heißen wird.

Nietzsche ist nun fest davon überzeugt, dass das Dionysische das Primäre darstellt, die ursprüngliche Lebenskraft und den schöpferischen Energiequell der Kultur. Alles Große hat seinen Ursprung demnach im Rauschhaften, Intuitiven, Leidenschaftlichen – und nicht im logischen Denken, im Berechnen und Vermessen. Daher versteht Nietzsche die Wissenschaft als Lähmung jeder kulturellen Lebenskraft.

Und damit sind wir wieder bei der griechischen Tragödie: Die Tragödie wird Nietzsches Interpretation zufolge durch die Vorherrschaft des Dionysischen am Leben gehalten, durch das Leidenschaftliche, das Pathos, die Musik. Zwar lebt die Tragödie auf ihrem Höhepunkt (bei Sophokles und Aischylos) durch den Kompromiss von apollinischem und dionysischem

Prinzip, wobei die Sprache das Apollinisch-Bewusstseinsmäßige und die Musik das Dionysisch-Emotionale repräsentiert. Aber stets siegt in diesen griechischen Stücken die Musik über die Sprache. Weil eben nur die Musik bis ins Innerste reicht und die Tragödie schließlich den Zuschauern „metaphysischen Trost" (Nietzsche) spenden soll; sie soll, mit anderen Worten, den Glauben an das Leben stärken, auch wenn es oft ein Jammertal sein mag.

Der Niedergang der Tragödie fällt mit dem Aufstieg des „Sokratischen" zusammen, mit der Dominanz der Logik, des Argumentativ-Vernünftigen. Die Musik unterliegt dem Wort, die Leidenschaften der Logik, das Pathos dem Logos. Auf der Bühne wird nun erklärt und diskutiert, und am Ende des Dramas steht eine logische Auflösung aller tragischen Verwicklungen. Bewusstheit und Transparenz werden zu ästhetischen Konstruktionsprinzipien. Euripides ist für Nietzsche unter den griechischen Dichtern derjenige, der diesen Sokratismus in seinen Stücken auf die Bühne bringt. Und genau in diesem sokratischen Zeitalter, glaubt Nietzsche, ist auch noch seine gegenwärtige Gesellschaft gefangen. Sokratisches Zeitalter heißt: unbedingter Glaube daran, dass Wissen besser ist als Nichtwissen, dass rationale Analyse dem intuitiven Erleben überlegen ist, heißt: Vorherrschaft des Bewusstseins gegenüber dem Sein, Vorherrschaft von Logik, Sprache, Methodik gegenüber Musik, Wahn, Leben.

Diese rationalistische Kultur versteht Nietzsche, das haben wir gehört, als Lähmung der dionysischen Kräfte. Hauptexponent dieser Kultur ist die moderne Wissenschaft. Darin liegt die Originalität dieser Zeitdiagnose: Zu einer Zeit, als Wissenschaft und Technik noch völlig selbstverständlich als Garanten des Fortschritts galten – wir sprechen von der Hochphase der Industrialisierung in den 1860er- und 1870er-Jahren –, interpretiert Nietzsche den durchschlagenden Erfolg wissenschaftlicher Rationalität als Indiz eines grandiosen Kulturverfalls. Diese Fundamentalkritik war neu. Zwar wurde Wissenschaft vonseiten der Arbeiterbewegung als ideologisch oder bürgerlich kritisiert, doch kam es dabei nicht – auch nicht bei Marx – zu einer derartigen Fundamentalkritik. Stattdessen wurde der Sozialismus als „wissenschaftliche Weltanschauung" beworben. Mit dem wissenschaftlichen Sozialismus annoncierte man eine Wahrheitssuche, die nicht länger durch verborgene Interessen verzerrt sein sollte, man wollte eine bessere, ideologiefreie Wissenschaft. Der von den Arbeiterbildungsvereinen popularisierte Slogan „Wissen ist Macht" verdeutlicht, dass sich die sozialistische Wissenschaftskritik in den Bahnen der Aufklärung bewegte.

Folgt man Nietzsche, so basiert die moderne, wissenschaftliche Weltauffassung auf einem Optimismus, der wissenschaftlich gar nicht begründbar ist, sondern vielmehr religiöse Ursprünge hat. Der oberste Glaubenssatz der

Wissenschaft lautet: Die Welt ist erkennbar, denn die Natur ist ein berechenbarer Kausalzusammenhang, die menschliche Geschichte ein logischer Prozess. Die Wissenschaft ist mit ihren Methoden in der Lage, die eine „göttliche" Wahrheit zu entschlüsseln. Zweitens: Natur und Gesellschaft sind gestaltbar – auf Basis wissenschaftlichen Wissens. Diese Ansicht wird im 19. Jahrhundert zum Allgemeingut. Man geht davon aus, dass man die Dinge mithilfe der Wissenschaft nach eigenen Vorstellungen steuern, planen und verbessern kann. Nietzsche allerdings bezeichnet es als „Wahnvorstellung", dass „das Denken, an dem Leitfaden der Causalität, bis in die tiefsten Abgründe des Seins reiche, und dass das Denken das Sein nicht nur zu erkennen, sondern sogar zu corrigiren im Stande sei." (Nietzsche 1999: 99)

Dieser moderne Optimismus verbindet sich mit dem Glauben an die Voraussetzungslosigkeit der Wissenschaft („reine Erkenntnis"). Dieser (Aber-)Glaube findet seinen beredten Ausdruck in der nach wie vor aktuellen methodologischen Forderung nach Wertfreiheit. Erst wenn alle subjektiven Überzeugungen, alle Werturteile überwunden werden, ist wissenschaftliche Forschung als Suche nach der reinen, objektiven Wahrheit möglich. Nach diesem Muster ist noch Max Webers Wertfreiheitspostulat gestrickt. Nietzsche hält dagegen, dass erst ein bestimmter Glaube dem Projekt Wissenschaft überhaupt Sinn, Richtung und Existenzberechtigung verleiht. Die Überzeugung, dass alle Werturteile, alles Subjektive verschwinden müsse, damit Wissenschaft möglich ist, sei auch nur eine Form des Glaubens – allerdings, so Nietzsche, der unerbittlichste Glaube, der alle anderen Überzeugungen als bloße Überzeugungen denunziert. Dieser Glaube setzt eine absolute, über allen sozialen Zusammenhängen schwebende Wahrheit voraus, die man nur durch diverse „Reinigungsprozesse" von allem Subjektiven erreichen könne (und dies erklärt im Übrigen auch die zentrale Bedeutung der Methoden für wissenschaftliches Arbeiten). Mit anderen Worten: Die hehren methodologischen Prinzipien der Objektivität, Nachvollziehbarkeit oder Falsifizierbarkeit von Forschung sind nichts anderes als Werte, doch diese Werte erscheinen innerhalb des Projekts Wissenschaft gar nicht mehr als Werte, weil sie zur selbstverständlichen Grundlage aller Wissenschaft geworden sind. In der erfolgreichen Abgrenzung der Wissenschaft von der Welt des Mythos und des Glaubens werden die auf dem religiösen Glauben basierenden Grundlagen der Wissenschaft invisibilisiert. Genau deshalb begreift Nietzsche die moderne Wissenschaft als Religion mit anderen Mitteln.

„Die Geburt der Tragödie" formuliert also eine Fundamentalkritik an der wissenschaftlich-technischen Zivilisation. Schließlich bedeute deren Aufblühen nichts anderes als eine Zerstörung der Kultur, das haben wir gehört. Warum aber Nietzsches Vergötterung der Kultur?

Nietzsche versteht die Kultur – ganz in der Tradition der Aufklärung – als Institution der Herstellung von Sittlichkeit. Die Überlegung der Aufklärer lautete: Erst wenn die Menschen gesittet sind, frei von rohen Trieben, Selbstsucht und Egoismus, sind sie in der Lage, eine wirklich freie Gesellschaft einzurichten. Der Drang nach politischer Freiheit ohne innere Freiheit ist zum Scheitern verurteilt, wie man am Beispiel der in die Despotie der Jakobinerherrschaft übergehenden französischen Revolution gesehen hat. Die Verwirklichung einer besseren Gesellschaft hat also die Entwicklung besserer Menschen zur Voraussetzung, der Prozess der Befreiung geht gewissermaßen von innen nach außen. Die Kultur – immer gedacht als Medium individueller Bildung – ist aus dieser Perspektive nicht weniger als eine Basisvoraussetzung für die Durchsetzung eines menschenwürdigen Gemeinwesens. In kulturkritisch zugespitzter Form wird die Welt des Schönen zum idealisierten Gegenbild einer traurigen politischen Wirklichkeit.

In prononcierter Form findet sich dieser Gedanke in Friedrichs Schillers Briefen „Über die ästhetische Erziehung des Menschen" aus dem Jahr 1795. Es ist die „Schönheit, durch welche man zu der Freyheit wandert", heißt es programmatisch im zweiten Brief (Schiller 2000: 11). Die durch Arbeitsteilung und eine fragmentierende Wissenschaft bedingte „Zerstückelung des menschlichen Wesens" (Schiller) müsse mittels ästhetischer Bildung überwunden werden. Denn nur der „ganze", das heißt in all seinen Anlagen entwickelte, Mensch kann politische Verbesserungen auf den Weg bringen. Die – im Zeitalter der Aufklärung recht weit gediehene – Entwicklung der Vernunft gilt es daher durch die Entwicklung der Empfindungsfähigkeit zu komplettieren. Diese Bildung des Herzens ist die Aufgabe der Kunst. Mit anderen Worten: Es ist die „höhere Kultur" (Schiller), die die Probleme der gegenwärtigen, verstandesbetonten Kultur lösen soll. Die ästhetische Bildung des Menschen wird als Vorbedingung einer wahrhaft humanisierten Gesellschaft ins Spiel gebracht.

Solche emanzipatorischen Ziele verfolgt Nietzsche nicht. Es geht Nietzsche – anders als den Aufklärern – nicht um die Verwirklichung einer vernünftigen (bürgerlichen) Gesellschaft, sondern um die Regeneration eines zivilisatorisch verkümmerten Lebens. Was ist mit „Leben" gemeint? Schon bei Nietzsche ist „Leben" ein abstrakter und vieldeutiger Begriff. Bald wird er zum Kampfbegriff einer breiten, modernisierungskritisch gestimmten Geistesströmung werden (Lebensphilosophie). Im Namen des Lebens nimmt man für das Authentische, Schöpferische, Kreative Partei und kritisiert das Technische, Rationalistische, das „bloß Zivilisierende" seiner Zeit. In diesem Zusammenhang avanciert die (Hoch-)Kultur für Nietzsche zum Hoffnungsträger. Die großen, nicht vom Sokratismus angekränkelten Kulturleistungen gelten ihm als Vorschein einer besseren Welt. Die gelungenen Werke (insbesondere der Antike) sind gewissermaßen der Vorgriff auf das noch Einzulösende, symbolische Garantie für die prinzipielle Existenz eines von Zivilisationszwängen befreiten, wirklich lebendigen Lebens. Um diese Utopie lebendig zu halten, ist er bereit, Menschen zu opfern. Denn zum Wesen der Kultur, schreibt Nietzsche in seiner Rede über den griechischen Staat, gehöre nun einmal das Sklaventum. „Um einer geringen Anzahl olympischer Menschen" die notwendige Muße für die großen Kulturleistungen zu garantieren, „muß die ungeheure Mehrzahl (...) über das Maaß ihrer individuellen Bedürftigkeit hinaus, der Lebensnoth sklavisch unterworfen sein." (Nietzsche 1999: 767) Humanitäre Kosten spielen angesichts der überragenden Bedeutung der Kultur keine Rolle – das ist eine für Nietzsche zwar durchaus unangenehme, aber unvermeidliche Wahrheit. Die notwendige Unterwerfung der Masse unter die Eliten organisiert der Staat. Dieser ist für Nietzsche – nicht anders als für Fichte – eine Zwangsanstalt. Allerdings wirkt dieser Staat bei Nietzsche nicht im Dienst der allgemeinen Emanzipation, sondern zur Absicherung einer auf Ausbeutung basierenden Kulturproduktion.

Genau deshalb bekämpft Nietzsche den aufklärerischen Geist der Wissenschaft. Denn mithilfe der Wissenschaft können die Menschen – gegen alle Dogmen – in Erfahrung bringen, dass die herrschende Ordnung keineswegs naturnotwendig oder gar gottgewollt ist. Im Zuge ihrer wissenschaftlichen Durchdringung erscheint die Gesellschaft (wie auch die Natur) nicht länger als Schicksal. Eine auf Ausgrenzung, Ausbeutung und Hierarchien basierende Gesellschaft wird also kritisier- und reformierbar. Wissenschaft, schließt Nietzsche daraus, ist im Grunde das gleiche Projekt wie Demokratie und Emanzipation. Denn sie ist von dem Optimismus getragen, dass das Glück für alle erstrebenswert und machbar ist. Und darin besteht für Nietzsche das Problem. Denn in seiner Verherrlichung einer Kulturelite muss ihm die Emanzipation der Massen als direkter Weg in den Kulturverfall erscheinen. Das heißt: Nietzsche geht es in seiner prototypischen Zeitdiagnose nicht allein um Wissenschaftskritik. Es geht um eine Kritik am aufklärerischen, liberal-optimistischen Geist seiner Zeit.

Gegen diesen Zeitgeist setzt Nietzsche auf eine Erneuerung der dionysischen Kräfte in der Kultur. Diese Kräfte sieht er in seiner Gegenwart insbesondere im Musikdrama Richard Wagners neu entfesselt. Dieser hatte von 1848 bis 1874 an seiner Tetralogie „Der Ring des Nibelungen" gearbeitet, 1876 war sie im eigens dafür errichteten Festspielhaus in Bayreuth erstmals zur Aufführung gelangt. Mit diesem Mythen erweckenden Monumentalwerk, in dem die Musik die Führungsrolle über die Dichtung behauptet, erscheint Wagner als „dithyrambischer Dramatiker" (Nietzsche), mit anderen Worten: als alter Grieche, der in seinem Werk den Hymnus zu Ehren des Dionysos neu belebt. Dabei steht Wagner – nicht anders als Sokrates – für ein bestimmtes Prinzip. Nietzsche sieht in ihm nicht nur einen einmaligen Künstler, sondern den Exponenten einer „deutschen Musik“, die kraft ihrer dionysischen Urgewalt das kulturelle Gegenprogramm zum aufklärerischen Geist der westlichen Zivilisation darstellt.

In Wagners Ring will Nietzsche jene „Wiedergeburt der Tragödie“ (1999: 103) erkennen, die er so sehr herbeisehnt. Er entdeckt hier eine Erneuerung der Kunst, die nicht nur neue Formen und Tonsprachen hervorbringt, sondern letztlich den neuen Menschen erschafft. Der alte Mensch: Das ist der auf sein Tagesgeschäft fixierte, nur im Hier und Jetzt lebende Zeitgenosse, der sich seine Realitätstüchtigkeit zugutehält, in Wirklichkeit aber dem falschen Zauber der durchrationalisierten, auf Geld und Eigennutz programmierten Welt aufsitzt. Sein Leben basiert auf Äußerlichkeiten und Konventionen. Dazu trägt der zeitgenössische Kulturbetrieb bei, der zur reinen Unterhaltungsmaschinerie verkommen ist. Nietzsches Beschreibung des oberflächlichen, nur auf Zerstreuung zielenden Kulturbetriebs liest sich fast wie eine Beschreibung des Wiener Wurstelpraters: „Man lechzt nach Leiden, Zorn, Hass, Erhitzung, plötzlichem Schrecken, athemloser Spannung und ruft den Künstler herbei als den Beschwörer dieser Geisterjagd.“ (Nietzsche 1999: 460) Erst eine epochale Kulturleistung wie jene Wagners lässt die Hoffnung begründet erscheinen, dass der moderne, „theoretische“ Mensch zu echter Empfindung, zu unverstellter Leidenschaft und „ungekünstelter“ Sprache zurückfinden wird, sprich: zu jenen Quellen eines ursprünglichen Lebens, die im Rationalisierungsprozess verschüttet worden sind.

4 Zeitdiagnose und Zeitdeutung

Nietzsches Jugendwerk über die „Geburt der Tragödie“ entspricht in vielerlei Hinsicht dem Prototyp einer Zeitdiagnose. Es geht um nicht weniger als den „Geist“ einer ganzen Epoche. Es gibt eine integrale Diagnose, lautend auf Sokratismus. Und eine klare Therapieempfehlung: Wagner. Der pessimistische, kulturkritische Tonfall dieser Zeitdiagnose ist genauso einflussreich geworden wie die Vermutung, alle unsere Probleme seien durch den Rationalismus bedingt. Die Vernunft- und Verwissenschaftlichungsthematik wird noch lange Zeit – wenngleich mit deutlichen Modifikationen – ein zentraler Bezugspunkt der Zeitdiagnostik bleiben. Dies gilt nicht nur für Zeitdiagnosen von eher historischem Charakter, die in den folgenden beiden Kapiteln im Mittelpunkt stehen werden. Dies gilt auch für die Gegenwart, erinnert sei etwa an George Ritzers These einer „McDonaldisierung" der Gesellschaft (siehe Kapitel 8) oder an Debatten um die Wissen(schaft)sgesellschaft (siehe Kapitel 10).

Typisch für Zeitdiagnosen ist die geniale Idee, im Fall Nietzsches: die fundamentale Wissenschaftskritik mitten in einer wissenschaftsgläubigen Zeit. Recht typisch ist allerdings auch der großzügige Verzicht auf eine empirische Plausibilitätskontrolle. Überzeugt Nietzsches Annahme, dass wir seit Sokrates in einer verwissenschaftlichten Kultur leben, einer nunmehr 2500 Jahre währenden Epoche ohne jegliche Zäsuren und tief greifenden Wandel? Wie war es um das logische Denken in der Zeit der Völkerwanderung bestellt oder im Mittelalter, als die Alchemisten und Hexenjäger Konjunktur hatten? Ist die wissenschaftliche Rationalität im alten Griechenland dieselbe wie im modernen Forschungsbetrieb?

Natürlich: Nietzsche hatte es diesbezüglich noch etwas leichter. Zwar musste sich der philosophische Entwurf dem Belastungstest auf empirische Plausibilität stellen. Im 19. Jahrhundert übernahm diese Plausibilitätskontrolle jedoch noch die gebildete Zuhörerschaft oder der kleine Kreis der eingeweihten Leser. In der Soziologie wird diese Aufgabe dann der empirischen Sozialforschung überantwortet werden. Die Prüfkriterien werden schärfer. Nicht zuletzt aufgrund dieser Verwissenschaftlichung und Systematisierung der Plausibilitätskontrolle wird sich die Soziologie stets als die realitätstüchtigere Verwandte der Philosophie verstehen.

Um den Begriff der Zeitdiagnose präziser bestimmen zu können, wurde in diesem Kapitel der historische Entstehungskontext der Zeitdiagnostik genauer herausgearbeitet. In Nietzsches „Geburt der Tragödie" lässt sich mit gutem Grund die Geburtsstunde der Zeitdiagnostik vermuten. Nietzsches Basisfrage lautet: In welcher Gesellschaft leben wir? Fichtes Fragestellung war etwas anders gezirkelt. Er wollte zeigen, an welcher Stelle des weltgeschichtlichen Epochenplans die eigene Zeit steht. Dahinter verbirgt sich das Vertrauen in den „Weltplan". Fichte interpretiert seine Zeit hinsichtlich ihres Potenzials für die Erreichung des – dem Philosophen bekannten – Endzwecks der Geschichte. Der aktuell defizitäre Zustand der Gesellschaft erscheint darum nur als ein (notwendiges) Durchgangsstadium auf dem Weg zu ihrer Vollendung. Die Abweichung vom erwarteten Idealzustand muss nicht als Ausdruck eines Verfalls skandalisiert werden. Fichte sieht sich darum nicht gehalten, seine Zeitgenossen zu alarmieren. Es gibt für ihn auch keinen Grund, eine bestimmte Therapieform zu propagieren, sei es eine politische Revolution (Bürgertum, Proletariat) oder eine Kulturrevolution (Wagner). Anders als bei Nietzsche erscheint darum auch die Wissenschaft als durchaus ambivalent. Zwar scheint sie Fichte empiristisch verkürzt, doch kommt ihr im Geschichtsverlauf prinzipiell eine positive Rolle zu. Abweichungen vom Idealzustand werden also verzeitlicht. Das eigene Zeitalter wird zu *einer* Epoche in einem anhaltenden Vervollkommnungsprozess. Bei Gesellschaftsanalysen dieses Typs könnte man – im Unterschied zur Zeitdiagnose – von Zeitdeutungen sprechen. Erst mit dem Aufkommen kulturkritisch gestimmter Zeitdeutungen in alarmierender Funktion ist es sinnvoll, von Zeitdiagnosen zu sprechen. Denn erst die Zeitdiagnose entwickelt systematisch die Motivation, Komplexität so weit zu reduzieren, dass der Gesellschaft ein konkretes Grundleiden attestiert werden kann, sodass sie therapiefähig wird.

Kapitel 3
Die Dialektik der Aufklärung

Im Zentrum dieses Kapitels steht eine Zeitdiagnose, die sich in mancher Hinsicht als Fortführung und Radikalisierung der nietzscheanischen Kulturkritik verstehen lässt. Es geht um das einflussreichste Werk der beiden bekanntesten Exponenten der Kritischen Theorie, Max Horkheimer (1895–1973) und Theodor W. Adorno (1903–1969), die „Dialektik der Aufklärung". In diesem Buch, das in den 1940er-Jahren im amerikanischen Exil entstanden ist, präsentieren sie nicht weniger als eine kapitalismuskritisch zugespitzte Interpretation der gesamten Kulturentwicklung. Motiviert ist ihre Analyse durch die Erfahrung totalitärer Herrschaftsformen, vor allem des Faschismus. Wie konnte es, so fragen Horkheimer und Adorno, im Verlauf des Zivilisationsprozesses, der vor allem durch den wissenschaftlich-technischen Fortschritt geprägt ist, zu einem derartigen Rückfall in die Barbarei kommen? In ihrer Antwort formulieren sie eine Vernunftkritik, die Nietzsches Kritik am Zeitalter des Logos hinsichtlich ihrer Radikalität noch einmal überbietet. Dies versteht sich nicht zuletzt aus dem historischen Kontext. Während Nietzsche sich als Beobachter eines schleichenden Kulturverfalls und einer Verflachung des Lebens durch Verwissenschaftlichung und Demokratisierung begreift, sind die jüdischen Emigranten Adorno und Horkheimer Zeitzeugen einer menschheitsgeschichtlichen Katastrophe, die sich in den Vernichtungslagern des NS-Regimes zugetragen hat.

Ihre Argumentation erinnert zunächst stark an Nietzsche. Denn den Kern allen Übels verorten sie im aufklärerischen Vernunftideal, einem Vernunftideal, das auf die Emanzipation des Menschen von Naturabhängigkeiten setzt und damit auf die Prinzipien von Entzauberung, Eindeutigkeit und Kontrolle. Diese Vernunft, die sie nicht erst in der Moderne und auch nicht allein in den Naturwissenschaften am Werk sehen, ist für sie die Ursache – *nicht* der menschlichen Emanzipation, wie die philosophischen Aufklärer annahmen, sondern der Etablierung des vollendeten Irrationalismus, sprich: des Faschismus. Eine zweckinstrumentelle Vernunft, die den Menschen in den Stand allumfassender Naturbeherrschung setzen soll, führt nicht zu einer befreiten, wahrhaft humanen Gesellschaft, sondern in die Katastrophe.

In ihrer historischen Terminierung dieses Verfallsprozesses setzen Adorno und Horkheimer sehr radikal an. Den Ursprung dieser instrumentellen Vernunft verlegen sie in die Frühzeit der Menschheitsgeschichte, weit hinter Sokrates zurück. Schon die ersten Mythen, so ihre Überzeugung, versuchen sich in einer Form der Naturerklärung, die den Menschen aus dem Naturzusammenhang herauslöst und den Menschen der Natur als fremd gegenüberstellt. Spätere, bessere und dann vor allem wissenschaftliche Erklärungsversuche revidieren diese Konzeption nicht, sondern differenzieren sie nur aus. Aus dieser Perspektive erscheint die Menschheitsgeschichte von Anbeginn dazu verurteilt, sich als ein stufenweise in die Katastrophe führender Verfallsprozess zu entwickeln. Der Zivilisationsprozess realisiert sich im Wesentlichen als Entfaltung des in der frühen Vergangenheit angelegten Übels – nämlich einer naturbeherrschenden, instrumentellen Vernunft.

Im Fall der „Dialektik der Aufklärung“ haben wir es also mit einer Zeitdiagnose zu tun, die den pessimistisch-kulturkritischen Duktus nietzscheanischer Prägung teilt. Gleichzeitig argumentieren Adorno und Horkheimer wesentlich differenzierter: Ihre Kritik gilt nicht der Wissenschaft per se, sondern einem Vernunftideal, das in der modernen Wissenschaft zwar hegemonial geworden, aber eben nicht unwidersprochen geblieben ist. Denn es existieren Alternativen in der Wissenschaft, und eine wichtige und bis in den heutigen Seminarbetrieb hinein wirksame Alternative besteht in einer Theoriekonzeption, als deren wichtigste Vertreter Adorno und Horkheimer selbst gelten: die Kritische Theorie. Deshalb wollen wir uns zunächst vergegenwärtigen, was unter Kritischer Theorie zu verstehen ist. Auf diese Weise wird die theoretische Statik jener Zeitdiagnose besser nachvollziehbar, die die beiden Frankfurter Soziologen mit der „Dialektik der Aufklärung“ vorgelegt haben.

1 Kritische und unkritische Theorie

Kritische Theorie hat sich als Etikett für einen Theoriezusammenhang hegel-marxistischer Provenienz durchgesetzt, der mit den Namen Theodor W. Adorno, Max Horkheimer, Herbert Marcuse oder etwa Erich Fromm verbunden ist, um nur einige zu nennen. Dieser Theoriezusammenhang hatte sein institutionelles Zentrum im Frankfurter Institut für Sozialforschung, einem außeruniversitären Institut, das 1923 gegründet wurde (vgl. dazu Jay 1981). Finanziert wurde es von Felix Weil, dem Sohn eines reichen Getreidehändlers und entschiedenen Sozialisten. Erster Direktor des Instituts war der aus Wien kommende Austromarxist Carl Grünberg. Er starb jedoch bald, und so wurde 1931 der Philosoph Max Horkheimer zum Direktor des Instituts. Er berief Soziologen, Literaturwissenschaftler, Juristen, Ökonomen, Psychologen und Philosophen ans Institut, um – sehr modern – ein interdisziplinäres Forschungskonzept realisieren zu können. Die empirische Sozialforschung aus den einzelnen Bereichen sollte ihre Synthese durch die Philosophie (als „Dachdisziplin") erhalten, damit die Einzelforschungen nicht beziehungslos nebeneinander stehen blieben. Aus heutiger Warte fällt auf, dass am Institut die Naturwissenschaften nicht vertreten waren. Das wäre heute, in einer Zeit, wo Umweltfragen von höchster Relevanz sind und die Biowissenschaften zur Leitwissenschaft aufgestiegen sind, undenkbar. Interdisziplinarität realisiert sich heute zuweilen auf eine Weise, die die Sozialwissenschaften zu begleitenden Hilfswissenschaften der Naturwissenschaften degradiert. Zu Horkheimers Zeiten war dies erkennbar anders. In seinem Institut regierten – bei aller interdisziplinären Ausrichtung – die Sozialwissenschaften. In der Forschung des Instituts ging es zunächst vor allem darum, mithilfe der Marx'schen Kategorien und der Freud'schen Theorie das Ausbleiben der Revolution im Deutschland der 1920er-Jahre zu erklären.

Durch die Machtübernahme der Nationalsozialisten in Deutschland zur Emigration gezwungen, übersiedelte das Institut zunächst nach New York, später gingen Adorno und Horkheimer an die Westküste. Nach ihrer Rückkehr nach Frankfurt im Jahr 1950 begannen die Arbeiten des Instituts eine erhebliche wissenschaftliche, aber auch politische Resonanz zu entfalten. Im Zuge der 68er-Proteste wurde die als „Frankfurter Schule" apostrophierte Kritische Theorie zu so etwas wie einem soziologischen Exportschlager. Ulrich Beck hat dazu in der „Zeit" (21.6.2001) bemerkt: „Die Frankfurter Schule war der bedeutendste Theorieexport. Noch heute gilt sie zu Recht als *der* deutsche Beitrag zur internationalen Sozialwissenschaft." Und in der Tat: Wie die Franzosen mit der Provokation der Postmoderne in den 1980er-Jahren weltweit tonangebend waren, die Engländer dann in den 90er-Jahren die Globalisierungsfrage dominieren, so haben die Frankfurter einst festgehalten, was kritische Soziologie zu leisten habe. Von den 1950er- bis weit in die 70er-Jahre hinein war die Kritische Theorie prägend: für die soziologische Theoriebildung, aber auch und vielleicht vor allem für die rebellierenden Studierenden, die Stichworte für ihre Kapitalismuskritik suchten, ohne auf den orthodoxen Marxismus zurückzufallen.

Auch wenn sich das Label „Kritische Theorie" in der Geschichtsschreibung der Soziologie durchgesetzt hat: Die Kritische Theorie stellte nie so etwas wie ein kohärentes Arbeitsprogramm für alle Institutsmitarbeiter dar, das in arbeitsteiliger Forschung aufgearbeitet worden wäre. Es handelt sich eher um so etwas wie ein gemeinsames Wissenschaftsverständnis der am

Frankfurter Institut versammelten Forscher. Jenseits dieser Selbstetikettierung als „kritisch" ist eine Bestimmung dessen, was eine kritische Theorie ist, gar nicht so leicht. Muss dieses Etikett jenen Theorien vorbehalten bleiben, die sich explizit als gesellschaftskritisch verstehen, die ihre gegenwärtige Gesellschaft an bestimmten normativen Maßstäben messen? Oder sind nicht auch solche Theorien kritisch, die „nur" das analytische Auflösungsvermögen steigern wollen, qua Einsicht in die Tiefenstrukturen der Gesellschaft aber möglicherweise Veränderungen der Gesellschaft auf den Weg bringen? Das ist eine schwierige Frage. Wir können sie jedoch auf sich beruhen lassen. Denn in der Soziologie hat es sich durchgesetzt, Kritik im Marx'schen und nicht im Kant'schen Sinne zu verstehen, sprich: das kleine „k" mit dem großen „K" zu identifizieren. Unter kritischer Theorie versteht man daher in aller Regel die Kritische Theorie.

Die Kritische Theorie begründete sich vor allem programmatisch – in Abgrenzung von einer unkritischen Theorie, die Horkheimer in seinem großen programmatischen Aufsatz von 1937 als „traditionelle" Theorie bezeichnet hat. Ihre elaborierte philosophische Ausprägung findet diese unkritische Theorie im frühen 20. Jahrhundert im „logischen Empirismus" (Reichenbach). Diesen weiterentwickelten Empirismus bezeichnen die Frankfurter allerdings meist – in polemischer Tönung – als Positivismus. Diese traditionelle Theorie – so Horkheimer (1992) – zielt im Wesentlichen darauf, einen geschlossenen, universellen Erklärungszusammenhang herzustellen, der methodisch ausschließlich auf der empirischen Prüfung von Hypothesen besteht. Beobachtung und Erfahrung sind Ausgangspunkt und gleichzeitig die letzte und höchste Instanz der Bewährung für jede Theorie.

Das Ideal eines solchen Theoriemodells ist ganz klar die Physik. Im besten Fall hat man hier einige wenige Gesetze, auf die man die Beobachtungssätze aus verschiedenen Bereichen zurückführen kann. Auf diese Weise werden die Einzelereignisse berechenbar. Die Wissenschaft erscheint als ein neutraler Ordnungsapparat. Jedoch: Eine solche positivistische Wissenschaft ist nach Ansicht der Frankfurter gezwungen, das Wirkliche für die Wahrheit zu nehmen. Eine Kritik der Gesellschaft ist für ein solches empiriefixiertes Denken nicht denkbar. Eine Theorie aber, die kein vorgängiges normatives Ziel hat, erhält ihre Zielbestimmung aus der herrschenden gesellschaftlichen Ordnung, so der zentrale Vorwurf seitens der Kritischen Theorie.

Doch was heißt das im konkreten Fall? Horkheimer (1988: 149) nennt das Beispiel des Hexenwahns: Die reine Beobachtung von Menschen, die so denken und handeln, als ob es Hexen gäbe, lasse für den empirischen Forscher, der nichts anderes als Sinnesdaten gelten lässt, nur den Schluss zu, dass der Hexenglaube eben real ist, vielleicht sogar, dass an diesem Hexenglauben was dran sein muss. Der Positivismus ist jedenfalls nicht in der Lage, den allgemeinen Wahn zu hinterfragen, ganz einfach weil er sich selbst einen normativen Standpunkt außerhalb des gesellschaftlichen Geschehens verbietet, von dem aus das Ganze erst kritisierbar würde. Der – kritisch gegen Esoterik und religiöse Dogmen gerichtete – Positivismus entpuppt sich auf diese Weise als schlechte Metaphysik.

Genau das ist der verwirrende Kernpunkt des Streits: Wer betreibt jetzt eigentlich Metaphysik, sprich: schlechte Wissenschaft? Eine Kritische Theorie, die sich nicht auf den reinen Nachvollzug dessen beschränken will, was empirisch der Fall ist? Eine Theorie also, die das Wirkliche nicht für wahr halten will und deshalb zu Erkenntniszwecken auf normative Maßstäbe zurückgreifen muss, die sie wissenschaftlich nicht begründen kann? Oder der Positivismus, der zwecks Wissenschaftlichkeit dem Denken verbietet, über das unmittelbar Vorfindliche hinauszudenken? Der alle Bemühungen, die empirisch gegebene Ordnung der Dinge gedanklich zu transzendieren, als Verfallsform des Denkens denunziert und damit jede Chance auf Gesellschaftskritik zunichtemacht? Diese Fragen werden noch 30 Jahre später, im sogenannten „Positivismusstreit" der 1960er-Jahre, eine Rolle spielen, einer Kontroverse mit Adorno und Karl Popper an vorderster Front (Adorno et al. 1993). Der Streit blieb ergebnislos und trug unter den Studierenden eher zur Verwirrung bei, stiftete er doch letztlich dazu an, konkurrierende Theorieoptionen unter politischen Vorzeichen zu beurteilen.

Im Prinzip fechten Horkheimer & Co. mit ihrem Angriff auf den Positivismus auf neuer Stufe nochmals jenen Kampf aus, den bereits Fichte mit dem Empirismus ausgetragen hatte (siehe Kapitel 2). Die Vorwürfe an die Adresse des Positivismus lauten auf Theorieabstinenz, Tatsachenfetischismus und ein unhistorisches Wahrheitsverständnis.

Gehen wir diese Vorwürfe kurz der Reihe nach durch: 1) Der Positivismus geht dem schönen Schein der Dinge auf den Leim, weil er theorieabstinent ist: Die Tatsachen sollen für sich selbst sprechen. Doch ohne das Wissen ums Ganze, so Horkheimers Einwand, kann sich der Sinn einzelner Tatsachen nicht erschließen. Ähnlich hatte es der deutsche Idealismus formuliert: Wir brauchen zu Erkenntniszwecken eine vorgängige Idee von den Dingen. Die Kritische Theorie konkretisiert: Wir müssen zuallererst das Wesen der Gesellschaft durchschauen. Erst dann ist ein wirkliches Verständnis der empirischen Tatsachen möglich. 2) Das positivistische Denken ist statisch und nimmt auf diese Weise die Dinge als unabänderlich hin. Die Kritische Theorie hingegen erklärt: „Es muss nicht so sein, die Menschen können das Sein ändern, die Umstände dafür sind vorhanden." (Horkheimer 1992: 244) Der – sich selbst als kritisch begreifende – Tatsachenfetischismus der Positivisten gilt der Kritischen Theorie als Ideologie. 3) Der

Popper'schen Falsifikationslogik zufolge sind Theorien immer nur vorläufige Wahrheiten mit (unbekanntem) Ablaufdatum. Um wissenschaftlich genannt zu werden, müssen sie sich an der Realität messen lassen (können). Aber genau die kann für die Kritische Theorie keine legitime Messlatte sein – weil es sich um eine „falsche" Wirklichkeit handelt, nämlich eine irrationale Gesellschaft, die von den Launen des Marktes und dem Diktat des Privateigentums bestimmt ist. Eine Falsifizierung mit Hinweis auf die gegenwärtige Realität empfinden die Frankfurter darum als unangemessen. Am konkreten Beispiel: Das Proletariat war aus den Kämpfen der krisenhaften Jahre nach dem ersten Weltkrieg nicht siegreich hervorgegangen, obwohl man das nach der marxistischen Theorie hätte erwarten können. Dies wäre jedoch kein tragfähiger Einwand gegen die Theorie. Denn schließlich kann das Proletariat immer noch die nächste oder übernächste Schlacht gewinnen, die nächste Krise kommt bestimmt.

2 Von der Naturbeherrschung zur totalen Herrschaft

Dieser Zukunftsoptimismus kam der Kritischen Theorie allerdings bald abhanden. Begründet war dies durch mehrere Faktoren: In dem Maße, wie das Proletariat verbürgerlichte und in die bestehenden Verhältnisse integriert wurde, ging der Adressat und gleichzeitig die Prüfinstanz der Theorie verloren. Der Aufstieg des Faschismus in Deutschland, aber auch in Spanien, Italien, Portugal oder Rumänien machte deutlich, dass ökonomische Krisen nicht unbedingt zum Schrittmacher einer revolutionären Überwindung des Kapitalismus werden müssen. Die Stalinisierung des Sowjetsozialismus trug dazu bei, dass die Kritische Theorie stärker noch als zuvor auf Distanz zu orthodoxen Elementen des Marxismus ging und marxistisches Vokabular zu vermeiden suchte (deshalb die Titulierung der eigenen Theorie als Kritische Theorie und nicht etwa als Neomarxismus). Grundsätzlich verloren ging der Glaube an die Machbarkeit des gesellschaftlichen Fortschritts. Waren die Frankfurter schon zuvor recht sparsam mit positiven Utopien umgegangen, so beschränkten sie sich ab den 1940er-Jahren kategorisch auf die Negation des Bestehenden. Über die zukünftige, befreite Gesellschaft konnte und wollte man nichts sagen, ließ doch das Zeitalter der faschistischen Massenbewegungen keinerlei Hinweise mehr darauf zu, wer diese bessere Gesellschaft überhaupt durchsetzen könnte. Das in der deutschen Volksgemeinschaft aufgegangene Proletariat konnte in den Augen der Frankfurter Soziologen nicht mehr der Adressat emanzipatorischer Hoffnungen sein. Das – orthodox marxistische – Vertrauen auf den Fortschritt in der Geschichte erschien ihnen nunmehr als utopische Erwartung, als Spekulation oder Ideologie. Etwas überspitzt könnte man sagen: Analog zum jüdischen Bilderverbot erlegte man sich ein Utopieverbot auf. Die Tonlage der Kritischen Theorie wurde im amerikanischen Exil jedenfalls recht pessimistisch.

Die „Dialektik der Aufklärung“ setzt außerdem fundamentaler an als alle anderen Schriften aus dem Frankfurter Kreis. Schließlich schien Kapitalismuskritik marxistischer Bauart bei Weitem nicht mehr auszureichen, um den Faschismus zu erklären. In diesem Buch, das erstmals 1944 erschien und erst mit seiner Neuauflage im Jahr 1969 richtig öffentlichkeitswirksam wurde, stellen sich Horkheimer und Adorno die quälende Frage, „warum die Menschheit, anstatt in einen wahrhaft menschlichen Zustand einzutreten, in eine neue Art von Barbarei versinkt“ (Horkheimer/Adorno 1988: 1) Die Autoren wollen also eine Antwort auf die Frage vorlegen, warum die Gesellschaftsgeschichte nicht – wie die philosophischen Aufklärer und noch Marx annahmen – als linearer, wenn auch krisenhafter Höherentwicklungsprozess sich vollzieht, sondern vielmehr am vorläufigen Ende eines langen Rationalisierungsprozesses (Verwissenschaftlichung, Technisierung) Formen totaler Herrschaft sich etablieren. Warum setzte sich trotz aller unbezweifelbaren Fortschritte im analytischen Denken und in der Beherrschung der Natur nicht eine rationalere Gesellschaft durch, sondern der vollendete Irrationalismus?

Ihre *zentrale These* lautet: Aufklärung im Sinne der Emanzipation des Menschen durch das Heraustreten aus dem Naturzusammenhang (durch Verwissenschaftlichung und Technisierung) stellt kein Fortschrittsprojekt dar, sondern markiert von Beginn an einen Verfallsprozess. Denn mit dem Projekt der Naturbeherrschung bildet sich ein menschliches Welt- und Selbstverhältnis heraus, in dem jeder und alles zum instrumentellen Zweck wird. Dem instrumentellen Denken entspricht auf der sozialen Ebene das Fortbestehen bzw. die Verfestigung der Herrschaft von Menschen über Menschen. Im 20. Jahrhundert nimmt diese Herrschaft in Form des Totalitarismus und der industriellen Vernichtung von Menschen ihre extremsten Ausmaße an.

Diese Fundamentalkritik an der gesamten abendländischen Vernunfttradition wirkte gerade auf linke Gesellschaftskritiker irritierend. Denn in Zeiten irrationaler politischer Ideologien wie des Faschismus – der für Volksgemeinschaft und Rassenreinheit schwärmte – setzen Adorno und Horkheimer ihre Hoffnung nicht auf die vermeintlich rationale Aufklärung, sondern machen ihr vielmehr kompromisslos die Rechnung auf. Die Aufklärung verstehen Horkheimer und Adorno – anders als man gemeinhin annehmen möchte – nicht als ein Gegenmittel gegen den Irrationalismus, sondern als ein Teil des Problems, wenn nicht als das Basisproblem.

Was heißt Aufklärung in diesem Zusammenhang? An der Aufklärung kritisieren Horkheimer und Adorno nicht eine spezielle philosophische Tradition des 18. Jahrhunderts, sondern – viel breiter – eine Denkform, die sich auf Objektivierung und Abstraktion zum Zwecke der Naturbeherrschung gründet. Diese Denkform reicht für sie bis in die Frühgeschichte der Menschheit hinein, findet aber eine höhere Entwicklungsstufe erst in der empiristischen Tradition des 18. und 19. Jahrhunderts. Ihre volle Blüte ist mit dem Positivismus des 20. Jahrhunderts erreicht. In den Positivisten finden Adorno und Horkheimer darum ihre wissenschaftlichen Hauptgegner, das hatten wir gehört.

In Gestalt der Aufklärung kritisieren Adorno und Horkheimer also eine Denkform mit einer langen Vorgeschichte. Dieser Vorgeschichte gehen sie in Form der Mythen nach und auf diese Weise in die Frühgeschichte der Menschheit zurück. Ihre Argumentation lautet, dass bereits die Mythen den Zauber der Natur bannen und damit das Naturgeschehen berechenbar machen wollten, wenn auch in unzulänglicher Weise. Mit dem Ungenügen mythologischer Erklärungen der Naturzusammenhänge – die im Prinzip bereits eine Frühform der Aufklärung, zumindest von ihrer Intention her, darstellen – habe sich ein unheilvoller Prozess der Aufklärung etabliert, der im Faktenfetischismus der Neuzeit kulminiert und dabei jede wirkliche Einsicht in das Wesen der Dinge als bloße Mythologie denunziert. In ihren Worten: „Die Mythologie selbst hat den endlosen Prozess der Aufklärung ins Spiel gesetzt, in dem mit unausweichlicher Notwendigkeit immer wieder jede bestimmte theoretische Ansicht der vernichtenden Kritik verfällt, nur ein Glaube zu sein, bis selbst noch die Begriffe des Geistes, der Wahrheit, ja der Aufklärung zum animistischen Zauber geworden sind. (…) Wie die Mythen schon Aufklärung vollziehen, so verstrickt Aufklärung mit jedem ihrer Schritte tiefer sich in Mythologie." (Horkheimer/Adorno 1988: 17f.)

Die moderne Mythologie besteht für Adorno und Horkheimer im Glauben an eine natürliche Ordnung, und das heißt in der Moderne: an die Unüberwindlichkeit von Herrschaft. Dieser Glaube ist bedingt durch die Hegemonie der aufklärerischen, auf Naturbeherrschung zielenden Vernunft. Denn mit den Erfolgen dieser Vernunft (Verwissenschaftlichung, Technisierung) übt sich der Mensch in ein Welt- und Selbstverhältnis ein, in dem alles zu einem Projekt der Herrschaft und Unterwerfung wird: die Natur, der Mitmensch, aber auch der Mensch sich selbst. Der Herrschaftsbegriff bei Adorno und Horkheimer umfasst also: 1) die Herrschaft über die äußere Natur; 2) die Herrschaft von Menschen über Menschen; 3) die Herrschaft des Menschen über sich selbst im Sinne einer lustfeindlichen Kontrolle seiner Triebe. Das Verhältnis zwischen den Menschen entspricht demnach dem gesellschaftlichen Naturverhältnis: Indem die Natur zum Objekt wird, wird schließlich alles zum Objekt; die Menschen begegnen sich selbst und untereinander als Dinge. Herrschaft wird zur Normalität und erscheint als natürlich.

Herrschaft erscheint gewissermaßen als heimliche Rache der Natur für den menschlichen Beherrschungszwang, dem sie seit jeher unterworfen ist. Denn sie ist das zwangsläufige Resultat einer Denkweise, die die Welt als eine Ansammlung identifizierbarer, berechen- und beherrschbarer Objekte entwirft. In der Formulierung von Horkheimer und Adorno: „Jeder Versuch, den Naturzwang zu brechen, indem Natur gebrochen wird, gerät nur um so tiefer in den Naturzwang hinein." (ebd.: 19) Mit den naturwüchsigen Zwängen meinen Adorno und Horkheimer nicht die Launen der Natur, sondern die Zwänge einer von den Menschen nicht durchschauten Gesellschaft. Das heißt: Natur wird im umfassenden Sinne als etwas Objektives, Undurchschaubares, dem Individuum fremd Gegenüberstehendes verstanden, eben als etwas „Natürliches". Natur ist das Korrelat einer stattgefundenen Objektivierung; Natur ist, wenn die Menschen sich nicht mehr als Teil des Naturzusammenhangs begreifen. Mit der Unterwerfung der „ersten", äußeren Natur aber wird die Gesellschaft zur undurchschauten, „zweiten" Natur.

Eine wirkliche Emanzipation des Menschen erscheint unmöglich, solange das aufklärerische Vernunftideal herrscht. Solange die cartesianisch-kategorische Trennung zwischen Subjekt und Objekt in Kraft bleibt, solange die Menschen sich nicht als Teil des Naturzusammenhangs begreifen, solange der Mythos der Zahl herrscht und Begriffe wie Geist, Idee oder Wahrheit als Spekulation denunziert werden – so lange bleiben die Menschen fremder Herrschaft unterworfen, weil der Grund aller Herrschaft nicht erkannt ist, eben die Struktur der Aufklärung. Und diese Aufklärung, daran lassen Adorno und Horkheimer keinen Zweifel, ist für sie ein totalitäres Projekt. Die berühmten Sätze lauten: „Was die Menschen von der Natur lernen wollen, ist, sie anzuwenden, um sie und die Menschen vollends zu beherrschen. (…) Was dem Maß von Berechenbarkeit und Nützlichkeit sich nicht fügen will, gilt der Aufklärung für verdächtig. (…) Aufklärung ist totalitär." (ebd.: 10ff.)

Die Kritische Theorie fordert deshalb dazu auf, das gängige Verständnis von Natur und Gesellschaft, ja unser Verständnis von dem, was eine Tatsache ist, nicht einfach positivistisch festzuschreiben, sondern als Konstruktionen eines aufklärerisch-instrumentellen Denkens zu begreifen. Von dieser (wirklichen) Aufklärung hängt viel ab. Denn diesem Denken entspricht eine soziale Realität, die durch das (objektiv überflüssige) Fortbestehen von Herrschaft charakterisiert ist. Im 20. Jahrhundert verschärft sich dieses Problem noch einmal mit der Hegemonie des Positivismus. Denn nunmehr wird jedes Denken, das über die traurige Realität hinaus will, aus dem Reich des ernst zu nehmenden Denkens verbannt. Die feste Überzeugung der Frankfurter lautet: Der sich selbst so logisch gebende Positivismus stellt sich in den Dienst noch der irrationalsten Herrschaft, weil er in seiner Tatsachenfixiertheit es nicht wagt, über das Bestehende hinaus zu denken. Dem Positivismus in der Wissenschaft entspricht der Totalitarismus auf der politischen Ebene.

In der „Dialektik der Aufklärung“ führen Adorno und Horkheimer also einen Generalangriff gegen den Positivismus. Mit dem Positivismus – so legt ihre Zeitdiagnose nahe – bekämpfen sie längst nicht mehr nur eine Theorieoption, sondern eine Legitimationsideologie totaler Herrschaft. Und dieser Positivismus gilt ihnen als hegemoniale Denkform der Moderne – womit sie recht haben, zumindest was die Wissenschaft betrifft. Rationalistische und pragmatistische Strömungen haben in diesen Jahren weit mehr Einfluss als die Kritische Theorie. Der strengen Wissenschaft wiederum gelten die Ideen Adornos und Horkheimers als linke Ideologie im Gewande der Sozialphilosophie. Insofern lässt sich die „Dialektik der Aufklärung“ als Dokument der wissenschaftlichen Selbstverteidigung im Mantel der Faschismusanalyse lesen.

In der „Dialektik der Aufklärung“ klingen Motive an, die wir schon bei Nietzsche kennengelernt haben: eine pessimistische Grundstimmung, eine hohe Sensibilität für die Ambivalenzen der Moderne und eine fundamentale Skepsis gegen die Segnungen des wissenschaftlich-technischen Fortschritts. Anders als bei Nietzsche jedoch erscheint nicht die Wissenschaft per se, der Logos, als Quell allen Übels. Die radikale Vernunftkritik Frankfurter Prägung fällt weniger pauschal aus. Im Kreuzfeuer der Kritik steht das positivistische Wissenschaftsideal, nicht die Vernunft an sich. Anders als Nietzsche flüchten Adorno und Horkheimer denn auch nicht zu Dionysos. Ihre unausgesprochene Hoffnung besteht darin, dass eine Selbstreflexion der aufklärerisch-positivistischen Vernunft doch noch zu einer grundlegenden Veränderung der modernen Denkgewohnheiten führen könne. Zu dieser Selbstreflexion will die Kritische Theorie beitragen.

3 Du sollst dir kein Bild machen!

Zeitdiagnose als fundamentale Vernunftkritik – dies war ein Projekt, das nicht ausschließlich von links betrieben wurde. Im Gegenteil, könnte man fast sagen.

Eine ähnliche Zeitdiagnostik, wie die eben vorgestellte, findet sich bei einem Denker, der in politischer Hinsicht kaum gegensätzlicher zu Adorno und Horkheimer sein könnte. Die Rede ist von Martin Heidegger (1889–1976). Dieser hatte – anders als Adorno und Horkheimer, die beide aus jüdischem, großbürgerlichem Hause stammten – 1933 keine Zäsur erlebt, sondern den Nationalsozialismus zunächst erwartungsvoll begrüßt. Als konservativ geprägter Mensch hatte er einen starken Hang zum Volkstümlich-Traditionellen, und ganz anders als die kritischen Kosmopoliten aus Frankfurt waren für den Kleinbürger aus dem Schwarzwald Konstruktionen wie Heimat oder Volk durchaus positive Bezugspunkte seines Denkens. An den Nazis scheint ihm insbesondere deren anti-modernistische Rhetorik gefallen zu haben. Heidegger wollte nur zu gerne glauben, dass der Nationalsozialismus eine politische Bewegung repräsentiere, die den Kampf gegen eine durch die Technik geknebelte Zivilisation aufnehmen würde. Seine Hoffnungen, die Nazis würden den Weg aus einem seelenlosen Maschinenzeitalter herausfinden, sah er bald enttäuscht. Tatsächlich war der Nationalsozialismus von einer Technisierungsoffensive getragen, die vor allem durch die Kriegspolitik Hitlers motiviert war. Die Nationalsozialisten setzten in ihrem Fortschrittsdenken – nicht anders als alle anderen politischen Strömungen dieser Zeit – gleichfalls auf Wissenschaft (wenngleich in „völkisch" reduzierter Form), auf Maschinen und auf die Technik. Heidegger ging darum bald zu den Nationalsozialisten auf Distanz, auch wenn er seine NSDAP-Mitgliedschaft bis 1945 nicht aufgab. Die biografische Skizze kann ich an dieser Stelle nicht vertiefen, verwiesen sei jedoch auf die hervorragende und sehr lesbare Heidegger-Biografie von Rüdiger Safranski (2001).

In seinen vernunftkritischen Studien aus dieser Zeit stellt der Faschismus kein exponiertes Bezugsdatum der Analyse dar, anders als bei Adorno und Horkheimer. Gleich diesen Autoren war jedoch auch er davon überzeugt, dass das Verderben, das in das gegenwärtige Zeitalter eingeschrieben sei, seinen Ausgang schon viel früher genommen habe. Und er nahm gleichfalls an, dass dieses Verderben durch die moderne, wissenschaftlich geprägte Form des Denkens und Vorstellens begründet sei. Den Sündenfall datiert Heidegger allerdings nicht mit Sokrates oder in den Mythen der Frühzeit. Der Sündenfall geschieht in seiner Zeitrechnung mit dem Humanismus der frühen Neuzeit. Und das ist überraschend. Das Zeitalter von Humanismus, Renaissance und früher Naturwissenschaft repräsentiert für uns heute vor allem etwas Positives: Wir assoziieren damit gewissermaßen die Überwindung des „finsteren" Mittelalters und die Wiederentdeckung des Menschen, seine Befreiung aus selbstverschuldeter Unmündigkeit und Abhängigkeit. In dieser Zeit, im 16. und 17. Jahrhundert, tritt der Mensch ins Zentrum des Geschehens, der Mensch wird, wie es plakativ heißt, zum Maß aller Dinge.

Diesen Prozess fasst Heidegger als Subjektivierung: Der Mensch, vormals vernachlässigbares Anhängsel christlicher Kosmologie im Spirituellen und fürstlicher Willkür auf Erden, emanzipiert sich zum allein maßgeblichen Bezugspunkt von Natur und Geschichte. Erst jetzt, da der Mensch zum Gravitationszentrum der Welt wird, macht die Rede vom Menschen als Subjekt Sinn. *Übersehen* wird Heidegger zufolge allerdings, dass diese Subjektivierung die *Objektivierung* der Welt zur Bedingung hat. Objektivierung heißt im Wesentlichen, dass die Welt als ein äußeres und dem Menschen äußerliches Ding (res extensa) vorgestellt wird. Das heißt: Subjektivierung, die Erschaffung des Menschen als Subjekt, ist nur möglich, sofern sich das Weltverständnis des Menschen selbst grundlegend geändert hat. Die Welt erscheint nunmehr als ein dem Menschen fremd Gegenüberstehendes, Dinghaftes.

Der Prozess der Subjektivierung wird in dieser Perspektive also notwendigerweise von einem Prozess der Objektivierung und Verdinglichung begleitet, ein Prozess, der, so ist Heidegger überzeugt, letztlich auch den Menschen selbst ergreift. In den Begrifflichkeiten der Kritischen Theorie: Der Prozess der Verdinglichung schlägt von der äußeren auf die innere Natur durch; nachdem die Natur dem Menschen zum Ding geworden ist, behandelt er auch sich selbst und seine Artgenossen als Dinge. Was Heidegger jedoch stärker als die Frankfurter betont, ist das für die Moderne typische Verhältnis zwischen Individualismus und Kollektivismus. Einerseits, so argumentiert er in einem Aufsatz von 1938, hat die Moderne die Individualisierung des Menschen befördert; andererseits resultiert gerade die Modernisierung in einer Massenzivilisation, in der der Einzelne unterzugehen droht. Und seine Vermutung geht dahin, dass das Individuelle heute umso stärker betont wird, je verdinglichter die Welt in Wirklichkeit ist. Heidegger schreibt: „Gewiss hat die Neuzeit im Gefolge der Befreiung des Menschen einen Subjektivismus und Individualismus heraufgeführt. Aber ebenso gewiss bleibt, dass kein Zeitalter vor ihr einen vergleichbaren Objektivismus geschaffen hat und dass in keinem Zeitalter vorher das Nichtindividuelle in der Gestalt des Kollektiven zur Geltung kam. Das Wesentliche ist hier das notwendige Wechselspiel zwischen Subjektivismus und Objektivismus." (Heidegger 1977: 88)

Das weltgeschichtlich Neue, das sich in der Epoche des Humanismus, an der Schwelle zur Neuzeit, ereignet, ist die Durchsetzung eines neuartigen Weltverständnisses. Die Welt erscheint als Ding, als Gegenstand. Der Mensch kann sich nun von der Welt ein Bild machen. Darin liegt die Pointe von Heideggers Zeitdiagnostik: Wir leben in der Zeit des Weltbilds oder von Weltbildern. Darin liegt für ihn das Basisproblem: in der Tatsache, dass die Welt als Bild gesehen wird. Man muss sich die Originalität dieses Gedankens aus historischer Perspektive vergegenwärtigen: In einer Zeit, in der der Kampf zwischen den konträren politischen Weltbildern (Kommunismus und Faschismus) sich gewaltsam zuspitzt, erklärt Heidegger, dass das Besondere der Zeit nicht darin zu sehen sei, dass Weltbilder im Streit liegen. Das Besondere sei vielmehr die Tatsache, dass es überhaupt Weltbilder gibt.

Die Moderne wird damit als Zeitalter eines verobjektivierenden Denkens charakterisiert. Denn ein Bild kann man sich nur von einem Objekt schaffen. Weltbilder sind Ausdruck der Vergegenständlichung der Welt. Der Mensch setzt sich der Welt gegenüber und konzeptualisiert sie nach seinen Proportionen. Dies bezeichnet die Dialektik von Objektivierung und Subjektivierung: Das Entstehen eines Weltbilds, sprich: die Vorherrschaft eines objektivierenden, verdinglichenden Denkens ist der gleiche Prozess, mit dem der Mensch zum Subjekt, zum vorrangigen Bezugspunkt alles Seienden wird.

Heidegger geht nun noch einen Schritt weiter und bezieht dieses neuartige Weltverständnis auf die neuzeitliche Form wissenschaftlichen Denkens. Er behauptet, dass die soeben beschriebene Objektivierung die Entwicklung einer Erkenntnisform begünstigt, die uns heute als wissenschaftliche Forschung selbstverständlich geworden ist. Gerade für die moderne Naturwissenschaft ist es konstitutiv, dass sie sich vorab ein Bild von Natur macht. Konkret wird Natur als ein geschlossener Kausalzusammenhang gedacht. Die Natur erscheint, kurz gesagt, als eine Maschine, und zwar als eine stetig und exakt funktionierende Maschine, deren Kräfte man sich durch Forschung nutzbar machen kann. Jede Forschung basiert also auf einem bestimmten Entwurf von Natur. Der moderne Naturentwurf ist so angelegt, dass die Natur im Voraus für die Zwecke ihrer Berechnung beherrschbar gemacht wird. Für die Physik ergibt die Natur erst dann einen Sinn, wenn sie für die entsprechenden Operationen (Experimente, Messungen usw.) entsprechend zugerichtet ist. Die moderne Physik begreift Heidegger darum als Ausfluss einer spezifisch modernen Naturkonzeption. Mit anderen Worten: Die Physik enträtselt nicht die Natur, sondern umgekehrt: Die Physik basiert auf einer Konstruktion von Natur, die auf die Verfügbarmachung von Natur abzielt. Die Erkenntnisse der Physik sind durch das bestimmt, was man zuvor in die Natur hineingelesen hat. Natur ist also nicht die Natur an sich, sondern nur ein messtechnisch konstruiertes Korrelat von Natur. Ohne Wirkungen der Natur (die messbar und – in Form von Naturkräften – ausbeutbar sind) gibt es keine Natur. Die Natur ist nur existent, insoweit sie sich über Wirkungen methodisch erschließen lässt. Wirklich an Natur ist nur das, was wir mit naturwissenschaftlichen Mitteln erklären können. Natur ist die Natur der physikalischen Naturgesetze. Die Natur erweist sich letztlich als ein vom Subjektstandpunkt aus konstruierter Zusammenhang. In der Forschung wird Natur nach Maßgabe menschlicher Bedürfnisse und Nutzenkalküle verrechnet, nach einem der Natur fremden Maß. Das moderne Naturkonzept der Forschung ist eines, in dessen Mitte nicht die Natur, sondern eigentlich der Mensch steht.

Dem wissenschaftlichen Denken entspricht damit eine Subsumtionslogik. Das heißt, die zu analysierenden Dinge sind immer schon einem vorgängigen Modell unterworfen. Jeder Wissenschaft, so der Vorwurf, liegt ein bestimmter Gegenstandsausschnitt zugrunde sowie ein bestimmter Entwurf, wie ihr Gegenstandsbereich gedacht werden muss. Die einzelnen Phänomene werden nicht in ihrer Eigenheit oder in ihrem Wesen erfasst, sondern unter das Beobachtungsschema der jeweiligen Wissenschaften subsumiert. Die Wissenschaft, mit anderen Worten, bestimmt, was wir als Wirklichkeit begreifen dürfen. In einer seiner Vorlesungen dekliniert Heidegger dieses Problem am Beispiel des Baums durch. Er sagt: „Gewiß; in unserem Gehirn mag mancherlei ablaufen, wenn wir auf einer Wiese stehen und einen blühenden Baum in seinem Leuchten und Duften vor uns stehen haben, ihn wahrnehmen. (...) Aber wo bleibt (...) bei den wissenschaftlich registrierbaren Gehirnströmen der blühende Baum?" (Heidegger 1992: 26f.) Anders gesagt: Der Baum ist ein Biomasselieferant (für die Biologen), er ist ein Wahrnehmungsphänomen (für die Psychologen) oder ein physikalisches Ereignis (aufgrund seiner Masse, Dichte usw.). Aber was ein Baum wirklich ist, so Heidegger, das ist uns nach wie vor eigentlich ziemlich unklar. Er fordert daher auf, den Baum einfach dort stehen zu lassen, wo er steht. Warum? „Weil das (wissenschaftliche; A.B.) Denken ihn bisher noch nie dort hat stehen lassen, wo er steht." (ebd.: 29)

Die Wissenschaft trifft nach Heidegger immer nur auf das, was sie in ihren Wirklichkeitskonstruktionen von vornherein als denkmögliche Gegenstände zugelassen hat. Etwas nüchterner formuliert: Die Wissenschaft sieht nur das, was sie sehen kann. Und weil sie die Welt nun mal mit eigenen Augen sieht, das heißt aufgrund vorgängiger Theorieentscheidungen, ist es nicht ausgemacht, dass das, was sie erkennt, auch für Akteure außerhalb der Wissenschaft von Belang ist. Dies hat bei den großen Denkern des 20. Jahrhunderts die Vermutung genährt, dass die moderne Wissenschaft die Zuspitzung einer Denkweise darstellt, die das Wesen der Dinge nicht erkennen kann, oder moderner: die die Lebenswirklichkeit gar nicht erreichen kann. In diesem Sinn diagnostiziert der junge Wittgenstein in seinem berühmten „Tractatus": „Wir fühlen, daß, selbst wenn alle *möglichen* wissenschaftlichen Fragen beantwortet sind, unsere Lebensprobleme noch gar nicht berührt sind." (Wittgenstein 1984: 85)

Das war schon damals, 1921, keine sehr tröstliche Botschaft, aber mit dem grundsätzlichen Problem konnte man offensichtlich längere Zeit gut leben. In der Zwischenzeit gibt es freilich Versuche, die von Wittgenstein und vielen anderen diagnostizierte Kluft zwischen wissenschaftlicher Erkenntnis und unseren Lebensproblemen zu verkleinern. Diese institutionellen Erneuerungsversuche der Wissenschaft laufen unter den Titeln Interdisziplinarität und Transdisziplinarität. Doch davon wird an späterer Stelle zu berichten sein (siehe Kapitel 10).

Kapitel 4
Die technologische Gesellschaft

Wir sind heute mehr denn je von Technik umgeben, in der Arbeitswelt und im Alltag. Wir arbeiten am Computer, unsere Wohnungen sind Ausstellungsflächen der Unterhaltungselektronik, und wenn wir das Haus verlassen, tragen wir Smartphones und Tablets mit uns herum. Die Technik gilt uns als nützliches Spielzeug; im Vordergrund stehen ihre ästhetischen oder emotionalen Qualitäten und weniger die Risiken. So baut sich ein spielerisches Verhältnis zur Technik auf, ja mitunter entwickeln sich Zuneigungs- und Abhängigkeitsverhältnisse, die absonderlich wirken. Natürlich gibt es nach wie vor Leute, die der Technik habituell eher kritisch gegenüberstehen. Doch selbst die glauben nicht daran, dass die Technik uns beherrscht. Noch vor wenigen Jahrzehnten war dies anders, da gehörte es unter Intellektuellen zum guten Ton, vor der Allmacht der Technik zu warnen, auch und gerade in den Sozialwissenschaften.

So wurde von den 1950er-Jahren an und bis in die 1970er-Jahre hinein mit großer Vehemenz eine bald Bibliotheken füllende Debatte ausgetragen, von der heute nur noch das übergreifende Schlagwort von der Technokratie erinnerlich ist. (Der Begriff Technokratie ist eine moderne Neuschöpfung aus dem griechischen „techné", also Technik oder Wissen, und „kratos", Herrschaft.) Mit besonderem Elan war man in der deutschsprachigen Soziologie bei der Sache. Große Namen beteiligten sich an dieser Kontroverse, etwa Helmut Schelsky, Jürgen Habermas, Herbert Marcuse, Claus Offe, Herrmann Lübbe und Arnold Gehlen. Wichtige Stichworte lieferte in diesem Zusammenhang die philosophische Technikkritik, allen voran Martin Heidegger, aber auch Friedrich Georg Jünger, der schon Ende der 1930er-Jahre vor der Technokratie gewarnt hatte.

Die zentrale These in der Technokratiedebatte lautete: Wir leben in einer Gesellschaft, in der sich die Technik zur absoluten Herrschaft aufgeschwungen hat. Ohne demokratischer Legitimation zu bedürfen, durchziehen die Imperative der Technik die gesamte Gesellschaft. Sie zwingen dem Menschen ein instrumentelles Verhältnis zu Mensch und Natur auf und machen politisches Handeln zur Makulatur. – Diese Diagnose wurde von allen Kontrahenten im Prinzip geteilt. Verschiedener Meinung war man lediglich in der normativen Bewertung dieser Tatsache. Den linken Sozialwissenschaftlern war daran gelegen, gegen eine Gesellschaft zu protestieren, die sich gegen ihre Gestaltbarkeit und Demokratisierung systematisch abzuschirmen schien. Den konservativ gesinnten Theoretikern ging es eher darum, mit dem Hinweis auf die unerbittlichen Sachzwänge der Technik auf die Alternativlosigkeit der bestehenden Herrschaft hinzuweisen.

Die Zeitdiagnose einer „technologischen Gesellschaft" gilt heute in Fachkreisen – vor allem aufgrund neuerer Einsichten der Techniksoziologie (vgl. Weyer 2008) – nicht mehr als sonderlich überzeugend. Das darf jedoch nicht darüber hinwegtäuschen, dass das grundlegende Denkmuster nach wie vor recht einflussreich ist, gerade im medialen Diskurs. Dass die Technisierung ein unerbittlich fortschreitender, autonomer Prozess sei; dass die Technik eine Eigengesetzlichkeit aufweise („Sachzwänge"); dass in der technischen Zivilisation die Experten die eigentlichen Herrscher seien; dass der Mensch nur mehr Anhängsel einer großen Maschinerie sei – dies sind Versatzstücke einer Zivilisationskritik, die hinsichtlich ihrer Argumentation wie auch ihrer Wirkung von dem Glauben an die Allmacht der Technik lebt.

Insofern ist die Rede von der technologischen Gesellschaft weit mehr als nur eine gescheiterte Zeitdiagnose (unter vielen). Sie repräsentiert eine nach wie vor einflussreiche Art und Weise, das Verhältnis zwischen Technik, Politik und Öffentlichkeit zu denken bzw. Gesellschaft und sozialen Wandel zu verstehen. Dies wird noch in aktuellen Zeitdiagnosen spürbar, auch wenn oder gerade weil deren Autoren sich über ihr Naheverhältnis zur Technokratiedebatte keine Rechenschaft ablegen (siehe Kapitel 8).

Die weit ausgreifende Debatte über die technologische Gesellschaft kann ich hier nicht im Detail referieren, aber das ist auch gar nicht nötig. Eine abgewogene Kritik und (neuerlich) abschließende Bemerkungen zur Technokratiediskussion erübrigen sich angesichts der vielfältigen Bemühungen in der Vergangenheit (z.B. Koch/Senghaas 1970). In unserem Zusammenhang genügt es, jene Beiträge in Erinnerung zu rufen, die maßgebliche Bezugspunkte der Debatte darstellten und – vor allem – mit einem explizit zeitdiagnostischen Anspruch auftraten. Als Einstiegspunkt empfiehlt sich die Zeitdiagnose jenes französischen Soziologen, der mit seiner Dystopie einer monolithischen technischen Welt zum zentralen Motor der ganzen deutschsprachigen Debatte wurde: Jacques Ellul.

1 Zentrale Aspekte der Technokratie

Der französische Soziologe und Philosoph Jacques Ellul (1912–1994) hat 1954 eine Monografie mit dem Titel „La technique ou l'enjeu du siècle" vorgelegt, die zehn Jahre später in der englischen Ausgabe jenen griffigen

Titel erhielt, der die zeitdiagnostischen Ambitionen Elluls unterstrich: „The Technological Society". Darin diagnostiziert er, dass die moderne, durch die Technik dominierte Gesellschaft dabei sei, sich in eine effizient organisierte und planvoll gestaltete kollektivistische und autoritäre Gesellschaft zu verwandeln.

Seine Basisargumentation lautet in komprimierter Form: Der Mensch hat sich vermittels der Technik von den Naturzwängen emanzipiert, aber dies führt in der Gegenwart zur Unterwerfung des Menschen und seiner Institutionen unter die Zwänge der Technik. Anstatt in der Befreiung von der Arbeitsfron resultiert die entfesselte Technik in der totalen Herrschaft einer technischen Rationalisierungsideologie, die ihren sinnfälligen Ausdruck in der modernen Planungseuphorie findet. Der Liberalkapitalismus verwandelt sich auf diese Weise in einen zentralistisch gesteuerten Staatskapitalismus; Politik reduziert sich auf die Koordination und Ausführung technisch vermittelter Handlungszwänge; und auch der Mensch regrediert zum Objekt der Technik, das heißt des Plans, der Verwaltung, der Propaganda und der Reklame. Das Versprechen der Freiheitsgewinne durch Technisierung entpuppt sich als ein großes Projekt der Freiheits- und Demokratieberaubung. Technologische Gesellschaften sind totalitär.

Erkennen Sie diese Melodie? Sie klang in Grundzügen bereits in der „Dialektik der Aufklärung" an, wenngleich Adorno und Horkheimer stärker kapitalismuskritisch argumentierten. Ellul hingegen entwirft die moderne Gesellschaft als monolithische technische Welt, sodass ihm die Unterschiede zwischen Kapitalismus und Sozialismus zu reinen Oberflächenphänomenen werden. Allerdings hat Ellul – anders als die Frankfurter – die Charakteristik einer technischen Rationalität stärker systematisch entwickelt und auf die Analyse zentraler Institutionen bezogen. Bevor wir uns seiner Analyse zentraler Aspekte der Technokratie zuwenden, müssen wir klären, was Ellul überhaupt unter Technik versteht.

Den Begriff der Technik („technique") bezieht Ellul nicht vorrangig auf Maschinen, Apparate, technische Verfahren (wie z.B. technische Fermentation) oder Technologien (wie z.B. die Biotechnologie). Er ist viel weiter gefasst. Technik meint alle Formen standardisierten Vorgehens, um rational und effizient ein vorgegebenes Ziel zu erreichen. Um Technik handelt es sich also immer dort, wo menschliches Handeln im Sinne der Effizienzmaximierung auf den Nachvollzug einer Methode festgelegt wird. Die Vielzahl der zur Zielerreichung zur Verfügung stehenden Mittel wird auf diese Weise eingeengt: Legitim ist nur mehr die effizienteste Methode, der „one best way". Technik ist damit das Gegenteil von menschlicher Kreativität, Improvisation und Spontaneität; sie gleicht in ihrer Rigidität einer Anleitung zum Bau von Bücherregalen. Die Technik ist für Ellul kein Gegenstand, sondern ein spezifisch modernes Denk- und Handlungsmuster, dessen Leitwert die Effizienz ist: „(…) what characterizes technical action within a particular activity, is the search for greater efficiency. Completely natural and spontaneous effort is replaced by a complex of acts designed to improve, say, the yield.“ (Ellul 1964: 20)

Auch wenn Ellul sich gegen die Gleichsetzung von Technik und Maschine wehrt: Die Maschine ist zweifellos der idealtypische Ausdruck dieser technischen Rationalität, denn überall dort, wo Technik im Spiel ist, werden Dinge, Abläufe, Tätigkeiten in Maschinen verwandelt, sprich: in automatisierte Routinen. Nehmen wir das Beispiel des Autopiloten im Flugzeug: Hier wird der „menschliche Faktor“ eliminiert, und nur auf diese Weise kann die Technik perfekt funktionieren. Der Mensch wird zum Störfaktor. Freiheitsgrade im Prozessablauf sind potenzielle Fehlerquellen. Das heißt: Natürlich ist Ellul beeindruckt von der revolutionären Rolle der Maschine bei der Durchsetzung der Industriegesellschaft. Doch bleibt seiner Meinung nach die technische Rationalität gegenwärtig nicht mehr auf die Produktionssphäre beschränkt (in Gestalt der Maschine), sondern breitet sich auf die ganze Gesellschaft aus. Die Technik, mit anderen Worten, bezeichnet jenes Rationalitätsideal, dessen Hegemonie überhaupt erst die Maschine als Mittel der Produktion legitim macht. In ihrem Siegeszug entwirft die Technik die Welt nach ihrem Ebenbild.

Doch warum schafft es die Technik so problemlos, sich den Menschen untertan zu machen? Wodurch erklärt sich die fraglose Legitimität der Technik? Die Antwort kann im Sinne Elluls nur lauten: Weil die Technik in der Moderne als Königsweg zu einem guten Leben für alle gilt. Schließlich soll dieses gute Leben über Produktivitätssteigerung und Wachstum erreicht werden. Das heißt, die Zielvorgaben sind gewissermaßen schon technisch formuliert („durch Wachstum zum Glück“); Fortschritt wird auf diese Weise als Steigerung des quantitativ Messbaren ausbuchstabiert. Eine derartige Zielbestimmung muss zwangsläufig die Technik ins Spiel bringen. Dass deren Entfesselung nicht ins erwartete Paradies führt, sondern in die traurige Realität einer durchrationalisierten Gesellschaft, scheint Ellul evident. Dafür will er sensibilisieren. Weil die Technik eine eigene, unangreifbare Logik repräsentiert, lässt sie sich auch nicht extern steuern (z.B. über Ethik), sie lässt sich nur technisch perfektionieren. Sobald man sie anwendet, muss man ihrer Logik folgen. Dies buchstabiert Ellul in seinem Buch anhand der Bereiche von a) Ökonomie, b) Politik und c) Kultur im Detail aus.

a) Die Ökonomie der technologischen Gesellschaft ist bestimmt durch den Plan. Die Planung – als effizientes Mittel zur Erreichung vorgegebener Zwecke – ist das Herzstück jeder modernen Ökonomie. Deswegen, so Ellul, die fortgesetzten Versuche in Ost *und* West, ihre Ökonomien auf Basis wissenschaftlicher Expertise zu rationalisieren. In der Sowjetunion führt dies zur Entwicklung von Fünfjahresplänen, im Westen kommt die Planungsidee etwas elastischer in Gestalt von Modernisierungs- und Entwicklungsprogrammen daher, die den Kapitalismus nicht infrage stellen (Marshall-Plan, Monnet-Plan). Der Trend zur Planung jedoch ist universell; Planung, so könnte man sagen, ist eine Ideologie jenseits der politischen Ideologien.

Planung in der Ökonomie zieht weitere Planungs- und Technisierungsprozesse in anderen Bereichen notwendigerweise nach sich. Elluls Vorstellung lautet in etwa: So wie das Automobil nicht ohne geeignete Straßen funktionieren kann, so kann die geplante Ökonomie nicht ohne „geplante Umwelten" funktionieren. Planung braucht eine zentralistische Politik, die Schulen und Forschung, Studiengänge und Weiterbildungsprogramme plant, und sie bedarf ökonomischer Wissenstechniken wie z.B. der Ökonometrie, einer streng quantitativen Forschungsrichtung, oder auch der Statistik, der Meinungsforschung etc. Diese ökonomischen Wissenstechniken basieren auf dem festen Glauben daran, dass man durch Quantifizierung und Berechnung die Welt in den Griff bekommen kann. Damit befestigen sie die Herrschaft der Zahl: Was sich nicht in Zahlen ausdrücken lässt, ist nicht existent. Qualitative Differenzen werden eingeebnet.

Planung ist nicht gleichbedeutend mit Sozialismus, aber Planung geht immer mit Zwang einher: Die Planwirtschaft zwingt die Produzenten zur Anpassung, manchmal unter unmenschlichen Bedingungen, etwa wenn zwecks Garantie der Vollbeschäftigung Menschen umgesiedelt werden. In diesem Sinne bezeichnet Ellul die technisierte Ökonomie als antidemokratische Ökonomie. Die Ökonomie mag – wie im Ostblock – formal in den Händen des Volkes liegen, doch Mitbestimmung ist nur so weit erlaubt, wie sie die Imperative der Technik nicht berührt. Was zu tun ist, entscheiden die Experten auf Basis statistischer Informationen. Der Planungsgedanke in der Ökonomie gehorcht also einer technischen Logik. Ob er auch ökonomisch vernünftig ist, ist eine andere Frage. Ellul schreibt: „(...) planning permits us to do more quickly and more completely whatever appears desirable. Planning in modern society is *the* technical method. It does not necessarily represent the best economic solution, but it does represent the best technical solution." (Ellul 1964: 184)

b) Wie ist es nun um die Politik in der technologischen Gesellschaft bestellt? Politik, so Elluls Kernthese, wird selbst zu einer Technik, sie geht in der Förderung der Technik auf, sie verschmilzt mit der Technik. Weil er das Politische im Wesentlichen mit dem Staat gleichsetzt, spricht Ellul darum vom „technischen Staat". Was sind dessen zentrale Aspekte? 1) Der Staat wirkt als Organisationsbüro im Dienste des technischen Funktionierens und des technischen Fortschritts. Er muss daher selbst technisch aufrüsten, um seine Aufgabe effizient zu erfüllen (Administration, Statistik, Expertenkommissionen). 2) Der Staat ist durch autoritäre Entscheidungsstrukturen geprägt. Die Geschwindigkeit des technischen Fortschritts verlangt nach „Top-down"-Entscheidungen. Und schließlich, wichtigster Punkt: 3) Der Staat ist nicht länger der Herr des Geschehens, weil technische Sachzwänge regieren. Politik reduziert sich auf die Perfektionierung der Technik. Ellul schreibt: „The state is no longer the President of the Republic (…) It is an organization of increasing complexity which puts to work the sum of the techniques of the modern world." (ebd.: 254) Weil die Technik zur Staatsräson geworden ist, erübrigen sich politische Debatten über die Technik. Alternativen zum bestehenden Rationalisierungsregime (ob unter dem Titel von Kapitalismus oder Kommunismus) gelten als irrational, also indiskutabel.

In der technologischen Gesellschaft ist daher im Prinzip egal, welches politische Regime herrscht. Politik wird uniform. Die Planung des Verkehrs, des Transports, der Städte, die Organisation der Bildung, der Jugend, des Sports – all dies vollzieht sich in Ost und West nach den gleichen Prinzipien. Und man merkt schon anhand dieser Aufzählung: Dieser technische Staat ist ein Interventionsstaat, der im Prinzip für alles zuständig wird. Sein freundliches Gesicht ist der Wohlfahrts- und Fürsorgestaat, der sich – immer im Dienste von Innovation und technischem Fortschritt – um die Gesundheit und Sicherheit seiner Bürger sorgt. Sein hässliches Gesicht ist der Polizeistaat, der Ausgrenzung und Exklusion organisiert, aber nicht mit dem heißen Eifer politischer Ideologie, sondern ganz geschäftsmäßig im Dienste der Rationalisierung.

Ellul illustriert letzteren Fall am Beispiel des Umgangs mit Fremden. Er geht davon aus, dass sich in allen technologischen Gesellschaften die effiziente Verwaltung der Migranten in Form von Lagern vollzieht. Das Lager hat viele Gesichter und Namen, es gibt Arbeitslager oder Flüchtlingslager oder – der Extremfall – Konzentrationslager, aber das Prinzip ist immer das Gleiche: Das Lager ist die *technisch effiziente* Umgehensweise mit Leuten, die (aus welchen Gründen auch immer) nicht dazugehören. Die KZs im Nationalsozialismus waren demnach kein Unfall der Geschichte, sondern nur die Extremform des ganz normalen, technischen Umgangs mit dem Problem „Fremdheit". Das Lager als Signum der Moderne – mit diesem Gedanken hat 50 Jahre später der italienische Philosoph Giorgio Agamben für Furore gesorgt, in Wirklichkeit ein später Nachhall des Technokratie-Denkens (Agamben 2002).

Die Technokratie repräsentiert – wenn es das denn geben könnte – so etwas wie den „sanften Faschismus", eine Form totaler Herrschaft, die nicht auf Basis politischer Ideologie operiert, sondern im Dienste technischer

Rationalisierung steht. Für die westlichen Ländern heißt dies: Herrschaft der Technik bei formalem Weiterbestehen der Demokratie. Die jeweilige politische Ordnung wird zur bloßen Hülle. Ob Faschismus oder Kommunismus oder Demokratie: Überall regiert der Zwang zur Effizienz, zur Vereinheitlichung und Vermassung, zur Anpassung und zum Konformismus. „(…) the social order is everywhere essentially identical", fasst Ellul zusammen, „the variation from democracy to Communism to Fascism represents a merely superficial phenomenon." (ebd.: 420)

c) Dem Trend zur Technokratie geht Ellul schließlich in den Bereichen von Kultur, Alltag und Freizeit nach. Ellul spricht in diesem Zusammenhang von „human techniques". Dies bedeutet, dass verschiedene Techniken wirksam werden, die den Menschen an die Erfordernisse technologischer Gesellschaften anpassen. Die Uhr – als Symbol einer rationalisierten, quantitativ messbaren Zeit – ist das klassische Beispiel. Wir nutzen die Uhr, um effizient mit unserer Zeit umzugehen. Aber auch alltägliche Routinen, die Speisen und ihre Zubereitung, die Wohnungseinrichtung – alles, so Ellul, ist vom Effizienzdenken geleitet. Belege für Elluls Behauptung lassen sich leicht finden: Wir kochen Tiefkühlkost, wir richten unsere modernen Küchen wie keimfreie Labors ein, wir gehen immer den gleichen, kürzesten Weg zur U-Bahn und steigen genau bei jener Tür ein, wo sich am Zielbahnhof die Rolltreppe befindet. In der Mitte der U-Bahn ist meist alles leer. Diese Alltäglichkeiten zeigen, dass in unserem Leben zweifellos (Selbst-)Techniken der Effizienzsteigerung wirksam sind.

Auch der Sport fällt in diese Rubrik. Der Sport ist nicht, wie wir Hobbyathleten vielleicht gerne glauben, die Kompensation für die Zwänge einer technisierten Arbeitswelt, also das Reich der Freiheit. Für Technokratie-Theoretiker ist der Sport vielmehr Ausdruck der Verlängerung des Technischen in den Bereich von Bewegung und Spiel hinein. Stets geht es um das Erlernen der „richtigen Technik", sei es beim Weitsprung, Schwimmen oder Baseball. Es gibt immer den „one best way" der Bewegung. Sport meint, kurz gefasst: Leistungssteigerung durch Übernahme und Perfektionierung vorgegebener Bewegungsmuster. Der Sport treibende Mensch engt sein reichhaltiges Bewegungsrepertoire zum Zweck der Optimierung von Bewegung drastisch ein. Dies hat schon Friedrich Georg Jünger (1898–1977) in seinem kulturkritischen Essay über „Die Perfektion der Technik" betont. Die Lust an freier Bewegung, an Spontaneität und Improvisation, ist dem Sport wesensfremd (Jünger 2010: 147ff.). Auch in der Freizeit wird der Mensch zur „man-machine" (Ellul) abgerichtet.

Die Liste der Beispiele ließe sich beliebig fortsetzen, etwa im Bereich der Medien, der uniformen Unterhaltung durch Kino und TV, im Bereich der Medizin, der Psychotechniken und der Reklame. Wichtig sind an dieser

Stelle nicht die Details, sondern das Strickmuster der Technokratiethese. Die Technik erscheint in dieser Perspektive als so etwas wie ein Virus, das den Computer (die Gesellschaft) befällt, sich an wichtigen Schaltpunkten festsetzt und ihn in seinem eigenen Sinn zu benutzen und zu steuern beginnt. Maßgabe dieser Steuerung ist die Effizienzsteigerung. Dies führt im Ergebnis zur Zerstörung der Gesellschaft, wie wir sie kannten. Im Entstehen ist die technologische Gesellschaft – und zwar ungeplant, ungesteuert, vielleicht sogar ungewollt.

Die technologische Gesellschaft: Das ist für Ellul nicht einfach die Welt der Maschinen. Die technologische Gesellschaft: Das ist das Bild einer planungsversessenen, vom Quantifizierungswahn beherrschten, autoritär verfassten und total integrierten Gesellschaft, einer Gesellschaft, in der es kein „Außen" mehr gibt, kein Potenzial zum Widerstand und keine Chance für einen wirkungsvollen, das heißt nicht „technisch" manipulierten und darum immer schon sozial integrativ wirkenden Protest. Die technologische Gesellschaft, mit anderen Worten, ist das Ende der Geschichte, weil keine Veränderung mehr denkbar ist. Der Reiz einer solchen Zeitdiagnose besteht ohne Zweifel darin, dass man mithilfe eines sehr weit gefassten Technikbegriffs ein Instrument in der Hand hat, mit dem man die ganze Welt einschließlich ihrer Geschichte erklären kann. Es ist nur die Frage, ob dieses Begehren, das Ganze in eine geschlossene Ordnung zu bringen, nicht schon wieder Ausdruck der technischen Denkweise ist.

2 Der technische Staat

In der deutschsprachigen Soziologie wurden die Ideen Elluls vor allem durch Helmut Schelsky (1912–1984) bekannt gemacht. In der frühen Nachkriegszeit wurde Schelsky mit damals innovativen Themensetzungen wie Jugendarbeitslosigkeit, Erziehungsfragen oder Sexualität und vor allem aufgrund öffentlichkeitswirksamer Schlagworte wie „skeptische Generation" oder „nivellierte Mittelstandsgesellschaft" zu einem der einflussreichsten Soziologen. Der zunehmende Einfluss der neo-marxistischen Soziologie ab Ende der 1960er-Jahre führte allerdings zur allmählichen Isolation dieses Rechtsintellektuellen. Stärker als seine Theorien standen bald seine politischen Überzeugungen im Zentrum des Interesses. Denn Schelsky, gefördert von Hans Freyer und nach seiner Promotion Ende der 1930er-Jahre Assistent von Arnold Gehlen in Königsberg, war – nach Kriegsende – politisch ähnlich belastet wie diese (Schelsky war schon 1932 in die SA eingetreten, 1937 in die NSDAP).

1961 präsentierte er in einem Vortrag, auf den sich die folgende Darstellung stützt, einige Thesen zur Stellung des Menschen in der wissenschaftlich-technischen Zivilisation. Von seinen zeitdiagnostischen Betrachtungen, die sich auf die Funktion der Bildung und die Zukunft der Politik konzentrieren, ist heute vor allem das Schlagwort vom technischen Staat erinnerlich. Diesen Begriff übernimmt Schelsky von Ellul (den er mehrfach zitiert). Anders als dieser jedoch stellt er seine Überlegungen zum technischen Staat in den weiteren Kontext eines Funktionswandels politischer Herrschaft.

Schelsky geht davon aus, dass die politische Herrschaft – definiert als verstetigte Macht von Menschen über Menschen – in der Geschichte verschiedene Phasen durchläuft. Vom Altertum bis zum Feudalismus war Herrschaft demnach offene Herrschaft: Die Befehlenden bestimmten aufgrund ihrer privilegierten Position über die Beherrschten. In den modernen Demokratien wird aus der offenen Herrschaft eine indirekte oder vermittelte Herrschaft. Denn geherrscht wird nunmehr auf der Grundlage von Normen und Gesetzen, nicht aufgrund blanker Machtfülle oder von Gewalt. Damit verändert sich die Art der Auseinandersetzungen: Der Kampf um Herrschaft wird nun in Gestalt des Streits um Normen und Weltdeutungen geführt, ein Streit, der immer nur vorläufige Sieger kennt und vermittels der Anerkennung formaler Regeln durch alle Interessengruppen auch die Verlierer mit ins Boot nimmt. Darin liegt der Reiz des Demokratiegedankens: dass die klare Unterscheidung zwischen Herrschenden und Beherrschten aufgehoben wird. In Demokratien wird der offene Kampf um Herrschaft in einen prinzipiell unentscheidbaren, nur vorübergehend – z. B. durch Wahlen – stillgestellten Streit um Weltdeutungen verwandelt. Dieser Streit verleiht modernen Demokratien ihre Dynamik.

In der wissenschaftlich-technischen Zivilisation, also in Schelskys Gegenwart der 1950er- und 60er-Jahre, so die These, treten nun technische Sachzwänge an die Stelle von Normen. Das heißt, es gibt fortan gar keine Konflikte mehr, weil alle politisch relevanten Fragen durch den technischen Sachzwang bereits vorentschieden sind. Diese technischen Sachzwänge entstehen durch jene Entwicklungen, die Schelsky unter den Begriff des technischen Staats fasst.

Wodurch kommt es zum Verschmelzen von Technik und Staat? Schelsky (1965: 453f.) nennt drei Gründe: 1) Die Technik wird aufgrund ihrer immensen Bedeutung für das moderne Leben zur Staatsangelegenheit. Der Staat kann und will es sich nicht leisten, Konkurrenten in politisch relevanten Gebieten wie dem Rundfunk, dem Transport (Eisenbahn) oder der Forschung (Atomphysik) zuzulassen. Darum kommt es zunehmend zur Verstaatlichung der Technik (Machtaspekt). 2) Der Staat muss die miteinander verbundenen Techniken koordinieren, um das Funktionieren der Technik zu gewährleisten. Der Staat etabliert sich gewissermaßen als Sicherheitsgarant der Technik (Sicherheitsaspekt). 3) Die moderne (Groß-) Technik ist nur mithilfe der öffentlichen Hand zu finanzieren. Private Firmen sind von den finanziellen Anforderungen der Entwicklung neuer Techniken überfordert (ökonomischer Aspekt).

Aufgrund dieser Entwicklung ist das Schicksal des Staates eng an die Technik gebunden. Ziel und Legitimation des modernen Staates bestehen in der Perfektionierung der Technik, das heißt in der Steigerung ihrer Wirksamkeit und der Kontrolle darüber, dass sie auch funktioniert. Alle wichtigen politischen Konflikte werden darum, so Schelsky, auf dem Feld der Technik ausgetragen, und er denkt dabei insbesondere an den Wettkampf zwischen USA und UdSSR um die Eroberung des Weltraums (Sputnik, Mondlandung). Ein weiteres Beispiel wäre der Rüstungswettlauf zwischen den beiden Weltmächten. Auf diese Weise wird die Technik zu einem Instrument, das die politischen Ziele bestimmt. Denn wenn sich politische Macht und Souveränität auf dem Feld der Technik zeigen, dann muss es für die Staaten darum gehen, planmäßig technische Innovationen zu fördern, z.B. durch entsprechende Maßnahmen in den Bereichen von Bildung und Forschung.

Eine von staatlicher Unterstützung immer abhängiger werdende Technik zwingt also ihre Sachlogik der Politik so stark auf, dass diese ihre „Wesensbestimmung“ schließlich in der Maximierung der Funktionsfähigkeit der Technik findet. Der Politik obliegt nur noch eine „fiktive Entscheidungstätigkeit“ (Schelsky). In der technologischen Gesellschaft, darin trifft sich Schelsky mit Ellul, herrscht niemand mehr – außer der Technik. Zwar bleiben die alten Herrschenden formal im Amt, aber sie entscheiden bestenfalls, auf welches Gutachten man sich stützen soll.

Herrschen also in der technologischen Gesellschaft die Experten? Sie weisen zweifellos den Weg, wie man die Technik am effizientesten managt. Ihr Spezialwissen verwandelt die (im Sinne Webers) politischen „Schicksalsfragen“ in nüchterne Wahlentscheidungen zwischen verschiedenen Stellungnahmen und Sachgutachten. Dabei ist Schelsky überzeugt, dass sich der real existierende Expertendissens durch den wissenschaftlichen Fortschritt bald in einen stabilen Konsens verwandeln werde. Gutachterkämpfe, so prognostiziert er, werden bald der Vergangenheit angehören. In unserer Zeit, dies nur am Rande, hat sich diese Vorstellung stark gewandelt; Begriffsbildungen wie „Gegenexperte“ oder „Gegengutachten“ zeugen von der generalisierten Erwartung eines unüberwindlichen Expertendissenses. Schelsky jedoch argumentiert noch vor dem Hintergrund einer stabilen Konsenserwartung. Deswegen kann er davon ausgehen, dass in der modernen Gesellschaft anstelle politischer Herrschaft eine – als monolithisch verstandene – technische Rationalität herrscht; diese Rationalität erscheint ihm im Übrigen gar nicht als herrschaftsförmig, weil sie keine Herrschaft von Menschen über Menschen begründet. Die Experten repräsentieren diese technische Rationalität auf beispielhafte Weise, mehr nicht. Sie stellen aber keine neue herrschende Klasse dar, die eine alte ablösen würde. Von daher ist Technokratie nicht gleichbedeutend mit Expertokratie.

Wie lautet das Fazit? In der vollends verwissenschaftlichten Zivilisation bestimmt nicht länger die Politik, sondern nunmehr die Sachgesetzlichkeit der Technik den gesellschaftlichen Entwicklungspfad. Dies nimmt Schelsky als gegebene und nicht weiter kritisierbare Tatsache. Die politischen Gestaltungsspielräume reduzieren sich praktisch auf null. Denn alle Entscheidungen haben sich daran zu orientieren, ob sie der Perfektionierung der Technik dienen. Und sie müssen effizient und zeitgerecht getroffen werden. Deswegen verträgt sich die technologische Gesellschaft so schlecht mit der Demokratie. Bei formalem Weiterbestehen der Demokratie etabliert sich – ohne Abstimmung und ohne Konflikte – ein technischer Staat, in dem niemand mehr herrscht, weil alle gleichermaßen von der Technik beherrscht werden. Schelsky schreibt: „Die Verwandlung der Demokratie in den ‚technischen Staat' bedarf keiner Revolution im sozialen oder politischen Sinne, keiner Verfassungsänderung, keiner ideologischen Bekehrung. Es bedarf nur der steigenden Anwendung wissenschaftlicher Techniken aller Art, und der technische Staat entsteht im alten Gehäuse." (ebd.: 460)

Schelsky geht es nicht vorrangig darum, seine Gesellschaft vor realen Demokratisierungsverlusten zu warnen. Im Vordergrund stehen für ihn die Rationalisierungspotenziale, die Technokratie mit sich bringt: Schließlich bedeutet die Unterwerfung unter die Logik des technisch Richtigen in seiner Sicht die Verwandlung von vormals personalen Machtverhältnissen, von Herrschaft von Menschen über Menschen, in sachliche Verhältnisse. Die Technokratie erscheint auf diese Weise als Überwindung einer irrationalen, von Interessen abhängigen Politik. Der technische Staat ist nicht länger bestimmt (und zerrissen) durch politisch-ideologische Auseinandersetzungen; er ist vielmehr stabilisiert durch sachlich-technisches Kalkül auf Basis des Expertenkonsenses. Das implizite normative Ideal von Schelskys Zeitdiagnose ist die Utopie einer herrschaftsfreien Gesellschaft von rechts.

Mit diesem Bild einer technokratisch stillgestellten und gegen alle Demokratisierung immunisierten Gesellschaft konnten linke Soziologen nicht leben. Zwar war man sich in der Diagnose einer technologischen Gesellschaft in weiten Teilen einig. Doch wollten kritische Theoretiker eben die Chance auf eine grundsätzliche Veränderung der Gesellschaft offen halten. Dieser kapitalismuskritische Impuls warf recht große Probleme auf. Wie konnte man sich einerseits konstruktiv auf das Konzept der technologischen Gesellschaft beziehen, andererseits aber die gegenwärtige Gesellschaft doch wesentlich als kapitalistische Gesellschaft begreifen? Die durch konservative Denker wie Ellul entwickelte Überlegung, dass politische Herrschaftsverhältnisse in der Gegenwart durch die abstrakte Herrschaft einer technischen Rationalität abgelöst worden seien, die alle Differenzen zwischen Kapitalismus und Sozialismus zur Nebensache machten, war radikal gedacht. Auch für linke Soziologen, die über den Wandel des Kapitalismus nachdachten, war es schwer, sich der Suggestivität dieses Denkmusters zu entziehen. Eine linke Kapitalismuskritik allerdings ließ sich nur retten, wenn man die technologische Gesellschaft im Wesentlichen als kapitalistische Gesellschaft auffasste, die die Technik zu Legitimationszwecken und für ihren Machterhalt benutzte. Damit allerdings wurde die Technik wieder ganz konventionell als ein – für beliebige politische Zwecke nutzbares – Mittel gedacht. Die Technokratiethese mit dem Ziel zu unterschreiben, sie für eine neo-marxistische Kapitalismuskritik fruchtbar zu machen – dieses Unterfangen zwang in begrifflicher und theoretischer Hinsicht zu einem Spagat, der sich exemplarisch in Marcuses Zeitdiagnose über den „Eindimensionalen Menschen" zeigt.

Herbert Marcuse (1898–1979), ein wichtiger Vertreter der Kritischen Theorie (siehe Kapitel 3), aber ganz maßgeblich durch Heidegger, seinen akademischen Lehrer in Freiburg, geprägt, formuliert in diesem Buch aus dem Jahr 1964 die These, dass wir auf dem Weg in eine „eindimensionale Gesellschaft" seien – in eine vollständig integrierte und kontrollierte Gesellschaft ohne wirksame Opposition. Dass er diese totalitäre Gesellschaft explizit als „technologische Gesellschaft" (Marcuse 1994: 18) bezeichnet, ist konsequent, weil er – nicht anders als Ellul – davon ausgeht, dass in der Technik selbst schon der Wille zur Unterwerfung steckt. Technik wird – entsprechend der Technokratiethese – als technische Rationalität verstanden: All unser Denken und Handeln unterliegt demnach einem „technologischen Apriori" (Marcuse), es ist also immer schon „technisch" präformiert. Die Technik ist für Marcuse keinesfalls ein politisch neutrales Instrument – einerseits. Andererseits aber spricht Marcuse davon, dass die Technik „politischen Zwecken gegenüber indifferent ist" (ebd.: 168). Erklärbar wird diese Diskrepanz nur dann, wenn man den kapitalismuskritischen Impuls Marcuses berücksichtigt. Weil Marcuse davon ausgeht, dass sich die Macht des Kapitalismus ganz wesentlich auf die Instrumentalisierung der Technik stützt, ist er gezwungen, die Technik als „an sich" neutral zu verstehen. Damit gerät er in einen unauflöslichen Widerspruch: Die Technik erscheint gleichzeitig als neutrales Mittel *und* als nicht-neutraler Zweck.

Worin besteht nun die politische Instrumentalisierung der Technik? Marcuse argumentiert, dass es der Kapitalismus aufgrund des wissenschaftlich-technischen Fortschritts und entsprechender Wohlstandszuwächse geschafft habe, den Menschen an technisch zu befriedigende Bedürfnisse zu gewöhnen. Es komme zu einer „repressiven Befriedigung“ (Marcuse 1994: 27) menschlicher Bedürfnisse, das heißt, authentische Bedürfnisse nach Autonomie, Solidarität und Freiheit werden durch künstlich geschaffene, „falsche“ Bedürfnisse ersetzt, deren Befriedigung die Menschen an den Kapitalismus bindet. Die Technik – obgleich so weit entwickelt, dass die Überwindung des Kapitalismus möglich wäre – wird zur Legitimationsgrundlage des Kapitalismus und damit zur Ideologie.

An diesen zweiten Argumentationsstrang Marcuses hat der Philosoph und Soziologe Jürgen Habermas (geb. 1929) mit seiner Studie über „Wissenschaft und Technik als ‚Ideologie‘“ (1969) angeschlossen. Ausgangspunkt seiner Argumentation ist die Beobachtung, dass Wissenschaft und Technik, vormals – Stichwort Aufklärung – als genuine Gegenspieler von Dogmen und Ideologien gehandelt, im Spätkapitalismus selbst zur Ideologie werden. (Die Ideologie erscheint im Buchtitel allerdings in Anführungszeichen, weil Technik, so Habermas, nicht nur ein Machtmittel kapitalistischer Politik, sondern auch der zentrale Motor des Wirtschaftswachstums und damit Grundlage allgemeinen Wohlstands ist.) Wie kam es dazu? Habermas’ Argumentation liest sich wie ein „links gewendeter“ Schelsky, sie lautet: Der sich krisenhaft entwickelnde Kapitalismus erfordert den interventionistischen Staat (Wohlfahrtsstaat). Das Ziel der Staatstätigkeit beschränkt sich darauf, das Funktionieren des Systems zu garantieren, also das Wirtschaftswachstum anzukurbeln, den Wohlstand zu sichern und gegen Risiken vorzusorgen. Die Folge ist: Statt praktischer Gestaltungsfragen treten administrative Fragen der Risikominimierung und des technischen Funktionierens in den Vordergrund. Für die administrativ lösbaren, technischen Fragen aber wird das Expertenwissen allein maßgeblich, eine Beteiligung der Öffentlichkeit ist nicht erforderlich. Der schleichende Prozess der Entpolitisierung wird durch den Verweis auf technische Sachzwänge legitimiert. Das kapitalistische Politik- und Fortschrittsmodell wird mit der Zeit zu einem – gegen alle Kritik immunisierten – Selbstläufer. Habermas’ Warnung lautet: Ein Staat, der zu Legitimationszwecken auf die Perfektionierung der Technik angewiesen ist, trägt zur Aushöhlung der demokratischen Fundamente bei.

Man sieht: Sowohl für Schelsky als auch für Habermas wird die Technik zum Schicksal der Politik. Beiden scheint ihre Gegenwart durch die Herrschaft „technischer Sachzwänge“ charakterisiert. Schelsky kann dies als Rationalisierungsgewinn abbuchen, weil für ihn ohnehin keine Alternative zum technischen Staat mehr denkbar ist. Begründet ist dies durch seinen Glauben an die Allmacht einer monolithischen technischen Rationalität. Habermas dagegen kritisiert den Rekurs auf technische Sachzwänge als

Demokratieverlust. Dahinter steht die feste Überzeugung, dass es Alternativen zum technischen Staat gibt. Grund für diesen Optimismus ist Habermas' Distanz zur Diagnose einer technologischen Gesellschaft. Für Habermas ist das Signum moderner Gesellschaften nicht die totale technische Vernunft, sondern vielmehr der Widerstreit zwischen einer zweckinstrumentellen Vernunft und einer kommunikativen Vernunft, eine Differenz, die er 1969 noch in den Begriffen von Arbeit und Interaktion beschreibt. Mit diesen Grundbegrifflichkeiten wird er in den 1970er-Jahren daran gehen, die Logik der Gesellschaftsentwicklung in kritischer Absicht aufzuschlüsseln. Seine Studie zu „Wissenschaft und Technik" lässt sich daher als Fingerübung zu seiner umfassenden „Theorie des kommunikativen Handelns" (1981) verstehen. Eine Zeitdiagnose im klassischen Sinne ist sie nicht (siehe Kapitel 1). Schließlich zeichnet sich hier bereits der Versuch ab, die Gesellschaft auf Basis einer Differenzierung von Vernunftformen zu erklären.

3 Am Anfang war das Ge-stell

Eine eigenwillige Variante der Technokratie hat ein Philosoph entworfen, der uns schon im letzten Kapitel begegnet ist: Martin Heidegger. Anders als einem Soziologen wie Ellul geht es Heidegger nicht primär darum, den Wandel der Institutionen unter den Bedingungen fortschreitender Technisierung zu analysieren. Der technische Staat, die Planwirtschaft, die Effizienzkultur – all dies ist auch für ihn Realität, doch seine Analyse nimmt ihren Ausgang nicht in politischen und sozialen Gegebenheiten. Als Fundamentalontologe, also jemand, der aufs Ganze geht, stellt er die Frage nach dem Wesen der Technik. Und seine berühmte Antwort lautet: Das Wesen der modernen Technik ist das „Ge-stell". Aber was ist das?

Mit dem deutschen Kunstwort des Ge-stells bezeichnet Heidegger den hegemonialen Rationalitätstyp einer ganzen Epoche. Dieser Rationalitätstyp ist ganz eng auf das instrumentelle Handeln bezogen. Es handelt sich um ein – jedem menschlichen Handeln und Erkennen vorgängiges – Denkmuster, das die Welt zu einer Ansammlung berechenbarer, beherrschbarer und instrumentalisierbarer Dinge macht. Das Wesen der modernen Technik ist nicht eine Apparatur, sei es die Maschine oder der Plan. Das Wesen der Technik äußert sich in einer bestimmten, rationalistisch verkürzten Weise, die Welt (die Natur, die Geschichte, den Menschen) zu entwerfen. Exemplarisch dafür ist das Denken der modernen Naturwissenschaft des 17. Jahrhunderts. Anders als Schelsky glaubt Heidegger nicht, dass sich erst im Zuge der Verwissenschaftlichung des modernen Lebens ein neues Weltverhältnis durchsetzt; er ist vielmehr davon überzeugt, dass in der modernen Wissenschaft selbst bereits das neue, instrumentell geprägte Weltverhältnis zum Ausdruck kommt. Im Begriff des Ge-stells analysiert er die Aspektstrukturen dieses Weltverhältnisses im Detail.

Mit Ge-stell meint Heidegger nicht etwas Gegenständliches, etwa ein Büchergestell oder die Statur eines Menschen. Ge-stell ist ein Sammelbegriff. So ähnlich wie „Gebirge" für eine Vielzahl von Bergen steht, bezeichnet das Gestell die vielfältigen Varianten des Stellens mitsamt seinen Komposita (vorstellen, be-stellen, ge-stellt sein usw.). Heidegger entwickelt seine differenzierte Beschreibung des technischen Denkmusters keineswegs systematisch. Es ist nicht leicht, sein akrobatisches, sprachspielerisches Denken, das sich oft auf verschlungenen Pfaden bewegt, „auf die Reihe" zu bringen. Ich behelfe mir, indem ich im Folgenden einige wichtige Dimensionen des „Stellens" aufschlüssele. Dabei wird deutlich werden, dass diese Dimensionen unauflöslich miteinander verknüpft sind. Man darf sich das „Ge-stell" nicht als lineare Abfolge klar differenzierbarer Denkoperationen vorstellen.

a) *Stellen* hat bei Heidegger die Semantik des Geständniszwangs, des Sich-erklären-Müssens, etwa so, wie wenn ein Dieb gestellt wird. Stellen impliziert den Zwang, einem anderen zur Verfügung zu stehen, wie z.B. im Fall des militärischen Stellungsbefehls. Beim Stellen wird etwas oder jemand in einen anderen Kontext gestellt, das heißt, er existiert nicht einfach mehr „für sich", er wird herausgerissen aus seiner selbstverständlichen Existenz. Das Stellen ist eng auf die Benutzung bzw. Verzweckung des Anderen bezogen. Deshalb spricht Heidegger auch davon, dass die Natur gestellt wird, und das meint: Sie wird zur Strecke gebracht. Dies ist, wie wir noch sehen werden, durchaus im heute gängigen ökologischen Sinne gemeint, wobei Heidegger hier wohl auf ein Leitmotiv des bereits erwähnten F. G. Jünger rekurriert. Der hatte bereits Ende der 1930er-Jahre von einem zunehmenden „Raubbau an der Natur" gesprochen (Jünger 2010). Die Technik – in Form der rationalen Bewirtschaftung der Natur – durchbreche das wechselseitige Abhängigkeitsverhältnis zwischen Mensch und Natur, weil sie die Natur als beliebig manipulierbare Ressource entwerfe. Diese Störung des ökologischen Gleichgewichts, prognostiziert Jünger, werde sich für die Menschheit katastrophal auswirken. Mit einigem Grund hat man Jünger darum als frühen Wegbereiter eines ökologisch-ganzheitlichen Denkens gesehen. Doch zurück zu Heideggers Analyse des Ge-stells. Detaillierter als mit dem Stellen hat sich Heidegger mit dem Vorstellen und Bestellen auseinandergesetzt. Sie bilden den Kern seiner Technikkritik.

b) *Vorstellen* heißt, sich einem anderen gegenüber stellen, eine Subjekt-Objekt-Relation aufbauen. Eine Vorstellung von den Dingen zu haben impliziert, dass man aus der Einheit mit der Welt herausgetreten ist. Andernfalls gäbe es gar keine – vom erkennenden Subjekt unterscheidbaren – Dinge. Das hatten wir bereits: Der Mensch kann sich nur ein Bild von der Welt machen, wenn er sie als ein äußeres Ding auffasst (siehe Kapitel 3). Vorstellen im Heidegger'schen Sinne meint also so etwas wie Objektivierung oder Verdinglichung. Die Dinge werden auf diese Weise menschlicher Erkenntnis verfügbar gemacht. Man könnte einwenden: Worin besteht dabei das Problem? Denn auf irgendeine Art und Weise muss sich der Mensch halt ein Bild von der Welt machen. Das Defizitäre des technischen Weltentwurfs besteht für Heidegger darin, dass die Dinge einem ihnen fremden Erkenntnisprinzip unterworfen werden. Denn das moderne, wissenschaftlich geprägte Denken ist immer schon auf ein Bewirken-Wollen fixiert, es ist ein Um-zu-Denken, das die Dinge erfassen will, um sie beherrschbar zu machen. Kurz: Die Kriterien der Erkenntnis kommen nicht aus der Sache selbst. Dass auf diese Weise gegen den Eigenwert der Dinge verstoßen wird, ist Heideggers großes Thema.

Die Problematik der Verobjektivierung exerziert er am Naturbegriff durch, weil für ihn im modernen wissenschaftlichen Naturentwurf der Kern allen Übels steckt. Um an seine Argumentation noch einmal zu erinnern: Die Wissenschaft fasst die Natur als „einen berechenbaren Kräftezusammenhang" (Heidegger) auf. Ohne messbare und damit technisch ausbeutbare Wirkungen der Natur gibt es keine Natur. Diese Vorstellung ist in der Moderne hegemonial geworden: Was wir Natur nennen, ist ein messtechnisch konstruiertes Korrelat von Natur. Unsere Natur ist also nicht die „eigentliche" Natur, sondern die Natur der Physik. Seinem Bremer Publikum hat Heidegger dies im Jahre 1949 in folgenden Worten nahegebracht: „Die Natur wird als das in Maß und Zahl gestellte Wirkliche vorgestellt, das in seinem Gewirkten gegenständlich anwest. Dieses Gewirkte gilt wiederum nur als anwesend, insofern es selber wirkt und sich als wirkfähig erweist. Das Anwesende der Natur ist das Wirkliche. Das Wirkliche ist das Wirksame." (Heidegger 1994: 41) Das Vorstellen ist gleichbedeutend mit einem Herstellen, mit der Konstruktion von Natur. Es sind demnach nicht irgendwelche „ehernen" Gesetze der Natur, die uns eine bestimmte Naturauffassung aufzwingen, sondern umgekehrt: Der moderne, auf Berechenbarkeit und Beherrschung ausgerichtete Naturentwurf macht uns die Existenz von Naturgesetzen plausibel. Heideggers Verdacht lautet dementsprechend, dass eine andere Naturvorstellung zwangsläufig auch andere Naturgesetze zur Folge hätte. Aber das muss Hypothese bleiben. Denn Heideggers irgendwie anderes Naturkonzept würde letztlich auf ein neues Denken hinauslaufen, ein Denken, das die moderne Wissenschaft als esoterisch abhakt.

Am Beispiel der Naturkonzeption lässt sich deutlich machen, worin für Heidegger das Grundproblem der Moderne besteht: Mit der Entwicklung einer Vorstellung über die Welt bestimmt der Mensch gleichzeitig darüber, was in welcher Form als existierend gelten darf. Die unendliche Fülle des „Seins" wird durch den wissenschaftlich-technischen Weltentwurf eingeschränkt. Das Sein wird, kurz gesagt, nicht lebendiger oder „seiender" (Heidegger), sondern es verarmt. Der Mensch entfremdet sich von der Natur und von sich selbst.

c) *Bestellen* meint bei Heidegger im Wesentlichen instrumentalisieren. Die Natur wird bestellt, das heißt: Die Natur produziert nicht mehr gemäß ihren eigenen Zeitabläufen und gewissermaßen absichtslos, sondern sie wird für menschliche Zwecke in die Pflicht genommen. Durch das Bestellen wird die Natur – auf Heideggerisch – zum Bestand, wir würden heute sagen: zur Ressource. Natur gilt nicht länger als Wert an sich, sondern erhält ihren Wert durch ihren Fremdnutzen. Ein Beispiel aus unserer Zeit: die energetische Nutzung von Zuckerrohr oder Raps. Oder das Wasserkraftwerk: Die Staumauer, die Turbinen, das Schaltwerk, das Stromnetz – all diese einzelnen Dinge existieren nicht um ihrer selbst willen, sondern im Hinblick auf ihren Nutzen für ihnen fremde Zwecke. Der Fluss wird nicht länger als Naturphänomen gesehen, sondern als Energielieferant. „Die Natur", sagt Heidegger 1955 in einer Rede, „wird zu einer einzigen riesenhaften Tankstelle, zur Energiequelle für die moderne Technik und Industrie. Dieses grundsätzlich technische Verhältnis des Menschen zum Weltganzen entstand zuerst im 17. Jahrhundert und zwar in Europa und nur in Europa." (Heidegger 2000: 523)

Der Prozess des Bestellens kennt kein natürliches Ende. Unsere Vorstellung von der Welt zwingt uns in eine unendliche Instrumentalisierungsspirale hinein, in der es schließlich keinen Zweck außerhalb der universellen Verzweckung mehr gibt. Deswegen auch Heideggers Charakterisierung des „Ge-stells" als „Kreisgang des Bestellens" (1994: 32). Letztlich wird alles: die Natur und schließlich auch der Mensch sich selbst zur Ressource. Im Original klingt das so: „Im Ge-stell wird das Anwesen alles Anwesenden zum Bestand." (ebd.) Objektivierung, Berechenbarmachung, Beherrschung und Instrumentalisierung – das ist der harte Kern des „Ge-stells", also das, was man auch technische Rationalität oder technisches Denkmuster nennen könnte. Dieses technische Denkmuster ist nicht das Produkt menschlicher Reflexion, sondern allem Denken und Handeln immer schon vorausgesetzt. Der Mensch, sagt Heidegger darum, „ist der Angestellte des Bestellens" (ebd.: 30).

Der Mensch ist nicht der Urheber oder gar der Souverän der Technik, er ist vielmehr das ausführende Organ der Technik. Die Technik braucht den Menschen, aber er ist, obwohl sein Tun darauf abzielt, die Technik zu meistern, immer schon ihr Knecht. Denn die Technizität des eigenen Denkens ist dem Menschen nicht bewusst. Der Mensch bleibt auf diese Weise ein Gefangener seines eigenen Vorstellungszusammenhangs – des technischen Denkmusters. In diesem technischen Denkmuster, paradigmatisch verkörpert durch die experimentelle Wissenschaft des 17. Jahrhunderts, liegt das Wesen der Technik verborgen. Die Entwicklung der Maschinentechnik kommt erst später, im 18. Jahrhundert. Jetzt wird auch verständlich, was Heidegger meint, wenn er sagt, dass die moderne Technik nicht – wie es die landläufige Vorstellung will – die angewandte Form der Naturwissenschaften ist, sondern umgekehrt: dass die Naturwissenschaften noch vor aller Anwendung bereits das Wesen der Technik verkörpern. Denn erst die Durchsetzung einer technischen Rationalität macht die Maschine überhaupt möglich, macht sie legitim. Aller Produktion von Technik geht das technische Denken notwendigerweise voraus. Die Moderne, mit anderen Worten, ist der Technik (dem technischen Denken) bereits unterworfen, als die moderne (Maschinen-)Technik noch gar nicht entwickelt ist.

Bei Heidegger wird die Technik letztlich zu einer Chiffre für ein spezifisch modernes, rationalistisch verkürztes Welt- und Selbstverständnis des Menschen. Die Botschaft lautet: Sobald wir die Welt in den Blick nehmen, tun wir dies mithilfe einer Optik, die „technisch" determiniert ist. Und diese Optik stellt uns die moderne Naturwissenschaft zur Verfügung. Überspitzt formuliert: Das Wesen der Technik ist das naturwissenschaftliche Denken. Die Welt ist technisch, seit es die moderne Naturwissenschaft gibt. Das technische Zeitalter hat demnach im 17. Jahrhundert eingesetzt. Die von den Technokratietheoretikern annoncierte technologische Gesellschaft ist auf das 20. Jahrhundert und daher falsch datiert, und außerdem hängt sie das Problem zu tief. Die technologische Gesellschaft auf den Industrialismus, die Planwirtschaft oder die Entwicklung der Atombombe zu beziehen – dies würde nach Heidegger bedeuten, die Technik selbst wieder technisch zu denken, das heißt: die Technik als Plan des Menschen und Ausdruck der von ihm geschaffenen Artefakte (Maschinen) zu verstehen. Technologische Gesellschaft kann nach Heidegger nur heißen: eine Gesellschaft, für die die technische Rationalität unwissentlich zur Normalform des Denkens geworden ist.

Welche Gegengifte existieren gegen die Allmacht der Technik? Schwierige Frage. Schließlich erscheint die Technik in Gestalt technischer Rationalität als eine subjektlose Macht, der jedes Denken und damit auch noch die schärfste Technikkritik unterworfen bleibt. Alle Versuche, die Technik sozialverträglicher oder die soziale Welt techniktoleranter zu machen, ändern nichts am Wesen der Technik. Alles außer einem radikalen Umdenken (aber wohin?) bleibt Makulatur. So spiegelt sich die Allmacht der Technik in der Ohnmacht der Kritik. In der Lebenspraxis kann es Heidegger zufolge deshalb nur darum gehen, die richtige „Haltung“ zur Technik einzunehmen. Gefordert ist eine innere Distanz: die Technik benutzen, sich aber nicht von ihr gefangen nehmen lassen. „Wir können ‚ja‘ sagen zur unumgänglichen Benützung der technischen Gegenstände, und wir können zugleich ‚nein‘ sagen, insofern wir ihnen verwehren, dass sie uns ausschließlich beanspruchen und so unser Wesen verbiegen, verwirren und zuletzt veröden.“ (Heidegger 2000: 527). Diese Haltung, die den Menschen in den Schwebezustand der Indifferenz versetzt, bezeichnet Heidegger als „Gelassenheit“.

Als Gegengift verordnet Heidegger dem Menschen eine Reise in die Innerlichkeit. Kontemplation anstelle gesellschaftlicher Veränderung – diese Schlussfolgerung ergibt sich zwingend, weil die Abstraktionshöhe der Analyse keinen Ansatzpunkt für Veränderungen auf der Ebene sozialen Handelns bietet. Heideggers Technikkritik bleibt darum abstrakte Negation. Die Folge dieser abstrakten Negation ist die Zuflucht zu „höheren“ Mächten (Nationalsozialismus) oder aber – nach 1945 – zu inneren Werten (Gelassenheit).

4 Die kristallisierte Gesellschaft

Unter dem Titel „Die Seele im technischen Zeitalter“ hat der deutsche Soziologe und Philosoph Arnold Gehlen (1904–1976) eine elegante Lesart der technologischen Gesellschaft vorgelegt. Auch wenn dieses Buch – erstmals 1957 erschienen – hunderttausendfach verkauft und viel gelesen wurde, so stand doch lange Zeit Gehlens Werk im Schatten seiner politischen Überzeugungen. Gehlen war 1933 in die NSDAP eingetreten und galt als typischer Vertreter jener Rechtsintellektuellen, die ihre Karriere im Nationalsozialismus aufgebaut und im Nachkriegsdeutschland erfolgreich fortgesetzt hatten.

Warum ist Gehlens Gesellschaftsdiagnose lesenswert? Im Kontext der Technokratiedebatte sticht sie schon dadurch hervor, dass die Technik nicht einfach als Dämon gezeichnet wird, der die liberalen Demokratien des Westens in ihrer Substanz bedroht. Die Technik gehört vielmehr zum Wesen des Menschen, wie Gehlen (2004) gegen eine allzu plakative Kulturkritik einwendet. Denn erst der Gebrauch von Werkzeugen unterscheidet den Menschen vom Affen. Menschliches Dasein ist ohne Technik nicht zu denken, ja die Kulturstufen der Menschheit sind zum großen Teil über die Beherrschung bestimmter Techniken definiert. Wir sprechen etwa von der Steinzeit, der Eisen- oder Bronzezeit. Große Kulturleistungen basieren auf der Vervollkommnung der Technik, beispielsweise die Seefahrt, die erst mit der Erfindung von Seekarten und exakter Kompasstechnik zur Hochseeschifffahrt wird. Die großen Seefahrerländer wie die Niederlande, Spanien oder England sind gleichzeitig die führenden Händler- und Kulturnationen.

Technischer und kultureller Fortschritt sind also aufs Engste miteinander verwoben. Aber worin besteht dann das Problem mit der Technik? Gehlens Antwort lautet sinngemäß: Die Technik wird in dem Augenblick problematisch, wo sie zur materiellen Stütze einer Gesellschaft wird, die sich dem Dogma von Wachstum, Fortschritt und Optionensteigerung verschrieben hat. Denn diese rationalisierte, beschleunigte Gesellschaft kennt keine grundsätzlichen Alternativen mehr; die Zukunft erscheint nun vielmehr als eine endlos verlängerte Gegenwart. Trotz aller rastlosen Aktivitäten der Menschen, trotz aller Dynamik und Innovation tritt die Gesellschaft letztlich auf der Stelle und erstarrt; sie „kristallisiert", wie Gehlen in Anlehnung an den italienischen Soziologen Vilfredo Pareto (1848–1923) formuliert. Pareto hatte den Begriff der Kristallisation zur Bezeichnung starrer und restriktiver Gesellschaftsstrukturen im spätrömischen Reich verwendet. Was genau versteht Gehlen darunter?

Wörtlich meint Kristallisation eigentlich etwas Anorganisches, nämlich den physikalischen Vorgang der Verhärtung, der aus der Bildung von Kristallen resultiert. Gehlen überträgt diesen Begriff in loser Analogie auf die Gesellschaft und bezeichnet damit „denjenigen Zustand auf irgendeinem kulturellen Gebiet (...), der eintritt, wenn die darin angelegten Möglichkeiten in ihren grundsätzlichen Beständen alle entwickelt sind. (...) Es sind Neuigkeiten, es sind Überraschungen, es sind echte Produktivitäten möglich, aber doch nur in dem schon abgesteckten Feld und auf der Basis der schon eingelebten Grundansätze, diese werden nicht mehr verlassen." (Gehlen 2004: 307) Kristallisation bedeutet also: Die Wahrscheinlichkeit fundamentaler Änderungen in den grundlegenden Prinzipien und Institutionen der Gesellschaft geht gegen Null, wobei das Tempo und die Zahl oberflächlicher Variation durchaus zunehmen mag. Dies gilt gleichermaßen für die kapitalistischen Demokratien des Westens als auch für die kommunistischen Länder des Ostens, weil beide auf die Schiene des materiellen und industriellen Fortschritts aufgegleist sind. Die kristallisierte Gesellschaft repräsentiert darum, wie der an Hegel geschulte Gehlen formuliert, nicht weniger als das Ende der Geschichte.

Das Ende der Geschichte: Dies bedeutet keineswegs das Ende der Zeiten oder eine Epoche ewig währender Ereignislosigkeit. Das Ende der Geschichte meint in hegelianischer Lesart vielmehr, dass die menschliche Geschichte ihre Erfüllung gefunden hat, weil die beste Regierungsform etabliert ist. Hegel selbst hat diese beste aller Welten wohl mit dem preußischen Staat identifiziert, weil er diesen als Garanten einer sittlich-bürgerlichen Ordnung verstand. Nach 1989 und dem Zerfall des Kommunismus hat dann der US-amerikanische Politologe Francis Fukuyama mit der schlichten These für Furore gesorgt, dass wir – nun aber wirklich – am Ende der Geschichte angekommen seien. Schließlich habe die liberale Demokratie gesiegt; ihre Legitimität stehe nach dem Untergang des Kommunismus weltweit außer Frage (Fukuyama 1992). In ähnlicher Weise geht auch Gehlen davon aus, dass man im technischen Zeitalter am Ende der ideologischen Evolution der Menschheit angekommen sei. Mangels innerer Opposition und äußerer Feinde ist eine nächste Kulturstufe nicht in Sicht. Die technisch-industrielle Zivilisation ist von ewiger Dauer, ganz anders als andere große Reiche der Vergangenheit, die Reiche der Ägypter, Griechen und Römer, die eine Reifezeit und eine Hochblüte hatten, aber eben auch den Verfall kannten.

Freilich verwechselt Gehlen – anders als Fukuyama – dieses posthistorische Zeitalter nicht mit dem Endsieg der Vernunft. Für Gehlen präsentiert sich die moderne Gesellschaft vielmehr als eine durchrationalisierte, „verwaltete Welt" (Adorno), in der selbst noch politische Alternativen dem ehernen „Naturgesetz" des Fortschritts verpflichtet sind. Die kristallisierte Gesellschaft ist eine Gesellschaft im hochtourigen Leerlauf, sagt Gehlen einmal sinngemäß, und vor unserem inneren Auge erscheint die Startformation eines Formel 1-Rennens in einem eingefrorenen Standbild: Motoren heulen auf, die Räder drehen im Stand, dichter Rauch steigt auf, aber nichts und niemand bewegt sich von der Stelle. Aber was macht ihn da eigentlich so sicher? Welche empirischen Indizien sprechen für eine kulturelle Kristallisation?

Gehlen (2004: 315ff.) liefert eine Reihe einschlägiger Beobachtungen. In der Kunst, so argumentiert er, sind alle maßgeblichen Stile entwickelt, die die moderne Kunst ausmachen (Kubismus, Futurismus, Surrealismus). Die letzten produktiven Veränderungen fanden um 1910 herum statt: die Abkehr von der Außenwelt, die Konzentration auf das Subjektive, die Aufgabe von Perspektive und Gegenständlichkeit. Mit Blick auf die Wissenschaft konstatiert Gehlen das Ende der Ideengeschichte. Seit Nietzsche, Marx und Freud sind keine neuen Ideensysteme mit weltgestaltendem Anspruch mehr aufgetreten. Zunehmende Spezialisierung und esoterische Fachsprachen haben eine dicke Mauer zwischen Wissenschaft und Öffentlichkeit eingezogen. Ein weiteres Beispiel: die Religion. Alle großen Weltreligionen sind seit langem etabliert, der Buddhismus seit 500 vor Christus, der Islam seit dem 7. Jahrhundert. Auch alle grundlegenden politischen Systeme (kapitalistische Demokratie, Kommunismus) sind entwickelt, es gibt allenfalls noch Neuerungen durch Mischformen. Und schließlich: Die ideologische Basis der modernen Gesellschaften ist stabil, nämlich quer über alle politischen Systeme hinweg. Es geht primär um Wirtschaftswachstum, Steigerung des

Lebensstandards und die Minimierung von Daseinsrisiken (Armut, Arbeitslosigkeit, Krankheit). Zu diesem Zweck schiebt die Politik endlose Reformen an, ohne aber jemals das Basisprogramm zu verändern.

Die kristallisierte Gesellschaft ist gekennzeichnet durch eine stabile soziale Ordnung, eine leistungsfähige Produktion und Verwaltung, die Angleichung der Lebensbedingungen sowie eine zunehmende Uniformität unter den Menschen. Deren Rechte gleichen sich an, aber auch ihre Ansichten, Interessen und Werte (ebd.: 613). Das Mittelmaß regiert, die Persönlichkeit verschwindet. Im Kern diagnostiziert Gehlen also Nivellierungs- und Egalisierungstendenzen des Wohlfahrtsstaats, und man spürt hier die typisch konservative Angst vor der „Gleichmacherei“. An manchen Stellen klingt Gehlens Diagnose wie eine vorweggenommene Globalisierungskritik (siehe Kapitel 8): Lokale und regionale Unterschiede verschwinden, Sitten gleichen sich an, Differenzen – z. B. zwischen den Generationen – werden eingeebnet, das heißt Eltern wollen die besten Freunde ihrer Kinder sein, und die Alten erscheinen als die etwas freudlosere und anstrengende Variante des Kleinkindalters. Moralische Verpflichtungen beziehen sich, wie Gehlen kritisiert (ebd.: 312f.), immer weniger auf den Nahbereich des Menschen, sondern vielmehr auf ferne Länder und unbekannte Menschen, und diese Fernethik – in Gestalt der Entwicklungshilfe – treibt in erster Linie das westliche Fortschrittsprojekt auf globaler Ebene voran.

So viel zu Gehlens Kritik an der Alternativlosigkeit seiner gegenwärtigen Verhältnisse. Inwiefern nun bezieht sich diese Kritik auch auf die Technik? Die Technik wird in jenem Augenblick problematisch, so hatten wir eingangs gehört, wo sie zur hauptverantwortlichen Kraft der kristallisierten Gesellschaft wird. Doch wann ist dieser Augenblick? Gehlens Antwort lautet: Dieser Augenblick ist gekommen, als sich Wissenschaft und Technik zur Superstruktur entwickelten. Als Superstruktur bezeichnet Gehlen den vor 100 Jahren einsetzenden Prozess des Verschmelzens von Technik, Wissenschaft und Industrie (Gehlen 2004: 10ff.). Die Naturforschung ist von technisch generierten Daten abhängig, in jeder Technik steckt wissenschaftliche Expertise, und beide sind zu einem guten Teil von der Unterstützung der Industrie abhängig. Diese Superstruktur funktioniert wie ein Automatismus. „Denn der Forscher wählt sich gar nicht die Probleme, wie der Laie glaubt, sondern was Problem werden muss, folgt aus dem schon Erkannten und dem technisch eben jetzt möglich Gewordenen, und der Zusammenhang von Wissenschaft, technischer Anwendung, Rückanwendung und industrieller Auswertung ist längst selbst eine Superstruktur geworden.“ (ebd.: 158) Superstruktur heißt, dass der wissenschaftlich-technische Fortschritt einer Eigengesetzlichkeit unterliegt und daher von außen – etwa durch die Mäßigungsappelle der Ethik – gar nicht beeinflusst werden kann.

Der Unterschied zu früheren Kulturstufen ist offensichtlich: Technischer Fortschritt basiert nicht mehr länger auf Zufall, auf den sporadischen Erfindungen einiger weniger genialer Bastler. Die Superstruktur setzt vielmehr einen systematischen, geplanten Dauerfortschritt ins Werk. Schon Sombart hatte sich in seinem Monumentalwerk über den modernen Kapitalismus von der engen Verknüpfung zwischen Wissenschaft und Technik beeindruckt gezeigt und geschlussfolgert, dass beide von demselben rationalen, mechanistischen Geist durchdrungen seien: „Der Entgöttlichung im Naturdenken entspricht die Entmenschlichung im technischen Denken." (Sombart 1955: 81) Gehlen versteht die Superstruktur nicht nur als Grundmerkmal des Kapitalismus sondern vielmehr als Wesenszug einer Industriekultur, die die politischen Systeme in Ost und West gleichermaßen überformt. Auf diese Weise wird die Superstruktur zum Motor einer globalen gesellschaftlichen Kristallisation. Im Zuge des institutionalisierten und daher immens beschleunigten Fortschritts setzt sich in allen Bereichen der Gesellschaft eine Tendenz zur Rationalisierung, Entsinnlichung, Abstraktifizierung durch. Die Welt wird zunehmend unanschaulich und undurchdringlich; wir sind nicht länger in der Lage, sie durch eigene Anschauung anzueignen. Unsere Erfahrungen sind „Erfahrungen zweiter Hand" (Gehlen), das heißt, wir bekommen Resultate geliefert, ohne die Prozesse nachvollziehen zu können, unser Wissen beruht auf Hörensagen. Wir leben mehr in einer vorgestellten und medial vermittelten denn in einer wirklichen Welt.

Gehlens Problem ist also nicht die Technik per se, sondern die Tatsache, dass sich auf Basis der Superstruktur ein unbeeinflussbarer, eindimensionaler Fortschrittsprozess entfaltet, der in der Technizität aller Kultur resultiert. Diese Kultur überfordert den Menschen durch Reizüberflutung, durch ihre Abstraktheit und Intellektualität. Gleichzeitig etabliert sich ein gegenläufiger Primitivismus, den Gehlen in der Trivialkultur entdeckt sowie im Verlust einer subtilen, andeutungsreichen Sprache. Einstmals technische Begriffe brechen in die Alltagssprache ein, wie Hans Freyer (1960) bemerkt hat, und prägen unser Welt- und Selbstbild. Wir sind in einem bestimmten „Modus", „schalten" zu spät oder „kommen nicht gut rüber".

Für Gehlen zeigt die Herausbildung einer Superstruktur an, dass die Technik zur Domäne des Fortschritts und zum Zentrum der Weltgeschichte geworden ist. Die Gleichsetzung von Technik und Fortschritt bedeutet, dass über die Zukunft immer schon entschieden ist, und zwar weltweit – darin liegt Gehlens Problem. Im Übrigen: Die Beobachtung, dass moderne Gesellschaften von dem (un-)heimlichen Imperativ des „Immer besser, schneller, weiter, mehr" gesteuert sind, hat dann in den 1990er Jahren Peter Gross zur Grundlage einer eigenen Gesellschaftsdiagnose gemacht (siehe

Kapitel 9) – 40 Jahre nach Gehlens stilprägenden Bemerkungen über gesellschaftliche Kristallisation und die strukturell verstellten Möglichkeiten wirklichen Fortschritts.

Insgesamt gilt die „technologische Gesellschaft" heute als typisches Beispiel für eine Zeitdiagnostik, die faszinierend ist, aber soziologisch nicht mehr geht. Die Technik erscheint in dieser Diagnostik als ein allmächtiges Geschichtssubjekt, als ein alles lenkender „Geist der Zeit", der sich Mensch, Natur und Gesellschaft gleichermaßen untertan macht. Dieser Aufstieg zum absoluten Herrscher gelingt reibungslos, weil technischer Fortschritt die Realisierung allgemeinen Glücks verspricht. Die technologische Gesellschaft ist eine restlos integrierte Gesellschaft, die keine Widersprüche und Konflikte mehr kennt. Das alles erscheint uns heute zu glatt, doch deswegen sollte man sich noch nicht leichtfertig über diese Zeitdiagnosen hinwegsetzen.

Die Technokratiedebatte richtete sich kritisch gegen eine prosperierende Industriegesellschaft, die die Entfesselung der Technik betrieb, um – wie im Deutschland der Nachkriegszeit – Wirtschaftswunder zu bewirken. Und sie richtete sich kritisch gegen eine marxistisch geprägte Gesellschaftskritik, die den Kern allen Übels in den Eigentumsverhältnissen vermutete, die Technik als Königsweg zu Produktivität und Wachstum aber als selbstverständlich akzeptierte. Soziologen wie Ellul, Schelsky oder Gehlen stellten erstmals öffentlichkeitswirksam und fundamental die Legitimität der Technik infrage. Gleich jeder guten Zeitdiagnostik brachten diese Autoren die Institutionen, Traditionen und Denkweisen ihrer Epoche auf *einen* Nenner und formulierten eine klare Absage an alle technisch geprägten Vorstellungen vom allgemeinen Glück. Dass man mit dieser Absage heute offene Türen einrennt, liegt daran, dass moderne Gesellschaften zwischenzeitlich reichliche Erfahrungen mit den Gefahrenpotenzialen der Technik gesammelt haben. Aber damit sind wir schon beim nächsten Kapitel über die „Risikogesellschaft".

Kapitel 5
Risikogesellschaft

Ulrich Becks Klassiker über die „Risikogesellschaft" (1986) sticht in der Geschichte der Gesellschaftsdiagnosen heraus, weil er – bei allem Alarmismus – die pessimistische Geschichtskonzeption der zeitdiagnostischen Klassik auf raffinierte Weise aufbricht. Alle bisherigen Zeitdiagnosen wiesen eine Gemeinsamkeit auf: Sie entwarfen die menschliche Geschichte als zwangsläufige Entfaltung eines Verhängnisses. Mit Sokrates (Nietzsche), dem Humanismus (Heidegger) oder schon in der Urzeit (Adorno/Horkheimer) war der Sündenfall eingetreten, der mit der Perfektionierung der Technik zu jenen Katastrophen und Verwüstungen führt, die in der modernen Zivilisation eingetreten sind.

Diesen Determinismus hebelte der Soziologe Ulrich Beck (1944–2015) mit dem Hinweis auf die Selbstgefährdungspotenziale moderner Gesellschaften aus. Er argumentierte, dass im Zuge der fortlaufenden Modernisierung neue Risiken auftreten, die in der Lage seien, die Geschäftsgrundlage der Moderne (Technik, Wissenschaft, Industrialismus) infrage zu stellen. Aufgrund technologischer Großgefahren und ökologischer Katastrophen wird die Industriemoderne zwangsläufig sich selbst zum Thema; sie wird, wie Beck sagt, „reflexiv". Indem sich die moderne Gesellschaft selbst zur Disposition stellt, entstehen Entscheidungspotenziale: Man kann die neuen Risiken ableugnen und weitermachen wie bisher; man kann sie aber auch zum Anlass für einen grundlegenden Umbau der Gesellschaft nehmen.

Mit dem Konzept der Reflexivität baut Beck gewissermaßen eine Weiche in die stählernen Gleise der Geschichte ein. Bisher war Geschichte entweder als Himmelsleiter gezeichnet worden (Fichte, Hegel, Marx) oder als Höllenfahrt (Nietzsche, Adorno, Heidegger). Nun ist der Ausgang wieder offen, denn es gibt kein vorbestimmtes Ende. Aber damit sind wir schon am Ende dieses Kapitels, bei Becks Theorie reflexiver Modernisierung angelangt, die er in den 1990er-Jahren entwickelt hat. Zurück zur „Risikogesellschaft".

In einem gewissen Sinn schließt die „Risikogesellschaft" an die „Dialektik der Aufklärung" an (siehe Kapitel 3). Denn es wird ebenfalls das instrumentelle Naturverhältnis der Moderne zum Thema. Allerdings gilt Beck – anders als Adorno und Horkheimer – nicht die totale Herrschaft als Indiz für dieses instrumentelle Naturverhältnis, sondern das Risiko. Auf Basis des modernen Naturverständnisses, so argumentiert Beck, realisiert sich ein technischer Fortschritt, der sich heute in Form unkontrollierbarer Risiken gegen die Gesellschaft richtet.

Die „Risikogesellschaft“ entwickelte sich rasch zu einem Weltbestseller. Dies war nicht zuletzt darin begründet, dass das Buch eine weitverbreitete Technikskepsis und Fortschrittsangst erfolgreich auf den Begriff brachte. Seine Nahrung fand das ökologische Krisenbewusstsein dieser Zeit in katastrophalen Unfällen mit Hochrisikotechnologien (Sandoz, Bhopal, Harrisburg) und nicht zuletzt in dem – fast zeitgleich zur Buchveröffentlichung – eintretenden Tschernobyl-GAU im April 1986. Diese Katastrophen standen offensichtlich in scharfem Kontrast zum Fortschrittsversprechen der Moderne; auf dem Spiel zu stehen schien damals nicht weniger als die Bewohnbarkeit der Erde für die nächsten Generationen. Aufgrund seines Gespürs für zeitnahe Themen, seiner provokanten Thesen und hervorragenden Lesbarkeit sprach Beck mit seinem Buch nicht nur die einschlägigen Fachzirkel an, er erzielte vielmehr eine gewaltige Resonanz in der breiten Öffentlichkeit. Allein in Deutschland wurden bislang rund 200000 Exemplare verkauft. In über 30 Sprachen liegt diese Gesellschaftsdiagnose mittlerweile vor.

1 Was heißt Risikogesellschaft?

Die „Risikogesellschaft“ ist eine Zeitdiagnose im klassischen Sinne. Denn es werden Wandlungsprozesse innerhalb moderner Industriegesellschaften, die sich in den verschiedenen Bereichen von Wirtschaft, Wissenschaft und Politik abspielen, begrifflich unter eine Klammer gezogen. Risikogesellschaft heißt: Im Fortgang der Modernisierung werden die (industrie-)modernen Selbstverständlichkeiten, die sich beispielsweise in einer technischen Form der Naturaneignung, im Partnerschaftsideal lebenslanger Ehe und traditioneller Kleinfamilie oder im gewerkschaftlich durchgesetzten Vollbeschäftigungsmodell symbolisieren, zum Problem. Dies hat mit der Wahrnehmung neuer, vor allem technisch verursachter Risiken zu tun. Denn das moderne Entwicklungsmodell (mehr Naturbeherrschung, mehr Wachstum, mehr Wohlstand für alle) führt im Zuge seiner erfolgreichen Realisierung zu Naturzerstörung, Katastrophen und Gesundheitsgefährdungen, sprich: zu unvorhergesehenen Nebenfolgen, die das Entwicklungsmodell selbst infrage stellen. Diese Selbstinfragestellung der Moderne anhand der von ihr produzierten Nebenfolgen bezog Beck in der „Risikogesellschaft“ vor allem auf das gesellschaftliche Naturverhältnis. Später, in der Debatte um die reflexive

Modernisierung, setzte er breiter an und analysierte diesen Wandel in den Basisinstitutionen der Gesellschaft (siehe Abschnitt 3). In der Risikogesellschaft jedoch standen die technisch induzierten Risiken im Mittelpunkt. Beck schreibt: „Gesellschaften, die zunächst verdeckt, dann immer offensichtlicher mit den Herausforderungen der selbstgeschaffenen Selbstvernichtungsmöglichkeit allen Lebens auf dieser Erde konfrontiert sind, nenne ich Risikogesellschaften." (Beck 1988: 109)

Becks Diagnose ist eindeutig: Mit dem verheerend erfolgreichen Versuch, per Wissenschaft und Technik das Problem materieller Not durch industrialisierte Naturausbeutung zu lösen, verwandelt sich die Klassengesellschaft in eine Gefahrengemeinschaft. Am Ende dieser Naturausbeutung steht nicht die Überwindung aller gesellschaftlichen Zwänge, sondern eine unvermutete „Rückkehr der Natur" in Form von Großgefahren und Katastrophen. In anderen Worten: Die Risikogesellschaft ist eine Gesellschaft in Dauerkrise, bei der das Nullsummenspiel der Reichtumsverteilung durch das Nicht-Nullsummenspiel der Risikoverteilung abgelöst wurde. Die Quellen der neuen Risiken und Gefahren sind, wie Beck betont, paradoxerweise gerade in den Erfolgen der Modernisierung angelegt. „Die Quellen der Gefahren sind nicht länger Nichtwissen, sondern Wissen, nicht fehlende, sondern perfektionierte Naturbeherrschung, nicht das dem menschlichen Zugriff Entzogene, sondern eben das System der Entscheidungen und Sachzwänge, das mit der Industrieepoche etabliert wurde." (Beck 1986: 300)

Becks Zeitdiagnose ist nicht lediglich eine breit ansetzende Gesellschaftsanalyse; diese Gesellschaftsdiagnose formuliert vielmehr einen Weckruf an alle, den Ernst der Lage zu erkennen. Der untergründig mitlaufende Appell lautet: Mögen wir dafür sorgen, dass es nicht wirklich zur (Selbst-)Zerstörung unserer Zivilisation durch die Akkumulation unbeherrschbarer Risiken kommt. In diesem Sinne ist die „Risikogesellschaft" als Vorgriff auf eine Zukunft zu verstehen, die sich nicht einstellen möge. Die „Risikogesellschaft" will die Gesellschaft alarmieren und gleichzeitig die Zunft der Fachkollegen warnen: Nur eine Soziologie, die nicht mehr auf die überkommenen, industriegesellschaftlich kontaminierten Konzepte und Leitdifferenzen vertraut, hat der Gesellschaft etwas über die Herausforderungen der Gegenwart zu sagen.

Der Untertitel des Buches lautet: „Auf dem Weg in eine andere Moderne". Damit ist ein Epochenbruch innerhalb des fortlaufenden Modernisierungsprozesses bezeichnet, eine Unterscheidung verschiedener Modernen innerhalb der einen. Beck geht davon aus, dass wir nicht in ein gänzlich neues Zeitalter eintreten, etwa in die Postmoderne, sondern einen Bruch innerhalb der Moderne erleben. Wenn man, so wie Zygmunt Bauman (1995), den Beginn der Moderne auf das Ende des 18. Jahrhunderts datiert und damit auf die Französische Revolution und die Deklaration der Menschenrechte bezieht, dann setzt sich diese „andere“, diese „zweite“ Moderne, wie Beck später sagen wird, etwa ab den 60er-Jahren des letzten Jahrhunderts durch. Stichworte dafür sind: der Ausbau des Wohlfahrtsstaates, die Entstandardisierung von Biografien, die Politisierung des Alltags, die fortschreitende Verwissenschaftlichung und eng damit verbunden: Naturkatastrophen und Gefährdungen im globalen Ausmaß – allesamt Stichworte, auf die ich im Folgenden noch genauer eingehen werde. Dieser Wandel oder dieser Epochenbruch, das heißt: Der Übergang von der klassischen Industriemoderne hin zur Risikomoderne vollzieht sich nicht durch Abstimmung, Proklamation oder Revolution. Er vollzieht sich vielmehr, wie Beck verschiedentlich betont, ungewollt, ungesehen und unbemerkt – nämlich vermittels der *Nebenfolgen* der Modernisierung, die (wenn überhaupt) erst heute in Form diverser Risiken und Gefahren greifbar werden.

2 Dimensionen der Risikogesellschaft

Obwohl die „Risikogesellschaft“ den zentralen Ausgangspunkt einer gesellschaftstheoretisch orientierten Auseinandersetzung mit der Risikothematik markiert, findet sich wenig zu einer trennscharfen Abgrenzung und Präzisierung jener Kategorien, die im Mittelpunkt dieser Risikosoziologie stehen (Risiko, Gefahr, Unsicherheit, Ungewissheit etc.). Daher ist bei Beck unter dem Dach der Industrie- und Modernisierungsrisiken viel Heterogenes versammelt: giftige Pestizide und das Risiko, arbeitslos zu werden, Chemiekatastrophen und die Beschwerlichkeiten des Familienlebens, die Borkenkäferplage und die Risiken der Zweierbeziehung. Im Folgenden soll es jedoch weniger um eine Kritik der Grundbegrifflichkeiten gehen, als vielmehr um eine materiale Explikation der Beck'schen Denkfigur. Wenn auch nicht systematisch aufeinander bezogen, lassen sich doch vier Dimensionen der Risikogesellschaft identifizieren, in denen sich eine Parallelisierung von wachsenden Möglichkeiten und der Zunahme an Unsicherheit konstatieren lässt. Diese vier Dimensionen beziehen sich auf die gesellschaftlichen Naturverhältnisse, den Wandel der Sozialstruktur, neue Herausforderungen für die Politik und neue Problemstellungen für die Wissenschaft. Dargestellt werden diese Bereiche im Folgenden unter den Schlagworten: a) ökologische Krise; b) Individualisierung; c) Subpolitik; und d) reflexive Verwissenschaftlichung.

a) Ökologische Krise

Konstitutiv für die Diagnose einer „Risikogesellschaft" ist die Analyse der gesellschaftlichen Naturverhältnisse. Die Diagnose lautet: Die kontinuierliche „Entzauberung der Natur", vom aufklärerischen Ideal absoluter Naturbeherrschung freigesetzt, schlägt ungewollt und unvorhergesehen in massive Umweltzerstörung um. Der Treibhauseffekt, atomare Verstrahlung und Chemiekatastrophen, Tierseuchen oder die globale Erwärmung repräsentieren jene Schockerfahrungen, die Beck als nicht-intendierte Folgen einer globalen Industrialisierung der Natur vorführt. Diese spürbaren Nebenfolgen haben den soziologischen Nebeneffekt, dass sie zu einer produktiven Verwirrung der eingeschliffenen Basisunterscheidungen führen. Natur kann, folgt man Beck, nicht länger als das „Andere" konzipiert werden, als ein außerhalb der Gesellschaft Existierendes und für unbegrenzte Zu- bzw. Übergriffe Bereitliegendes; Natur muss als Komplement des industriegesellschaftlich hegemonialen Entwurfs von Entwicklung und Fortschritt verstanden werden. Das heißt, dass infolge des radikalen „Einbruchs" von Natur in die Gesellschaft das Verhältnis zwischen den beiden systemisch getrennten Sphären neu gedacht werden muss. Beck hat in diesem Zusammenhang vom „Ende der Gegenüberstellung von Natur und Gesellschaft" (1986: 107) gesprochen. Diese Änderung der gesellschaftlichen Naturverhältnisse hätte nicht nur ein neues Bild der Natur zur Folge; es würde sich gleichzeitig die Gesellschaft ändern. Denn weitermachen wie bisher wäre angesichts des Eingeständnisses, dass die vollendete Naturbeherrschung in gesellschaftlicher Selbstzerstörung resultiert, nicht mehr möglich.

Die Pointe der Beck'schen Risikothematisierung besteht in der Interpretation des Risikos als systematische und nicht-intendierte Nebenfolge der Modernisierung. Dadurch, dass die Risiken mit der politischen, ökonomischen und sozialen Dynamik moderner Industriegesellschaften in Beziehung stehen, erhalten sie einen potenziell systemverändernden bzw. -transzendierenden Charakter. Vor dem Hintergrund einer allgemeinen Anerkennung der Umweltzerstörung als Systemfolge muss die ökologische Selbstgefährdung als quasi-empirisches Indiz krisenhafter Modernisierungsdynamik gewertet werden. Risiken und Gefahren werden durch die Beck'sche Optik als bisher „unsichtbare", verleugnete und erfolgreich verdrängte Produkte der industriegesellschaftlichen Produktivitätsmystik dechiffriert – und als deren produktive Antithese verstanden: Die Instrumentalisierung der Natur führt dazu, dass unter fortgesetzter Nutzung die Natur nicht weiter als Mittel zum Zweck, sondern zur Infragestellung des Zwecks tauglich wird.

Diese erste Dimension der Risikogesellschaft, also die Thematisierung ökologischer Gefahren, die durch die *Erfolge* der wissenschaftlich-technischen Zivilisation begründet sind, stand und steht im Rahmen der öffentlichen Auseinandersetzung mit der Risikogesellschaft immer im Vordergrund. Man hört „Risikogesellschaft" und denkt sofort an technisch induzierte Risiken, die die Gesellschaft in ihren Grundfesten bedrohen. Beck bezieht die Rede vom Risiko jedoch noch auf ganz andere Bereiche, und um die geht es im Folgenden.

b) Individualisierung

Die Anbindung der Individualisierungsthematik an die Risikoproblematik wird in der „Risikogesellschaft" nicht explizit geleistet. Daher stehen die Ausführungen zum Thema Naturzerstörung relativ unvermittelt neben dem anschließenden Teil des Buchs, der in zentralen Punkten die Enttraditionalisierung industriegesellschaftlicher Biografiemuster und Lebensformen und deren Folgen für die derart freigesetzten Individuen beschreibt. Dies mag auch Folge der Beck'schen Konzeptualisierung von Risiken als technisch-wissenschaftliche Risiken im ersten Teil seines Buches sein. Die Thematisierung von Individualisierungsrisiken kommt jedenfalls ohne systematische Anbindung an den Risikobegriff aus. Erst mit der späteren Differenzierung des Risikobegriffs und – stärker noch – im Kontext der Debatte um die reflexive Modernisierung wird die Individualisierung als ein Phänomen lebensweltlicher Unsicherheit und Ungewissheit aufgeschlüsselt.

Die Individualisierungsthese hatte Beck schon Anfang der 1980er-Jahre entwickelt. Individualisierung meint im Wesentlichen die Auflösung industriegesellschaftlicher und ihre Ablösung durch risikogesellschaftliche Lebensformen, also den Übergang von stabilen, standardisierten Lebenslauf- und Biografiemustern zu einer Art Risikobiografie, in der feste Ordnung nur noch auf Zeit hergestellt werden kann. Ronald Hitzler und Anne Honer (1994) haben in diesem Zusammenhang von „Bastelexistenz" gesprochen. Individualisierung ist nicht gleichzusetzen mit Atomisierung, Vereinzelung, Isolation – wie es eine kulturpessimistische Lesart nahelegt. Individualisierung meint auch nicht Autonomie, Freiheit, Emanzipation. Individualisierung ist weder ein normatives noch ein psychologisches Konzept, sondern ein soziologisches. Reflektiert wird darin der Strukturwandel der Klassengesellschaft unter der Regie sozialstaatlich durchgesetzter Rahmenbedingungen. Unter der Fürsorge des Wohlfahrtsstaates, der sich um den Ausbau sozialer Sicherheiten und die Hebung des allgemeinen Lebensstandards kümmert, werden die Menschen aus traditionellen Klassenbindungen und familiären Versorgungsbezügen herausgelöst, mit der Zunahme an Bildung und Mobilität aus klassischen Berufs- und Geschlechterrollen freigesetzt. Entflechtung von Klassenlagen, Auflösung der Klassenkultur und Diversifizierung der Lebenswege – das sind, kurz gefasst, die Elemente der Individualisierung.

Für die in ihrer Lebensgestaltung auf sich selbst zurückgeworfenen Einzelnen heißt Individualisierung vor allem: mehr Freiheit und mehr Stress. Schließlich operiert der Einzelne als Organisationsbüro im Dienst seiner eigenen Biografie. Er oder sie ist auch die einzige Anlaufstelle für Klagen, wenn es nicht so klappt. Denn für die Verarbeitung von Krisen und Konflikten stehen nicht länger die traditionellen sozialmoralischen Milieus zur Verfügung – das eigene Schicksal ist nicht länger kollektiv erfahrbar. Misserfolge oder Krisen werden „wegindividualisiert“ (Beck), als selbstverschuldet interpretiert oder als Krankheit ausgelebt.

Es ist der Auf- und Ausbau des Wohlfahrtsstaates, der die Individualisierung befördert. Folgende Faktoren spielen dabei eine Rolle, und sie erinnern uns heute mit gutem Grund an das „goldene“ Zeitalter der 1960er- und 70er-Jahre, als der durch die Systemkonkurrenz gezähmte Kapitalismus mit menschlichem Antlitz auftrat: die allgemeine wirtschaftliche Prosperität, die Vollbeschäftigung, die Institutionalisierung gewerkschaftlicher Interessenvertretung, die Bildungsexpansion, die Erweiterung des Dienstleistungssektors – all das Faktoren, die zu einem kollektiven Mehr an Einkommen, Bildung, Massenkonsum beitragen (bei stabiler oder sogar sich verschärfender sozialer Ungleichheit!). Es ist dieser „Fahrstuhl-Effekt“ (Beck), der die Menschen aus traditionellen Lebensbezügen und starren Karrieremustern herauslöst. Denn erst mit der Bändigung der sozialen Risiken, die die Existenz als Lohnarbeiter oder als alleinerziehende Mutter mit sich bringt, können die Individualisierungsschübe, die in einem gewissem Sinn bereits mit dem Eintritt in die Moderne einsetzen, zur Auflösung jener kulturellen Lebenswelten führen, die als Sinnressource stets stabil blieben. „Klasse“ wird als analytische Kategorie in dem Moment uninteressant, in dem sie für das Handeln der Menschen keine oder nur noch geringe Bedeutung hat. Es mag daher objektiv-empirisch Klassen geben, doch wirksam werden Klassen erst durch ein entsprechendes Klassenbewusstsein und ein darauf basierendes, koordiniertes Handeln. Schon Marx hat zwischen der „Klasse an sich“ und der „Klasse für sich“ unterschieden.

Individualisierung im Beck’schen Sinne meint „vollständige“ Individualisierung. Eine „halbierte“ Individualisierung ist bereits für den Frühkapitalismus zu konstatieren, weil die Menschen schon in der Industrialisierungsepoche aus Traditionen und gewachsenen Abhängigkeiten herausgelöst wurden. Sie waren nicht länger an Scholle und Lehensherren gebunden, sondern wurden mobil: Es stand ihnen nun frei, ihre Arbeitskraft zu verkaufen, an wen auch immer. Dass sie es bei Strafe des eigenen Untergangs allerdings auch schaffen mussten, ihre Arbeitskraft zu verkaufen, steht auf einem anderen Blatt und weist darauf hin, dass die solcherart Individualisierten nicht nur von überkommenen Autoritäten befreit, sondern auch zur Freiheit verdammt waren. Allerdings bleibt diese Form der Individualisierung – und deswegen die Rede von der „halbierten" Individualisierung – an ein Kollektivsubjekt rückgebunden, nämlich an das Proletariat, das sich in Folge der massenhaften Freisetzung von Arbeitskräften herausbildet und als Arbeiterbewegung ein eigenes Klassenbewusstsein und sogar eine eigene Theorie (Marxismus) entwickelt. „Vollständige" Individualisierung heißt, dass die Herstellung individueller Identität nicht mehr ständisch oder produktionslogisch an eine Großgruppe (etwa Adel, Bürgertum oder Proletariat) rückgebunden werden kann. Aber wie gesagt: Das heißt nicht, dass das Individuum nun endlich frei oder vollständig autonom wäre. Denn diese „vollständige" Individualisierung realisiert sich unter vorgegebenen Bedingungen als ein alternativloser Zwang, dem niemand entgehen kann.

c) Subpolitik

Im dritten Schritt will ich darauf eingehen, was die Diagnose der Risikogesellschaft für den Bereich des Politischen bedeutet. Die zentrale These lautet, dass wir es mit einer Entgrenzung der Politik zu tun haben. Mit dem Übergang in eine „andere" Moderne ändern sich, so Beck (1986: 300), Begriff, Ort und Medien von Politik. Es ändert sich, kurz gesagt, das, was als politisch gilt. Im Kern wird damit eine Politisierung von Bereichen behauptet, die vormals als unpolitisch galten. Diese Entwicklung fasst Beck unter den Begriff „Subpolitik". Der ganz ähnlich argumentierende Anthony Giddens (1991) benutzt den Begriff „Lebenspolitik" *(life politics).* Beide argumentieren, dass die klassische Interessenpolitik, deren symbolischer Ort das Parlament ist, an Bedeutung verliert. Die fundamentalen Fragen des Lebens werden in Forschungslabors und humangenetischen Beratungszentren verhandelt, also im Rahmen einer Lebenspolitik, die sich an vielen Orten, aber fernab parlamentarischer Kontrolle abspielt.

Beispiel Reproduktionsmedizin: Nie war es so einfach und billig, sich ein Baby zu bestellen, titelte die „Süddeutsche Zeitung" (22.5.2010) und berichtete von einer indischen IVF-Klinik: Kinderlose Eltern erhalten hier, was sie wollen – mit allen Mitteln der Technik. Wenn die Frau unfruchtbar ist, wird die Eizelle einer Fremden mit dem Samen des Vaters befruchtet und dann alles in die Gebärmutterhöhle einer dritten Frau eingepflanzt. Auf diese Weise können noch Großmütter Kinder bekommen. In einer südafrikanischen Klinik z. B. hat vor kurzem eine 62-jährige Frau per Eizellspende

Zwillinge bekommen. Manchmal allerdings entstehen aus diesen reproduktionsmedizinischen Fortschritten nicht Kinder, sondern handfeste Streitigkeiten zwischen den Eltern *in spe*. In Texas etwa stritt ein geschiedenes Ehepaar darum, wer die tiefgefrorenen Embryos erhalten dürfe, die in Zeiten ihrer Ehe reproduktionsmedizinisch erzeugt worden waren.

Die Liste der Beispiele ließe sich beliebig verlängern. Sie illustrieren, wie die Technik die Politik vor sich hertreibt: Klassische Familienformen werden aufgelöst, es kommt zu bisher ungekannten Verwandtschafts- und Verantwortungskonstellationen, neue, zähe Konflikte entstehen (wie eben um eingefrorene Eizellen oder Embryonen), moralische Standards geraten unter Druck und nationale politische Regulierungen werden zahnlos, weil man die technischen Dienstleistungen im Ausland in Anspruch nehmen kann. Das Beispiel der Reproduktionsmedizin beschreibt die negative Seite der Subpolitisierung. In diesem Sinne meint Subpolitik eine politisch unkontrollierbare und nicht legitimierte Gestaltungsmacht der Technik. Es wird, kurz gesagt, Politik gemacht, ohne dass dies als Politik gilt.

Es gibt neben dieser kritischen Beschreibung aber auch eine positive Lesart dieser Subpolitik. Und diese positive Lesart schlägt in Becks Publikationen, die der „Risikogesellschaft" folgten, stärker durch. In diesem Fall wird Subpolitik eher als ein Überflügeln der trägen Institutionenpolitik gelesen und als eine längst überfällige Politisierung der durch den Fortschrittskonsens der Industriemoderne zugedeckten Probleme (Beck 1993). Tatsächlich wird in der Industriemoderne das Politische relativ eng gedacht: Es gibt einerseits das definierte Feld des Politischen (das politisch-administrative System, das der Bürger im Rahmen der repräsentativen Demokratie mittels Wahlen beeinflussen kann), und andererseits existieren weite Bereiche, wie z.B. Wirtschaft und Technik, die als unpolitisch in dem Sinne gelten, dass hier die Bürger weitgehend ihren Eigeninteressen nachgehen können. Dieses Arrangement kann nur dann als legitim gelten, wenn man davon ausgeht, dass technischer Fortschritt mit sozialem Fortschritt identisch ist – eine klassische Vorstellung der Industriemoderne. Auf diese Weise werden weite Bereiche der Gesellschaft als nicht-politisch ausgeschildert, es wird eine Grenze zwischen Politik und Nichtpolitik eingezogen, wobei eben das Politische auf den Kern der Institutionenpolitik beschränkt bleibt.

In Becks positiver Lesart der Subpolitik bedeutet Subpolitik im Wesentlichen die Selbstorganisation der Bürger. An erster Stelle stehen hier Bürgerinitiativen, also der „von unten" getragene Öko-Protest. Dieser basisorientierte, außerparlamentarische, nicht parteigebundene und oft in sich zerstrittene Protest bringt für Beck eine wirksame Subpolitisierung zum Ausdruck, weil hier Themen auf die Tagesordnung gesetzt werden, mit denen man die „eingerostete" Politik vor sich hertreiben kann. Aus heutiger

Perspektive wäre zu ergänzen: Dass mit Bewegungspolitik emanzipatorische Ziele verbunden sind, ist keineswegs eine ausgemachte Sache. Der zähe Kampf um den Neubau des Stuttgarter Hauptbahnhofs (Stuttgart 21), die gegen Spekulationsgeschäfte gerichtete Occupy-Bewegung oder die gegen muslimische Ausländer gerichteten Pegida-Demonstrationen illustrieren die ideologische Spannbreite des Protests. Doch eine angebliche Islamisierung Deutschlands oder riskante Kapitalmarktgeschäfte sind in den 1980er-Jahren noch kein Thema; Subpolitisierung kann deshalb als eine längst überfällige Demokratisierung der Demokratie gelesen werden.

Diese Subpolitisierung entwickelt sich parallel zum Bedeutungsverlust einer Politik „von oben", also zum Bedeutungsverlust der klassischen Institutionenpolitik. Wer also der gegenwärtigen Politik Verkrustungserscheinungen attestiert, übersieht nach Beck, dass sich auf der Rückseite dieses Trends eine Politisierung vollzieht, die nur deshalb von vielen nicht gesehen wird, weil sie sich nicht in den als politisch ausgeschilderten Bereichen (Parlamenten, Parteien, Gewerkschaften usw.) vollzieht. Die Unbeweglichkeit der traditionellen Politikakteure geht einher mit einer neuen Beweglichkeit individualisierter Akteure. Auf diese Weise vollzieht sich ein grundlegender Szenenwechsel, zu dem Beck bemerkt: „Die politische Konstellation der Industrieepoche wird *un*politisch, während das, was im Industrialismus unpolitisch war, *politisch* wird." (1993: 157)

Subpolitisierung wird – analog zu den Prozessen der Individualisierung und der ökologischen Selbstgefährdung – im Modell der Reflexivität gedacht. Das heißt: Die Blindheit der traditionellen Politik in der Industriemoderne provoziert Probleme, die mit ihren Mitteln nicht mehr regulierbar sind, und bereitet damit das Feld für eine Bürger- und Protestpolitik „von außen". Mit dem Begriff der Subpolitik annonciert Beck also nicht weniger als einen Strukturwandel der Politik.

d) Reflexive Verwissenschaftlichung

Seine vielleicht überzeugendste Darstellung hat Becks Reflexivitätsmodell in seiner wissenschaftssoziologischen Variante erhalten. Denn im hinteren Teil der „Risikogesellschaft" kommt Beck auf den epistemologischen und sozialen Statuswandel von Wissenschaft zu sprechen.

Beck unterscheidet zwischen den Phasen „einfacher" und „reflexiver Verwissenschaftlichung". In der Phase einfacher Verwissenschaftlichung konstituiert sich die Wissenschaft in autoritärer Abgrenzung nach außen als Hort der Wahrheit und Garant unbezweifelbarer Gewissheiten. Wissenschaft tritt hier gleichsam als Wahlverwandte der Religion auf, nämlich mit dogmatischen Wahrheitsansprüchen. In dieser Phase gilt der Dissens zwischen den Experten als Schönheitsfehler, der aber durch mehr Forschung zu korrigieren ist; eine wissenschaftskritische Öffentlichkeit erscheint als unaufgeklärt und irrational.

„Reflexive Verwissenschaftlichung" bezeichnet demgegenüber den Anbruch jener Phase, in der die Methoden, Praktiken und Produkte der Wissenschaft selbst in Zweifel gezogen und wissenschaftlicher Reflexion zugänglich gemacht werden, also Wissenschaft „verwissenschaftlicht" wird. Reflexive Verwissenschaftlichung meint kurz gefasst: *Selbstentzauberung der Wissenschaft im Prozess wissenschaftlicher Weltentzauberung.* Eine Wissenschaft, die sich mit den (katastrophalen) Folgen des wissenschaftlich-technischen Zugriffs auf die Dinge konfrontiert sieht, findet ihre Problemstellungen nicht mehr in der Welt „da draußen", sondern in den Folgeproblemen wissenschaftlicher Rationalisierung. Reflexive Verwissenschaftlichung heißt also nicht: Verwissenschaftlichung qua außergewöhnlicher Reflexion, sondern eher das Gegenteil, nämlich eine Verwissenschaftlichung, die ihre Antriebskraft aus der vernachlässigten Reflexion ihrer eigenen Problemstellungen und Praxiswirksamkeit erhält.

Was heißt diese reflexive Verwissenschaftlichung für die Bedeutung und den Status von Wissenschaft? Werden Wissenschaft und Experten in diesem Prozess entthront? Oder werden sie – angesichts der vielfältigen Risiken in der Moderne – gar noch wichtiger? Die Risikogesellschaft ist, wie Beck selbst hervorhebt, eine gleichermaßen wissenschaftskritische wie wissenschaftsabhängige Gesellschaft. Sie ist *wissenschaftskritisch,* weil mit dem Risiko ein Phänomen auftaucht, das die Krisen und Fehlleistungen der Wissenschaft öffentlichkeitswirksam vorführt. Naturzerstörungen und Umweltgefahren stehen für das Risiko der Verwissenschaftlichung nach traditionellem Muster. Risiken erscheinen in dieser Perspektive als logische Konsequenz der technologischen Anwendung eines Wissens, das auf die Durchdringung und Verfügbarmachung der äußeren Natur gerichtet war.

Unterstützt wird diese Wissenschaftskritik auch aus den Reihen der Wissenschaft selbst. So führt beispielsweise eine konstruktivistische Wissenssoziologie die wissenschaftliche Wissens- und Wahrheitsproduktion als „soziale Ereignisse" (Knorr Cetina) vor; Forschungsresultate seien nicht als höhere Einsicht in die beobachterunabhängige Realität zu verstehen, so wurde im Rahmen ethnografisch angelegter Laborstudien argumentiert, sondern vielmehr als kontingente Ergebnisse von Aushandlungsprozessen (Knorr Cetina 1984). Wissenschaft gerät damit in Verdacht, das Ergebnis von Konsensfindungsprozessen als höhere Wahrheit zu verkaufen.

Allerdings: Die Risikogesellschaft ist in gleichem Maße *wissenschaftsabhängig.* Denn die Wissenschaft ist auch Nutznießerin der von ihr erzeugten

Risiken. Schließlich müssen die neuen, sinnlich oft gar nicht erfahrbaren Risiken erst von der Wissenschaft aufgespürt werden. Radioaktive Belastungen können wir nicht riechen, und dass es das Ozonloch gibt und dass es eine Gefahr ist, wissen wir nur aufgrund wissenschaftlicher Forschung. Es bedarf wissenschaftlicher Methoden und Expertise, um die abstrakten, unsichtbaren, unfasslichen Risiken überhaupt erst einmal real werden zu lassen. Weil das Wissen um Risiken diskursiv vermittelt ist, viele Schadstoffe, Belastungen, Umweltgifte nicht unmittelbar sinnlich erfahrbar sind, ist das Risiko real und irreal zugleich: Es mag in der Wirklichkeit immer schon existent sein, doch es muss wahrgenommen, definiert und kommuniziert werden, um gesellschaftlich real zu werden.

Die Risikogesellschaft ist also eine fundamental wissensbasierte Gesellschaft. Denn Risikofragen sind immer auch Wissensfragen: Welche Bedrohungen ergeben sich aus der globalen Erwärmung – mit welcher Wahrscheinlichkeit und für wen? Sind mit der Freisetzung gentechnisch veränderter Pflanzen ökologische Risiken verbunden? Wie hoch ist das Risiko denn wirklich? All diese Fragen werden legitimerweise in den Reihen der Wissenschaft verhandelt. Bei aller Expertenkritik, die für die Risikogesellschaft typisch ist, bleibt deshalb festzuhalten: Die Risikogesellschaft dreht an der Schraube der Verwissenschaftlichung. In der Formulierung Becks: „Wir sind in der technisch konstruierten Welt zur *Wissenschaftlichkeit* verdammt – selbst dort, wo die Wissenschaft verdammt wird." (Beck 1988: 185)

3 Reflexive Modernisierung

Die Integration der einzelnen Dimensionen der „Risikogesellschaft" wird nicht durch Becks Risikokonzept geleistet, sondern durch eine charakteristische Denkfigur. Diese Denkfigur lautet, dass sich aus dem Normalbetrieb der Industriegesellschaft heraus ein grundlegender Wandel abzeichnet, der bei grundsätzlichem Fortbestehen der Moderne zu einer neuen Gesellschaftsform führt. Diese Denkfigur der „Reflexivität" wird in der „Risikogesellschaft" anhand der oben dargestellten Gesellschaftsbereiche durchdekliniert; sie ist die verbindende Klammer, nicht das Risiko.

Schon im Vorwort der „Risikogesellschaft" bezeichnet Beck diese Selbstveränderung moderner Gesellschaften bei fortschreitender Modernisierung als „reflexive Modernisierung". Ein gleichlautendes Theorieprojekt hat er jedoch erst später systematisch in Angriff genommen. In der Theorie reflexiver Modernisierung wird die Diskussion um den analytischen Gehalt und die theoretische Bedeutung der Risikogesellschaft unter veränderten historischen und politischen Vorzeichen weitergeführt. Die bereits in der „Risikogesellschaft" enthaltene Denkfigur der Reflexivität, die Idee eines subjektlosen, Nebenfolgen-gesteuerten sozialen Wandels, wird nun konsequent ausbuchstabiert und auf rezente Phänomene wie Globalisierung, Fundamentalismus oder Prekarisierung angewendet.

Was ist das Neue an dieser reflexiven Modernisierung? In der Soziologie wird Modernisierung in der Regel nach dem Modell des 18. und 19. Jahrhunderts gedacht, nämlich als Überwindung der Tradition, und zwar in antagonistischer Form, das heißt in Form der bewussten Erhebung einer „fortschrittlichen" Klasse gegen die alten Eliten. Dahinter stehen Bilder vom revolutionären Bürgertum oder den aufständischen Proletariermassen. Die fortschreitende Modernisierung führt zwangsläufig zur Entstehung einer Klasse, die gegen die alte Ordnung aufbegehrt. Reflexive Modernisierung ist demgegenüber nach dem Modell der Ökologieproblematik gestrickt: Gesellschaftsveränderung vollzieht sich in diesem Bild schleichend, ohne Revolution und Abstimmungen, und auf Umwegen, nämlich vermittels der ungesehenen Nebenfolgen, die in der „Risikogesellschaft" in den einzelnen Dimensionen ausgeschildert wurden.

Reflexive Modernisierung meint: Die vormodernen Grundlagen der ersten, nationalstaatlich verfassten, halbdemokratischen, naturalistisch verkürzten Industriemoderne werden rationalisiert, modernisiert. Im Zuge der evolutionären Dynamik der Moderne, eines mit den Leitideen der Moderne freigesetzten permanenten gesellschaftlichen Wandels, wandeln sich auch die Rahmenbedingungen dieses Wandels und setzen die verschütteten Versprechen und Prinzipien der Moderne frei. Eine Denkfigur, die entfernt an die Psychoanalyse erinnert: Die Modernisierung funktioniert als ein unfreiwilliges therapeutisches Setting, das im Laufe der Zeit den Zugriff auf irrationale Tiefenschichten der Moderne erlaubt. Diese Tiefenschichten sind in diesem Bild die zu Basisselbstverständlichkeiten oder Basisinstitutionen (wie Familie, Erwerbsarbeit, Nationalstaat) geronnenen Rationalitäten einer ersten Moderne. Dahinter steht die Vorstellung, dass vermittels der Modernisierung zentrale Leitbilder und Basisprämissen der Moderne infrage gestellt werden können, die ansonsten – im „rationalen" Diskurs – nicht erreichbar sind.

Als kognitiver Indikator für die postulierte Gesellschaftsveränderung gilt in erster Linie die Auflösung von Grenzziehungen, die für die Industriemoderne typisch sind. Solche etablierten Grenzziehungen sind beispielsweise die Trennung von Berufswelt und Familienwelt sowie die damit verbundenen traditionellen Männer- und Frauenrollen, die Trennung von Arbeit und Freizeit, die Aufbereitung des Politischen in den Koordinaten von links und rechts bzw. politisch/unpolitisch, die nationalstaatliche Unterscheidung zwischen einem Innen und Außen, einem Wir und die Anderen, die kategoriale Trennung zwischen Gesellschaft und Natur oder die klare Hierarchie zwischen Experten und Laien. All diese Basisunterscheidungen und die mit ihnen verbundenen Institutionen, Rollenbilder und Gewohnheiten geraten in Bewegung, werden selbst als Traditionsbestandteile (nämlich als jene der Industriegesellschaft) erkennbar und kritisierbar. Die Industriemoderne wird demnach vermittels der Rückwirkung der von ihr selbst erzeugten Nebenfolgen infrage gestellt, zum Gegenstand von Debatten und Kontroversen. Reflexive Modernisierung, so Beck (1993: 68), meint „eine *potenzierte* Modernisierung mit *gesellschaftsverändernder* Reichweite." Also Diskontinuität durch Kontinuität.

Allerdings: Reflexive Modernisierung muss nicht in einer wirklichen „reflexiven", also selbstkritischen, „besseren" Moderne resultieren. Es gibt in diesem Prozess immer die Möglichkeit, Wege zurück zur Tradition zu beschreiten, das heißt: Risiken zu verleugnen, an tradierten Rollenbildern festzuhalten, auf Klassen- und Klientelpolitik fixiert zu bleiben, nationalistische Borniertheiten zu pflegen usw. Das ist es, was Beck mit dem Begriff der Gegenmoderne fasst. Es gibt keine Garantie auf ein Happy End der Geschichte.

Andere Sozialtheoretiker, die im Prinzip ähnlich wie Beck argumentieren, haben sich nicht diese Last der Bestimmung eines Epochenbruchs aufgeladen. Anthony Giddens (1995) etwa betont in seiner Modernisierungstheorie die Turbulenzen, in die die Moderne aufgrund ihrer Entwicklungsdynamik gerät. Den beschleunigten und radikalisierten institutionellen Wandel bringt er ganz zentral mit der Globalisierung und Bedeutungszunahme von Expertenwissen in Verbindung. Dabei stellt Giddens freilich – anders als Beck – den Aspekt gesellschaftsgeschichtlicher Diskontinuität nicht so stark ins Zentrum. Es geht ihm vielmehr um die Konsequenzen einer globalisierten, beschleunigten, vernetzten Gesellschaft für unser Handeln und Erleben. Giddens spricht denn auch nicht von einer zweiten Moderne, sondern von Spätmoderne.

Aber damit sind wir schon beim Kleingedruckten. Die Stärken der „Risikogesellschaft" liegen nicht in begrifflich-theoretischen Differenzierungen. In Becks Phänomenologie der „Risikogesellschaft" wurden diverse ökologische Krisenerfahrungen, die sich in den 1980er-Jahren am Waldsterben, diversen Tierseuchen, der Kernenergie und der Gentechnik festmachten, auf eine einprägsame Formel gebracht. Erst mit dieser Zeitdiagnose avancierte die einstige Residualkategorie des Risikos zu einem prominenten Schlagwort – innerhalb der Soziologie, aber auch in der Öffentlichkeit. Im Übrigen: Die Soziologie – traditionell eher auf Ordnung, Kontrolle und Integration fixiert – war (auch) auf diese Turbulenzen keineswegs vorbereitet. Aus soziologischer Perspektive waren Phänomene wie Risiko, Unsicherheit oder Ungewissheit, sofern sie überhaupt Beachtung fanden, stets als ein vorübergehendes Problem mangelnder Modernität erschienen.

In der „Risikogesellschaft" wurde das Risiko erstmals als Basiskategorie der gesellschaftlichen Selbstwahrnehmung und Entwicklungsdynamik entworfen, wie (in-)konsistent auch immer. Diese Gesellschaftsdiagnose bedeutete eine radikale Abkehr von jener „einfach-modernen" Lesart, die – unter den Prämissen von Beherrschbarkeit, Konsens und Kontrolle – noch jedes Risiko lediglich als (versicherungs-)technische Herausforderung verstanden hatte. Die „Risikogesellschaft" machte darauf aufmerksam, dass infolge der Akkumulation und Globalisierung von Risiken das technisch-mathematische Risikokalkül gar keine Grundlage mehr hat; sie sensibilisierte dafür, dass diese selbstgeschaffenen, durch das moderne Fortschrittsprojekt hervorgerufenen Risiken die industriegesellschaftlichen Formen des Lebens, Arbeitens, Produzierens und Konsumierens grundsätzlich infrage stellen. Kurz: Das Risiko wurde hier erstmals und überzeugend als Krisenindikator der institutionellen Verfasstheit moderner Industriegesellschaften interpretiert.

Und ein Letztes noch: Mit dem Beck'schen Werk wandelt sich die Tonlage der soziologischen Zeitdiagnostik grundlegend. Vorüber sind die Zeiten, als die Gesellschaft einer schicksalhaften Verdammnis ausgesetzt schien. Die Zukunft ist wieder offen, sie ist wieder menschlicher Gestaltung zugänglich – und damit natürlich auch riskant. Doch die Hoffnung, dass sich doch noch alles zum Besseren wendet, macht das Leben in der Risikomoderne, inmitten von Umweltkatastrophen und technischen Gefahren, erträglich und mildert in der „Risikogesellschaft" die typisch zeitdiagnostische Alarmstimmung.

Kapitel 6
Sicherheitsgesellschaft

Anders als Risiko ist Sicherheit kein neues oder für moderne Gesellschaften spezifisches Thema. In Bezug auf die Sicherheitsgarantien des Staates begegnet uns das Thema Sicherheit bereits in sehr eindrücklicher Form bei Thomas Hobbes (1588–1679). Der hatte in seiner berühmten Abhandlung über den „Leviathan“ von 1651 eine absolutistische Staatsauffassung vertreten. Der absolute Staat sei legitim, so Hobbes, weil nur er über wirksame Sicherheitsgarantien für seine Bürger verfüge. Diese Argumentation stand unter dem Eindruck der Wirrnisse und Gräuel des dreißigjährigen Bürgerkriegs. Hobbes plädierte für eine staatliche Zentralgewalt, weil nur diese für die Sicherheit des Lebens und den Schutz des Eigentums garantieren könne, und zwar sowohl gegen Feinde von innen wie von außen. Die mit einem starken Staat verbundenen Autonomieeinbußen werden in seiner Sicht durch Sicherheitsgewinne aufgewogen (Hobbes 1984). Bei dieser Funktionsbestimmung des Staates ist es dann für die weiteren Jahrhunderte auch geblieben: Als zentrale Aufgabe des modernen Staates galten die Gewährleistung innerer und äußerer Sicherheit. Zentrale Institutionen dieser Sicherheitskonzeption sind das Recht (insbesondere das Strafrecht), die Polizei und das Gefängnis. Das gilt im Prinzip bis heute, wobei man die Fähigkeit des Staates, für Recht und Ordnung zu sorgen, entweder als selbstverständliche Serviceleistung für gesetzestreue Bürger verstand oder aber als potenzielle Bedrohung für die bürgerlichen Freiheiten.

Die letztere Lesart entspricht der liberalen Tradition (Locke, Bentham, Mill). Sicherheit wurde in dieser Tradition in erster Linie als Freiheit von den Zwängen des Staates verstanden. Unter dem Titel der Zivilgesellschaft entwarf die liberale Philosophie einen ideellen Schutzraum für die freie Verfolgung der bürgerlichen Interessen (siehe Kapitel 7). Im wohlfahrtsstaatlichen Zeitalter des Kapitalismus, also um vieles später, wurde Sicherheit dann als soziale, durch den Staat zu garantierende Sicherheit ausbuchstabiert. Die Idee sozialer Sicherheit verband sich in praktischer Hinsicht mit weitreichenden Reformen im Bildungs- und Gesundheitsbereich sowie mit der Schaffung sozialen Wohnraums. Intendiert war ein umfassender Schutz aller Bevölkerungsschichten vor Armut und Krankheit. In den Zeiten des Kalten Kriegs ging es darüber hinaus um die nationale Sicherheit, also den Schutz der Grenzen und der nationalstaatlichen Integrität. Heute wird unter dem Stichwort der „Securitization" in der englischsprachigen Debatte die Beobachtung verhandelt, dass die politische Praxis in ganz unterschiedlichen Politikfeldern (Wirtschaft, Soziales, Umwelt usw.) in zunehmendem Maße durch den Rekurs auf Sicherheitsaspekte strukturiert und legitimiert wird. Das heißt, Dinge, die vormals als Angelegenheit der Sozialpolitik, der Jugendwohlfahrt oder der Umweltbehörde galten, werden nun zum Sicherheitsproblem. Die Debatte um Sicherheit hat also viele Facetten (vgl. Zedner 2009).

Die Debatte um die Sicherheitsgesellschaft stützt sich auf Forschungen, die aus der Ecke der kritischen Kriminologie kommen. Das heißt, die Rede von der Sicherheitsgesellschaft enthält kein Loblied auf die Sicherheitsstandards oder auf die Kriminalitätspolitik moderner Gesellschaften, im Gegenteil. Im Fokus steht vielmehr die kritische Darstellung jener neuartigen Bestrafungspraktiken und Präventionsmaßnahmen, deren Akzeptanz und Legitimität sich aus den gewandelten gesellschaftlichen Rahmenbedingungen ergeben und die gleichzeitig das Gesicht der neuen Gesellschaft prägen. Die Politik, so der Tenor, mache sich ein generalisiertes Unsicherheitserleben breiter Bevölkerungsschichten, das aus dem Abbau sozialstaatlicher Sicherungssysteme resultiere, für kriminalpolitische Zwecke zunutze. Genuin sozialpolitischen Problemen begegnet man, kurz gesagt, mit sicherheitspolitischen Mitteln. Es entwickeln sich auf diese Weise neue Arrangements der Sozialkontrolle, die auf einen grundsätzlichen Mentalitäts- und Kulturwandel innerhalb moderner Gesellschaften hindeuten.

1 Wandel der Sozialkontrolle

Die Debatte um die Sicherheitsgesellschaft wird aus einer kriminologischen Perspektive geführt, zumindest sofern sie mit einem zeitdiagnostischen Anspruch auftritt. Das heißt, die Sicherheitsgesellschaft ist – anders als die „Risikogesellschaft" – nicht das Patent eines einzigen Autors. Sie ist vielmehr ein Etikett, mit dem eine Reihe von Sozialwissenschaftlern versucht haben, den grundsätzlichen gesellschaftlichen Wandel zu beschreiben, der sich in veränderten Sicherheitsansprüchen und einer neuen Politik der Verbrechenskontrolle manifestiert.

Einen konkreten Definitionsvorschlag hat Aldo Legnaro entwickelt. Er schreibt: „Eine Sicherheitsgesellschaft zeichnet sich dadurch aus, dass nicht nur staatliche, sondern allmählich und in stetig zunehmendem Ausmaß auch private Akteure an der Produktion von Sicherheit teilnehmen, dass die

Überwachung nicht nur dem Staatsschutz im engeren Sinne gilt, sondern Aktivitätskontrollen von allen Bürgern – tendenziell durch alle Bürger – mit dem Ziel der Risikominimierung für alle angestrebt werden und dass schließlich die Produktion von Sicherheit nicht nur eine staatliche Aufgabe ist, sondern eine permanente gesellschaftliche Anstrengung, ein Régime des täglichen sozialen Lebens." (Legnaro 1997: 271) Die Sicherheitsgesellschaft, so schreibt er weiter, bezeichne den Versuch, „die objektiven Risiken der modernen Industriegesellschaft unter einem bestimmten Aspekt – dem der Überwachung, der sozialen Kontrolle und der Prävention – zu antizipieren und die Eintrittswahrscheinlichkeit zu minimieren." (ebd.: 281)

Mit der Rede von der Sicherheitsgesellschaft verbindet sich die Annahme, dass wir in unserer Zeit mit einem fundamentalen Wandel sozialer Kontrolle konfrontiert sind. Dieser Wandel hat mit einem neuen Verständnis von Kriminalität zu tun: *Kriminalität* wird heute nicht länger als schicksalhaftes, unbeeinflussbares Ereignis und damit – im Luhmann'schen Sinne – als *Gefahr* begriffen, sondern als *Risiko*. Wird etwas zum Risiko, so heißt dies: Man begreift Unwägbarkeiten als Auftrag zum Handeln auf der Grundlage eigener Kalkulationen. Risiko impliziert also das Gegenteil von Fügung, Schicksal und Gottergebenheit. Versteht man die Welt als Risiko, dann bedeutet dies eine Aktivierung der Individuen. Man ist aufgerufen, eine offene und daher entscheidungsabhängige Zukunft so gut es geht zu gestalten. Dieser Anspruch ist eine Zumutung der Moderne, mit der man erst umzugehen lernen muss. In historischer Perspektive wurde die Fähigkeit, ein rational kontrollierbares Wagnis einzugehen, in einem langen Prozess eingeübt und steht im engen Zusammenhang mit der Durchsetzung einer instrumentellen Vernunft (Bonß 1995). Risiko impliziert den Glauben an die prinzipielle Berechen- und Beherrschbarkeit der Welt, denn überraschende Ereignisse gelten nun als beeinflussbar und werden nicht länger einer „höheren Gewalt" zugeschrieben, und erst dieser säkulare Glaube macht das Eingehen von Risiken überhaupt akzeptabel und legitim. Auf diesem Glauben basiert die spezifisch moderne Sicherheitserwartung, die den vormodernen, auf reinem Gottvertrauen basierenden Sicherheitsglauben ablöst. Ohne ein solches „Sicherheitsnetz" würde man nicht ein Risiko eingehen, sondern sich einer Gefahr aussetzen – was in Gesellschaften, in denen Sicherheit ein zentraler kultureller Leitwert ist, als fahrlässig gilt.

Ob etwas als Risiko oder als Gefahr gilt, ist demnach abhängig von der gesellschaftlichen Zuschreibung, es liegt nicht in der Natur der Dinge, und wir können es uns auch nicht individuell aussuchen. In der Moderne wird vieles – ob es uns passt oder nicht – zum Risiko, weil immer mehr Dinge unserer Entscheidungskompetenz zugerechnet werden, seien es Krankheiten oder Verbrechen. Man hätte ja vorsorgen können, so heißt es in beiden Fällen, also mehr Sport treiben bzw. gefährliche Orte meiden können. Bei der Transformation von Gefahren in Risiken spielt die Technik eine zentrale Rolle. Darauf hat schon Luhmann hingewiesen, sein bekanntes Beispiel lautet: Seit der Erfindung des Regenschirms ist die Gefahr, dass man nass wird, zu einem Risiko geworden. Dieses Risiko geht man ein, wenn man auf den Regenschirm verzichtet. Ohne diesen technischen Regenschutz ist man unweigerlich den Launen der Natur ausgesetzt (Luhmann 1998). Nimmt man jedoch den Regenschirm mit, hat man auf rationale Weise vorgesorgt. Diese Risikovorsorge ist nicht mit Sicherheit gleichzusetzen, weil sie neue Risiken impliziert (man kann den Schirm in der U-Bahn liegen lassen). In einer Welt des Risikos, in Risikogesellschaften, so die paradoxe Schlussfolgerung, muss Sicherheit eine Fiktion bleiben. Gleichzeitig bleiben moderne Gesellschaften angesichts zunehmender Komplexität und Unsicherheiten auf den Leitwert der Sicherheit fixiert. Die Debatte um die Sicherheitsgesellschaft handelt davon, dass diese Fixierung auf (individuelle) Sicherheit letztlich zu einer Vervielfachung von Risiken führt.

Die Interpretation von Unsicherheiten und Unwägbarkeiten als Risiken geht also mit der Aufwertung des Präventionsgedankens einher. Im Fall der Verbrechenskontrolle wird dieser Zusammenhang augenscheinlich: Im Modus des Risikos wird Kriminalität zu einer Bedrohung, zu der man sich präventiv und aktiv verhalten kann und muss. Viele Praktiken der Verbrechenskontrolle in gegenwärtigen Sicherheitsgesellschaften sind von dem Grundsatz geleitet, dass ein effizienter Bevölkerungsschutz nur durch die vorsorgliche Kontrolle von Risikofaktoren, seien es Menschen, Räume oder Situationen, zu gewährleisten ist. Dieser Aspekt steht bereits im Zentrum der oben zitierten Definition von Aldo Legnaro. Vergegenwärtigen wir uns die wesentlichen Merkmale dieser Sicherheitsgesellschaft.

1) In vielen Bereichen lässt sich heute eine *anlassunspezifische, kontinuierliche Kontrolle der Bürgeraktivitäten* beobachten, also eine neue Qualität der Durchdringung des Alltags mit Kontrolltechniken. Diese pervasive Kontrollpolitik basiert letztlich auf einer technisch ausbuchstabierten Idee von Prävention. Es geht darum, auf Basis eines generalisierten Verdachts eine möglichst flächendeckende Kontrollinfrastruktur aufzubauen, um mit geeigneten Datenauswertungsverfahren gemäß bestimmten Kriterien Auffälliges und Abweichendes identifizieren zu können.

Das Paradebeispiel für diese Kontrollstrategie ist die Videoüberwachung, also die Überwachung des öffentlichen Raums durch Videokameras. In Österreich wurde mit der Videoüberwachung in der Shopping City Süd (Vösendorf) begonnen, seit 2005 wird der Schwedenplatz als erster öffentlicher Platz in Wien polizeilich videoüberwacht, aufgrund der hohen Anzahl an Drogendelikten (Heger 2010). Kurz darauf folgten der Karlsplatz und der Westbahnhof. Schätzungen der Gesellschaft für Datenschutz (ARGE Daten) zufolge gibt es in Österreich mittlerweile eine Million Videokameras zu Überwachungszwecken. Überwacht werden Banken, Kioske, Geschäfte, öffentliche Plätze, private Wohnhäuser. Wirkt diese Überwachung überhaupt? Im Fall des Wiener Schwedenplatzes hat die Polizei eine Zurückdrängung des Drogenhandels beobachtet, das heißt eine Verlagerung des Drogenhandels an andere Orte. Studien weisen darauf hin, dass Überwachung vor allem auf eng begrenzten Räumen wirkt, das heißt in Tiefgaragen und auf Parkplätzen. Ansonsten sind die Ergebnisse widersprüchlich. Sowohl von Abnahme als auch von Zunahme an Kriminalität im Zuge technischer Raumkontrolle wird berichtet (Luedtke 2010: 276f.).

Das der Videoüberwachung zugrunde liegende Überwachungsmodell ist das sogenannte Panopticon. Das Panopticon ist ein von dem utilitaristischen Philosophen Jeremy Bentham (1748–1832) stammendes Konzept zum Bau von Gefängnissen, aber auch von Fabriken. Bentham brachte Ende des 18. Jahrhunderts die Idee auf, Gefängnisinsassen effizient zu kontrollieren, indem man das Gefängnis als einen ringförmigen Bau anlegt, in dessen Mitte ein Turm steht, aus dem die Wärter alle Gefangenen im Blick haben – ohne dass die Wärter selbst gesehen werden können. Disziplinierung funktioniert hier durch Sichtbarkeit. Vorbild dieses Modells ist der alles sehende und allwissende Gott, der uns zur Selbstkontrolle zwingt. Michel Foucault charakterisiert dieses Überwachungsideal aus der Perspektive der Konstrukteure: „Der perfekte Disziplinarapparat wäre derjenige, der es einem einzigen Blick ermöglichte, dauernd alles zu sehen (…): ein vollkommenes Auge der Mitte, dem nichts entginge und auf das alle Blicke gerichtet wären." (Foucault: 1977: 224) Das Perfide besteht nun darin, dass ein tatsächliches Beobachten durch das „Auge der Mitte" gar nicht mehr notwendig ist. Allein der Glaube der Gefangenen daran, dass die Wärter sie beobachten würden, wirkt disziplinierend. Dies lässt sich auf unser Beispiel der Videoüberwachung übertragen: Allein das Wissen um die Anwesenheit von Kameras beeinflusst unser Verhalten. In Antizipation der an uns adressierten Erwartungen aktualisieren wir von unserem Verhaltensrepertoire den jeweils erwünschten Ausschnitt. Es bilden sich Selbstführungstechniken heraus, so Tobias Singelnstein und Peer Stolle (2008: 70), „die das eigene Verhalten von alleine und vermeintlich selbst gewollt an antizipierte Standards anpassen, ohne dass es einer expliziten oder aktualisierten Drohkulisse bzw. des Versprechens von konkreten Vorteilen bedarf." Das unsichtbare Steuerungszentrum ist freilich nicht länger der eine „Big Brother", sondern die vielen kleinen Schwestern. Denn mithilfe der Videokameras haben sich die Orte der Überwachung vervielfältigt. Heute gibt es, schreiben Leon Hempel und Jörg Metelmann (2005: 17), „eine Vielzahl von Anlagen mit vollkommen unterschiedlichen Zwecken, denen sich der Passant von Fall zu Fall zu unterwerfen hat, sofern er als verhaltenskonform gelten will. In der Mall dienen sie der Einhaltung der Hausordnung und der Gewährleistung des reibungslosen Konsums, (...) im öffentlichen Raum der Durchsetzung von Hoheitsrechten." Immer handelt es sich um eine Kontrolle ohne direkte Interaktion.

2) *Technische Innovationen* sind für diesen Wandel der Kontrolle eine zentrale Bedingung. Beispiel Aktivitätskontrolle: Wir sind über die Mobiltelefonie und die IP-Adresse unserer Computer im Prinzip jederzeit lokalisierbar und identifizierbar. In Österreich müssen die Mobilfunkbetreiber aufgrund einer Novellierung des Sicherheitspolizeigesetzes seit 2008 auf Polizeibefehl Standortdaten und die internationale Mobilfunkteilnehmererkennung (IMSI) eines Handys preisgeben. Provider müssen Name und Anschrift von Nutzern bestimmter IP-Adressen herausgeben. Eine richterliche Kontrolle dieser polizeilichen Überwachungswünsche gibt es nicht mehr. Folge: Die Polizei nutzte ihre neuen Überwachungsrechte anfangs derart intensiv, dass einige Mobilfunkbetreiber – wohl aus Überlastungsgründen – Beschwerde beim österreichischen Verfassungsgerichtshof einlegten, allerdings erfolglos. Die Aktivitätskontrolle von Bürgern wird auch spielerisch eingeübt: Standortbezogene Dienste machen mithilfe verschiedener Verfahren der Positionsbestimmung darstellbar, wo sich Freunde und Verwandte gerade befinden. Der derzeit bekannteste Dienst ist „Foursquare". Er verschafft registrierten Benutzern die Möglichkeit, sich mit Freunden zu verbinden und ihnen immer aktuell den eigenen Aufenthaltsort mitzuteilen, wobei es Belohnungen für das Besuchen von bestimmten (z. B. besonders häufig besuchten) Standorten gibt.

Doch diese Übungen in Sachen Selbstverortung sind erst der Anfang. Aktuell geht der Trend zur digitalen Selbstüberwachung und Selbstvermessung. Mit dem Aufkommen von Smartphone-Apps zur Erfassung persönlicher Daten zu Sport und Gesundheit wird es für den Einzelnen möglich, umfassende Aktivitäts- und Vitalitätsprofile zu erstellen. Mithilfe von Schrittzählern oder Schlafsensoren kontrolliert man dann beispielsweise, ob man sich tagsüber genügend bewegt oder ob der nächtliche Schlaf erholsam ist. Ziel dieser und ähnlicher „Self-Tracking"-Aktivitäten ist letztendlich die effiziente Selbstoptimierung: Die Macht der Zahlen soll zu einem bewussten Leben unter dem Leitstern maximaler Leistungsfähigkeit und Fitness verhelfen (Selke 2014). Aus diesem Geist heraus ist mittlerweile eine kleine soziale Bewegung entstanden, die „Quantified Self"-Bewegung. Ihr schlichtes Mantra lautet: In den Zahlen liegt der Schlüssel zur Selbsterkenntnis.

3) Die *Vergemeinschaftung von Sicherheitsaufgaben*. Die Sicherheitsgesellschaft ist durch den nachlassenden Glauben an die Leistungsfähigkeit

staatlicher Institutionen der Verbrechenskontrolle geprägt. Der Staat, so heißt es, habe sich übernommen, das Kriminalitätsproblem wachse ihm über den Kopf, die Kriminalitätsbekämpfung könne daher nicht eine exklusive Staatsaufgabe bleiben. Beobachtbar ist heute darum eine Zurückverlagerung der Verbrechenskontrolle in die Gemeinschaft. Es werden Bürger und zivilgesellschaftliche Akteure eingebunden und auf diese Weise „Präventionspartnerschaften" (Garland) geschaffen. Der Bürger soll Polizeiarbeit übernehmen, um wieder die Kontrolle über sein Viertel zu gewinnen, heißt das im US-amerikanischen Kontext. Diese kleinräumige Kontrolle verwirklicht sich z.B. in organisierten Bürgergruppen („Neighborhood Watch") oder in lokalen Initiativen („Safer Cities Programs").

Ein frühes Plädoyer für die Notwendigkeit des Bürgerengagements in Sicherheitsfragen war Jane Jacobs' Schrift über „Death and Life of Great American Cities" (1961). Jacobs schlug vor, Großstädte so zu gestalten, dass eine informelle Kontrolle, die in kleinräumigen Zusammenhängen sich quasi von selbst ergibt, wieder möglich wird, beispielsweise durch die Vermischung von Wohn-, Arbeits- und Erholungsbereichen. Das hieß: Stadt- und Raumplanung sollte sich an sicherheitstechnischen Aspekten orientieren („environmental design"). Im Speziellen gelte es, so die Autorin, für eine Wiederbelebung des Straßenlebens in den trostlosen amerikanischen Innenstädten zu sorgen, denn nicht Leere und Friedhofsruhe steigerten das Sicherheitsgefühl der Bevölkerung, sondern eine lebhafte, pulsierende Atmosphäre, in der sich aufgrund mannigfacher Sozialkontakte die Gelegenheit zu informeller Kontrolle und Überwachung ergebe. Jacobs schreibt: „The first thing to understand is that the public peace (...) of cities is not kept primarily by the police, necessary as police are. It is kept primarily by an intricate, almost unconscious, network of voluntary controls and standards among the people themselves, and enforced by the people themselves. (...) No amount of police can enforce civilization where the normal, casual enforcement of it has broken down." (Jacobs 1961: 40)

4) Die *Privatisierung von Sicherheitsaufgaben.* Unter diesem Schlagwort wird in der Regel die Kommerzialisierung von Sicherheitsdiensten verhandelt. Diese reicht von der Überwachung (private Sicherheitsdienste) bis hin zum Bau von Gefängnissen. 2005 wurde das erste teilprivatisierte Gefängnis in Deutschland eröffnet, einige weitere folgten. Mit der Privatisierung der Raumkontrolle sind wir schon länger vertraut: Private Sicherheitskräfte begegnen uns in Einkaufszentren, U-Bahnen, Kulturveranstaltungen und Sportzentren. Hier entstehen Segmente einer Privatjustiz: Menschen können von Sicherdienstleuten aufgefordert werden, sich einer Durchsuchung zu unterziehen. Der Markt für private Sicherheitsdienste boomt.

Plausibel erscheint die Übernahme von Kontrollaufgaben durch private

Anbieter nicht zuletzt deshalb, weil der Glaube, der Markt sorge für die effizientesten Ergebnisse, weitverbreitet ist. Das heißt, ihren ideologischen Rückhalt findet die Privatisierung von Sicherheit nicht zuletzt in den politischen Diskursen der 1980er- und 1990er-Jahre, die eine Aufwertung marktwirtschaftlicher Lösungen bewirkten („Neoliberalismus"). Der Staat hingegen gilt als bürokratisch, träge und ineffizient. Eine wirksame Verbrechenskontrolle muss, so die Schlussfolgerung, zivilgesellschaftliche Akteure, den wachsamen Bürger und private Anbieter einschließen. Auf diese Weise kommt es zu einer Entgrenzung der Verbrechenskontrolle.

2 Vom Resozialisierungsmodell zur Kontrollkultur

Die deutschsprachige Debatte um die Sicherheitsgesellschaft wurde nachhaltig beeinflusst durch die Arbeiten des britisch-amerikanischen Soziologen David Garland (geb. 1955). In seinem Buch „Kultur der Kontrolle" hat Garland eine Analyse spätmoderner Gesellschaften aus kriminologischer Perspektive vorgelegt, die starke zeitdiagnostische Züge trägt.

Die darin entwickelte These lautet, dass in modernen Gesellschaften ein Kulturbruch stattgefunden hat. Dieser Kulturbruch bezieht sich auf das Verständnis von und den Umgang mit Kriminalität. Das von den 1950ern bis in die Mitte der 1970er-Jahre dominierende wohlfahrtsstaatliche Modell sozialer Kontrolle ist durch ein rigides Kontrollmodell abgelöst worden. Die beiden Stützpfeiler dieses neuen Kontrollmodells sind zum einen das lückenlose und vorbeugende Kontrollieren und Überwachen durch Einbindung zivilgesellschaftlicher und privater Akteure, mit der Folge einer Entgrenzung der Kriminalpolitik; davon haben wir gehört. Zum anderen, und dies betont Garland aufgrund seines Fokus auf Großbritannien und die USA stärker, kommt es zur Renaissance einer archaisch anmutenden „Law and Order"-Politik. Hier offenbart sich eine gnadenlose Gesellschaft, die das Strafen als Vergeltung und dauerhafte Ausschließung zelebriert.

Dieser Kulturbruch auf der Ebene der Verbrechenskontrolle verweist für Garland auf einen Wandel auf gesamtgesellschaftlicher Ebene. Die Erosion des Wohlfahrtsstaates sowie die damit verbundene Verschärfung sozialer Ungleichheit hätten in breiten Schichten zu einer Verunsicherung geführt, die als individuelle Bedrohung erlebt und sicherheitspolitisch verwaltet werde. An die Stelle eines generalisierten Fortschrittsglaubens, der sich im Feld der Verbrechenskontrolle als Glaube an eine zunehmende Zivilisiertheit der Menschen ausbuchstabierte und darum Empathie für die Armen und Ausgeschlossenen bewirkte, ist eine generalisierte Kriminalitätsangst getreten, eine Angst, die anlassunspezifisch und ohne Bezug auf die tatsächlichen

Kriminalitätsraten wirksam ist. Der Andere erscheint vor allem als potenzieller Täter und weniger als Mitmensch oder als Benachteiligter. In dieser „Kultur des Verdachts" (Groenemeyer 2010: 13) etabliert sich eine neue Interpretation von Kriminalität: Kriminalität wird nicht länger als ein soziales Problem gesehen, sondern als ein moralisches. Kriminalität erscheint als „blinder Akt des Bösen von Seiten moralisch verkommener Akteure" (Garland 2008: 26) und wird auf diese Weise individualisiert. War der Kampf gegen die Kriminalität im wohlfahrtsstaatlichen Modell Teil eines umfänglicheren Solidarprojekts, in dem es um den Kampf gegen Armut und Benachteiligung ging, so geht es in der neuen Kontrollkultur hauptsächlich um den Kampf gegen die „unverbesserlichen" Kriminellen. Die Durchsetzung der Kontrollkultur vollzieht sich auf dem Hintergrund eines umfassenden Wandels der politischen Kultur. Garland schreibt: „Die hohen Ideale der Solidarität sind ersetzt worden durch die viel ‚profaneren' Imperative der Sicherheit, der Wirtschaftlichkeit und der Kontrolle. Verbrechenskontrolle und Strafjustiz sind von den allgemeineren Fragen sozialer Gerechtigkeit und des Wiederaufbaus des Sozialen abgekoppelt. Ihre soziale Funktion ist deutlich reaktionärer und weniger ambitioniert: nämlich diejenigen wieder zu kontrollieren, die aus der Welt der Konsumfreiheit herausfallen." (ebd.: 352) Sicherheitspolitik wird in dieser Perspektive zum Ersatz für Sozialpolitik. Die Kontrollkultur erscheint als Kehrseite einer neoliberalen Politik, die sicherheitsstiftende Solidarnetze zerstört und die gefährdete Ordnung stattdessen durch verstärkte Überwachung stabilisieren will.

Der Begriff des Neoliberalismus ist im politischen Feuilleton beheimatet und wird in der Soziologie eher reserviert aufgenommen. Verwendung findet er allerdings in der marxistisch geprägten Kriminologie. Was ist mit Neoliberalismus gemeint? Als neoliberal gilt die Vorstellung, 1) dass der Markt die effizienteste Form nicht nur zur Verteilung von Gütern, sondern auch zur Lösung sozialer Probleme ist; 2) dass nur verschärfter Wettbewerb zu Innovationen führt; und 3) dass ein solidarisches Gemeinwesen unfinanzierbar ist („Mitnahmeeffekte") und daher die Eigenverantwortlichkeit des Individuums erhöht werden muss (Responsibilisierung). In der Praxis setzt der Neoliberalismus auf die Deregulierung der Kapitalmärkte, die Privatisierung von Staatsunternehmen und eine restriktive Sparpolitik des Staates. Diese Politik resultiert, so die Kritiker, in der Zunahme unsicherer, schlecht bezahlter und rechtlich ungeschützter Arbeitsverhältnisse; es kommt zur Zurücknahme sozialstaatlicher Sicherungsleistungen und zu wachsenden Ungleichheiten innerhalb eines Landes sowie zwischen den Weltregionen. Die Schere zwischen Arm und Reich, das belegen alle Statistiken, geht seit einiger Zeit immer weiter auseinander. Dieser Neoliberalismus gilt als politisches Projekt einer erstarkten Rechten, die nach einer Zeit der erfolgreichen Bändigung des Kapitalismus und einer Demokratisierungsoffensive in vielen Gesellschaftsbereichen (z.B. Bildung, Familie), das Rad wieder zurückdrehen möchte. Exponenten dieser reaktionären Trendwende sind die britische Premierministerin Margaret Thatcher sowie der amerikanische Präsident Ronald Reagan.

Die Auflösung der wohlfahrtsstaatlich geprägten Solidarkultur durch den Neoliberalismus – das ist für kritische Kriminologen wie Garland der gesellschaftliche Kontext, in dem sich die neue Kontrollkultur etablieren kann. Garland spricht von Kultur, weil er – ähnlich wie Foucault – den gesamten „Kriminalitätskomplex" in den Blick nimmt: Rechtsprechung, polizeiliches Vorgehen, kriminologische Theorie, Strafrechtsauffassung, private Sicherheit, Verbrechensprävention, den Umgang mit Opfern. Garland analysiert das ineinandergreifende Geflecht an Diskursen (z.B. der Kriminologie), Institutionen (Polizei, Gefängnis) und Praktiken (Strafzumessung, Prävention), wobei er deren Neukonfiguration als Herausbildung einer neuen Kultur des Überwachens und Strafens begreift. Garland behauptet nicht, dass sich die Institutionen grundlegend gewandelt hätten. Es gibt z.B. immer noch Gefängnisse und eine Strafjustiz, nicht eine Rückkehr zum Galgen oder die Auflösung von Gerichten. Es ist vielmehr der Bezugsrahmen der Verbrechenskontrolle, der sich verändert. Es setzt sich ein neuer Denkstil durch, neue Ziele und Praktiken etablieren sich in bestehenden Institutionen, das Feld der organisierten Verbrechenskontrolle erweitert sich, eben in Form der angesprochenen Präventionspartnerschaften. Doch das Neue an dieser Kontrollkultur wird nur ersichtlich, wenn man es mit dem wohlfahrtsstaatlichen Strafsystem kontrastiert. Wie sieht dieses Modell aus, das Garland zufolge bis in die 1970er-Jahre hinein unangefochten war?

Im Zentrum des wohlfahrtsstaatlichen Strafsystems steht der *Resozialisierungsgedanke.* Denkweise und Habitus der Entscheidungsträger sind vom Glauben an den Nutzen der Resozialisierung geprägt, und zwar über alle Parteigrenzen hinweg (Garland 2008: 81ff.). Die Resozialisierung ist von einem *Denkmuster* getragen, das *Kriminalität als soziales Problem* begreift. Kriminalität gilt als Folge von Deprivation (Armut, Vernachlässigung durch die Eltern usw.). Eine wirkliche Ursachenbekämpfung der Kriminalität ist demnach nur in Kooperation mit sozialen Reformen möglich. Das heißt, indem man Kriminalität als Symptom für tiefer liegende Pathologien begreift, müssen sich die langfristig angelegten Besserungsbemühungen auf die Persönlichkeit des Täters richten (Psychologie) bzw. auf die sozialen Verhältnisse (Sozialarbeit, Sozialpolitik). Die Strategie der Abschreckung (durch harte Strafen) erscheint in diesem Zusammenhang sinnlos. Es geht nicht darum, die Öffentlichkeit vor den Tätern zu schützen, sondern den „verirrten" Täter selbst zu retten. Darauf sind die *Praktiken* im Resozialisierungsmodell gerichtet, weil man glaubt, dass die *Hilfe für den Täter* auch der Allgemeinheit hilft, dass sie quasi von allgemeinem zivilisatorischem Wert ist. Das Gefängnis gilt dementsprechend als kontraproduktiv und man versucht, seinen negativen Effekten auf die Entwicklung eines Menschen entgegenzuwirken. Der Wunsch nach harten Strafen gilt als anachronistisch und anti-modern. „Der Drang, Kriminalität leidenschaftlich zu verurteilen; der Wunsch, Übeltäter leiden und Opfer gerächt zu sehen; das offene Bestreben, die Empörung der Öffentlichkeit zu registrieren; die deutlich geäußerte Behauptung, dass Gerechtigkeit um ihrer selbst willen getan, die Autorität gewahrt und Bestrafung erduldet werden müsse – all diese Ausdrucksformen traditioneller punitiver Justiz galten als verdächtig und als schädlich für eine rationale Pönologie." (ebd.: 102f.) Bestimmende Praktiken im Resozialisierungsmodell sind die vorzeitige Entlassung auf Bewährung, die Beiziehung von Psychiatern und Psychologen, die Sozialarbeit mit Tätern und ihren Familien, die Einrichtung von Jugendgerichten und -strafanstalten. Die zentrale *Institution der Verbrechenskontrolle,* aber auch der Resozialisierung ist der *Staat.* Er entwickelt geeignete Maßnahmen auf Basis wissenschaftlicher Expertise. Um die Kriminalität in ihren Ursachen besser zu verstehen, wird in dieser Zeit die Kriminologie institutionalisiert. Private Akteure spielen für die Verbrechensbekämpfung keine Rolle.

Das Resozialisierungsmodell spiegelt den allgemeinen Fortschrittsglauben. Man glaubt daran, dass der Mensch verbesserungsfähig und verbesserungswillig ist; man glaubt an eine zunehmende Zivilisiertheit, und man glaubt daran, dass der Staat den Kampf gegen die Kriminalität gewinnen kann. Das wohlfahrtsstaatliche Strafsystem ist also im Wesentlichen staatszentriert, wissensbasiert, technokratisch und fortschrittsgläubig. Im Mittelpunkt steht das Ideal der Resozialisierung, das Straf- und Wohlfahrtsziele miteinander verbindet.

Wodurch zeichnet sich nun die neue Kontrollkultur aus, also das neoliberal und neokonservativ geprägte Strafsystem? Auf der Ebene des *Diskurses* diagnostiziert Garland (ebd.: 236ff.) eine verwirrende Gegensätzlichkeit der Beschreibung von Kriminalität. Eine *pragmatische Kriminologie* – die sich an die Realität steigender Kriminalitätsraten anpasst – begreift Kriminalität nicht mehr als Pathologie, sondern als Normalität. Auf diese Weise wird Kriminalität rationalisiert: Sie wird zum Bestandteil einer normalen Motivationsstruktur und damit zu einem Risiko, das sich rational berechnen lässt. Zu Präventionszwecken wird dann die Frage relevant, unter welchen Bedingungen und in welchen Situationen dieses Handlungsmuster aktualisiert wird. Konkret: Wie können Umwelten so gestaltet werden, dass sich weniger Gelegenheiten für Verbrechen ergeben (in den Schulen, in Parks, in Wohnanlagen, Einkaufszentren usw.)? Vom „social engineering" des Resozialisierungsideals kommt man auf diese Weise zu einem „situational engineering“ (Garland). Der Täter ist in diesem Modell nicht der von Deprivation betroffene Außenseiter, sondern der opportunistische Konsument, der keinen inneren moralischen Kompass hat, ein „außengeleiteter Charakter“ (Riesman), den die Gelegenheit zum Dieb macht. Weil er ein vergnügungssüchtiger, aber rational handelnder „Nutzenmaximierer“ ist, kann man ihn durch Überwachung und Strafandrohung steuern. Diese von Rational-Choice-Theorien geprägte Kriminologie stützt also Strategien der Prävention. Eine *anti-moderne Kriminologie* hingegen privilegiert Strategien der Bestrafung. Denn sie betreibt mithilfe biologistischer Argumentationen eine Dämonisierung des Kriminellen. Aufgrund seiner „Andersartigkeit“ (begründet durch Biologie, fremde Kultur oder „Rasse“) ist der Verbrecher für Resozialisierungsbemühungen untauglich und aufgrund seines fremden Wesens eigentlich auch gar nicht verstehbar. Diese Kriminologie setzt auf Archetypen und Ängste: Die „unverbesserlichen“ Kriminellen werden kaum mehr als Menschen gezeichnet, und dies gilt insbesondere für Sexualstraftäter. Bekannte Exponenten dieses Denkstils sind Charles Murray, James Q. Wilson und Richard J. Herrnstein. In neokonservativer Manier wird eine Remoralisierung der Gesellschaft eingefordert. Fehlende Werte, etwa der nachlassende Respekt gegenüber Autoritäten oder das mangelnde Interesse an Ordnung und Disziplin gelten als Ursache für den in steigenden Verbrechenszahlen sich artikulierenden Sittenverfall.

Garland geht nun explizit nicht davon aus, dass der Diskurs der Kriminologie den Wandel auf der Ebene der Praktiken und Institutionen herbeigeführt hätte. Für ihn ist der kriminologische Diskurs eine elaborierte Ausformung jenes bunten Sammelsuriums an Ideen, Werten und Konzepten, das mit dem Verblassen des Resozialisierungsideals in Umlauf gekommen ist. Die affirmative Kriminologie – pragmatischen oder anti-modernen Typs – repräsentiert quasi den Idealtypus einer neuen Denkweise, die sich mit der Erosion der sozialdemokratischen Solidarkultur durchsetzt. Beide Kriminologien sind als Gegenreaktion auf die „soziale“ oder kritische Kriminologie des Resozialisierungszeitalters zu verstehen. In der Praxis freilich legitimieren diese Kriminologien, wie erwähnt, ganz unterschiedliche Praktiken. Die pragmatische Richtung („Gelegenheit macht Diebe“) entwirft Kriminalität als ein Risiko, dem man vorbeugen kann. Die anti-moderne Richtung („der geborene Verbrecher“) versteht Kriminalität als rational nicht zu bewältigende Gefahr, der man durch Straf- und Abschreckungsrituale begegnen muss.

In seiner Analyse der sich wandelnden *Praktiken* fokussiert Garland auf letzteren Aspekt. Gerade in den USA, in etwas abgemilderter Form aber auch in England, diagnostiziert er die Wiederkehr des Vergeltungsgedankens, der Idee der „wohlverdienten Strafe“, also eine „neue Lust am Strafen“ (Hassemer). Vergeltung statt Rehabilitation, so lautet die Kernideologie dieser neu-alten Kriminalpolitik. Als Indizien der Trendwende nennt Garland amerikanische Gesetze zur öffentlichen Preisgabe der Identität von Sexualstraftätern, die Wiedereinführung von Sträflingsuniformen oder das Arbeiten in Sträflingskolonien. Es kommt zu Verschärfungen im Strafrecht und in der Strafzumessung. Galt um 1970 herum in allen Bundesstaaten der USA das Prinzip der individuellen, unbestimmten Strafzumessung (das heißt, je nach individueller Führung und professionellem Ermessen kam es zu vorzeitigen Entlassungen), so hatten im Jahr 2000 fast alle Bundesstaaten auf bestimmte Strafzumessung umgestellt. Gestraft wird nunmehr ohne Ansehen des Täters und der Tatumstände. Maßgeblich ist nur mehr die Schwere der Tat und das ihr bürokratisch zugeordnete Strafmaß. In diesem Prozess, so Garland, kommt es zur Durchsetzung eines Strafregimes, in dem die harte Strafe zum Selbstzweck wird. Verstärkt wird diese Tendenz durch das Aufkommen einer „Opferpolitik“, das heißt einer Strafpraxis, die sich über ihre Empathie für die Opfer legitimiert. Wer mit den Opfern fühlt, so die Logik, muss sich über alle Skrupel, was die Täterbestrafung betrifft, hinwegsetzen. Im Zuge dieses Opferkults steigt der Emotionspegel der Debatte drastisch an. Anstatt wissenschaftlicher Expertise dominiert der gesunde Menschenverstand, was zählt, ist Betroffenheit und Authentizität. In den USA reden Verbrechensopfer auf Parteitagen, Gesetze zur Verschärfung des Strafrechts werden nach Opfern benannt. Kriminalpolitik wird auf diese Weise zur Bühne für den Showdown zwischen Opfern und Tätern.

3 „Prison works“: das Gefängnis als Ordnungsmodell

Das Gefängnis ist der institutionelle Kern der Sicherheitsgesellschaft, ein Ordnungsmodell *en miniature,* in dem sich das Wesen der modernen Gesellschaft idealtypisch verkörpert. In der Sicherheitsgesellschaft wandelt sich das Gefängnis von der Besserungs- zur Strafanstalt. An die Stelle des Ideals des „durchlässigen“ Gefängnisses, das die Wiedereingliederung fördert, tritt das Ideal des Hochsicherheitstrakts. Das Wertvolle am Gefängnis, schreibt Garland (2008: 318), sind nicht mehr die Besserungsoptionen, die diese Institution bietet, sondern seine Mauern. Das Gefängnis gilt nicht mehr als letzte Option, sondern als probater Exklusionsmechanismus. „Prison works“ (Knast bringt’s), diese auf den britischen Innenminister Howard zurückgehende Parole bringt die neue Denkweise auf den Punkt: Jene, die das Kriminalitätsrisiko symbolisieren, werden abgeschrieben und am besten dauerhaft ausgeschlossen. Wegsperren statt resozialisieren, lautet das Motto.

Im Zuge dieses „punitive turn" (Garland) quellen die Gefängnisse über. In den USA stieg die Anzahl der Gefängnisinsassen von 380000 im Jahr 1975 auf rund zwei Millionen im Jahr 2000. 2009 saßen nach Angaben des „Bureau of Justice Statistics", einer dem Justizministerium zugeordneten Bundesbehörde, fast 2,3 Millionen Bürger hinter Gittern. Das sind 2,5 Prozent der Bevölkerung oder jeder 40. Amerikaner. Es gibt weniger Entlassungen auf Bewährung, dafür aber verschärfte Haftbedingungen und eine Vervielfachung der Delikte, auf welche die Todesstrafe steht. In den 1990er-Jahren registrierte man steigende Gefangenenzahlen bei gleichzeitig sinkenden Verbrechensraten. Dies veranschaulicht, dass das Gefängnis zur Patentlösung für sicherheitspolitisch relevante Fragen geworden ist. Das Gefängnis gilt nicht – wie in der Resozialisierungsära – als eine problematische Institution, die das Ziel der Wiedereingliederung potenziell gefährdet. Es ist vielmehr zu einer zentralen Stütze der herrschenden Ordnung geworden, ja es verkörpert selbst ein Ordnungsideal: Eine durch komplexe Integrations- und Steuerungsprobleme zunehmend überlastete Gesellschaft reagiert mit klaren Grenzziehungen.

Das Gefängnis symbolisiert die neue, scharfe Grenzziehung zwischen „uns" (der von Kriminalitätsängsten gepeinigten, verunsicherten Mittelschicht) und dem moralisierten Abweichenden, dem „Bösen" oder den „gefährlichen Klassen", wie es früher hieß. Die kritische Kriminologie liest dies als Ausdruck eines neuen, verschärften Klassenkampfs „von oben". Die Armen, Marginalisierten, Chancenlosen werden weggesperrt, um die Gesellschaft vor den Folgen ihrer kriminellen Vernachlässigung der unteren Schichten zu schützen. Das ist es, was Loïc Wacquant in einem seiner letzten Bücher als „Bestrafen der Armen" angeprangert hat: Es wird nicht mehr die Armut moralisch verurteilt, sondern die Armen (Wacquant 2009). Ihre „Kultur der Armut" gilt als Nährboden von Kriminalität und Gewalt. Fazit: In der Sicherheitsgesellschaft wird das Gefängnis zur Patentlösung nicht nur für sicherheitspolitische, sondern auch – oder vielleicht sogar in erster Linie – für sozialpolitische Probleme. „Das neu erfundene Gefängnis", resümiert Garland (2008: 353), „bietet eine vorgefertigte strafrechtliche Lösung für ein neues Problem sozialer und wirtschaftlicher Exklusion."

Das heißt nicht, dass der Wohlfahrtsstaat nicht auch gestraft hätte. Aber dieses Strafen diente – jedenfalls im Selbstverständnis der Akteure – dem Zweck der Resozialisierung von Straftätern. Strafe sollte kein Selbstzweck sein. Es ging in diesem Disziplinarmodell um die „Fabrikation des zuverlässigen Menschen" (Treiber/Steinert 2005), der Fokus war auf Anpassung und Gesellschaftsfähigkeit gerichtet. Gegenwärtig hingegen, so die Lesart vieler kritischer Beobachter, wird die Strafe als dauerhafte Exklusion exekutiert. Im Vordergrund steht der Schutz der Bevölkerung. Das Schicksal des

Täters findet wenig Interesse, weil er – als rational kalkulierender Akteur – selbst schuld ist bzw. weil er – als die Verkörperung des Bösen – nichts anderes verdient hat.

Einschränkend bleibt festzuhalten, dass sich Beschreibungen des „Strafstaats" (Wacquant) vor allem auf die USA beziehen („high crime societies"). Die Gefangenenrate in Deutschland erreicht bei Weitem nicht jene der USA, und die Kriminalitätsfurcht spielt in den entsprechenden Umfragen sogar eine eher nachrangige Rolle, zumindest in den letzten Jahren (Scherr 2010: 30ff.). Folgt man allerdings Garlands Argumentation, so wäre anzunehmen, dass sich überall dort eine ähnliche Kultur der Kontrolle und des Strafens etablieren wird, wo dieselben sozioökonomischen Entwicklungen ablaufen wie in den USA. Und diese Kontrollkultur, das ist die zeitdiagnostische Pointe Garlands, würde das Gesicht dieser Gesellschaften gründlich ändern. Sie wären maßgeblich durch die Institutionen der Polizei, der Strafjustiz, der Prävention, aber auch durch die gemeinschaftliche, gegenseitige Überwachung und die Selbstkontrolle der Bürger bestimmt.

4 Sichere Gesellschaft?

Die Sicherheitsgesellschaft lässt sich nicht einfach als Wiedergänger des Orwell'schen Überwachungsstaates verstehen. In der Sicherheitsgesellschaft ist Sicherheit, wie wir gehört haben, nicht länger nur eine staatliche Aufgabe, sondern wird zum Gemeinschaftsprojekt, an dem zivilgesellschaftliche Akteure, private Dienstleister und schließlich der allzeit wachsame Bürger selbst mitwirken. In diesem Kontext vollzieht sich ein Wandel der Sozialkontrolle: An die Stelle einer anlass- und täterbezogenen Kontrolle tritt die anlassunspezifische, präventive Kontrolle.

In der Sicherheitsgesellschaft gilt eine Sicherheitspolitik, die die Kriminalität im strengen Sinne als Gefahr versteht, als unzulänglich, wenn nicht als kriminell. Kriminalität als Gefahr konzeptualisieren heißt im Wesentlichen, reaktiv, auf der Basis eines fest umrissenen Täterprofils, zu handeln. Kriminalität als Risiko konzeptualisieren heißt dagegen: vorbeugend, auf Basis der Konstruktion von Risikofaktoren, die als kriminalitätsrelevant gelten, aktiv zu werden. Bevölkerungsschutz bedeutet in diesem Konzept in erster Linie eine technologisch effiziente Kontrolle und Verwaltung von Risiken. Verbrechenskontrolle wird auf diese Weise zum Risikomanagement. In der Praxis führt dies notwendigerweise zu einer Vervielfältigung von Risiken. Man entdeckt eben immer neue Aspekte des Risikos, das heißt neue Orte, neue Eigenschaften und Verhaltensweisen, die als Indiz für Kriminalität und Gewalt angesehen werden. Weil man oft von vornherein nicht sagen kann, wer die wirklichen Risikoträger sind, wird tendenziell die ganze Bevölkerung zur Risikogruppe.

Was also heißt Sicherheitsgesellschaft? Um es kurz zu resümieren: Sicherheitsgesellschaft bedeutet sicher nicht, dass wir heute in einer Gesellschaft leben, die objektiv sicherer geworden ist. Es mag zwar gute Gründe für diese Annahme geben, doch empirisch erhärten lässt sie sich nicht. Aufgrund der Wandelbarkeit von Sicherheitsempfindungen und des Sicherheitsbegriffs sind entsprechende Daten nur bedingt aussagekräftig. Sicherheitsgesellschaft bedeutet andererseits aber auch nicht, dass wir heute verstärkter Kontrolle und Repression ausgesetzt sind. Womöglich waren soziale Kontrolle und Repression in früheren Zeiten sogar viel stärker ausgeprägt als heute. Solche Bestimmungen sind schwierig und hängen immer von der Wahl des Bezugsrahmens ab. Deswegen lässt sich der Nutzen des Begriffs Sicherheitsgesellschaft nicht über Zahlen und Statistiken belegen. Es geht unter dem Titel der Sicherheitsgesellschaft vielmehr um die begriffliche Erfassung neuartiger Kontrollstrukturen, die sich auf technologische Innovationen stützen, auf die Privatisierung und Vergemeinschaftung von Sicherheitsaufgaben, auf den Willen zur Prävention und eine neue Lust am Strafen. Die neuartigen Kontrollstrukturen sind gegenüber den traditionellen durch ihre Abstraktheit geprägt. Oft weiß man nicht, wann, wo und von wem man beobachtet wird. Außerdem ist die Kontrolle aufgrund moderner Technologien tendenziell global, also räumlich entgrenzt. In früheren Zeiten hingegen war die Kontrolle eher lokal und konkret. Die Nachbarn, der Volksschullehrer oder der Herr Pfarrer waren die Exponenten traditioneller Sozialkontrolle, und man kannte sie.

Es wäre also recht aussichtslos, die Existenz einer Sicherheitsgesellschaft über die Zu- oder Abnahme an Kontrolle und Sicherheit belegen zu wollen. Es geht vielmehr um einen Wandel von Kontrollstrukturen, und es geht in weiterer Folge, vielleicht wichtiger noch, um einen Wandel der Semantiken von Sicherheit und Kontrolle. Dass Sicherheit heute über die Identifikation und Überwachung von Risiken hergestellt werden soll, hat zur Folge, dass angesichts der niemals einzufangenden Vielfalt von Risiken sich unendliche Bemühungen auf die Herstellung von Ordnung richten, sei es in Form der Klassifikation von Risikogruppen, sei es in Form der Gestaltung und Kontrolle von Räumen. Der Risiko-Ansatz entspricht einer Kriminalisierungslogik, die als „Broken Windows"-Theorie bekannt geworden ist: Demnach muss schon die erste eingeschlagene Fensterscheibe, der erste Bettler oder herumstreunende Jugendliche im Bezirk als Indiz für einen weitergehenden Verfall und damit als Bedrohung für die Ordnung gelten. Sicherheit erscheint aus dieser Perspektive nicht mehr länger als Gegenteil von Kriminalität, sondern als Gegenstück zu Unordentlichkeit und Andersartigkeit

(Singelnstein/Stolle 2008). Die Rede von der Sicherheitsgesellschaft bezeichnet aus dieser Perspektive die Vorherrschaft eines Sicherheitsdiskurses, der letztlich auf die Herstellung von Konformität und sozialer Ordnung abzielt.

Folgt man David Garland, so kommt es gegenwärtig zur Durchsetzung eines neuartigen, technisch geprägten Modells gesellschaftlicher Ordnung. Das alte, vor allem wohlfahrtsstaatlich geprägte Modell zielte auf Ordnung durch normative Integration. Trotz aller Enttäuschungen gab man die Hoffnung auf einen stabilen moralischen Konsens nicht auf. Die Sicherheitspolitik der Gegenwart verweist auf Umrisse eines neuen Ordnungsmodells. Sicherheit wird zur Aufgabe eines technologisch geprägten Risikomanagements: Indem man Risikofaktoren (Menschen, Plätze, Räume) überwacht und eine radikale Ausschließung gefährlicher Individuen betreibt (Strafstaat), versucht man, eine pluralistische, fragmentierte und durch soziale Ungleichheit geprägte Gesellschaft auf niedrigem Niveau zu stabilisieren. Das heißt, das Ordnungsmodell der Sicherheitsgesellschaft ist pragmatischer Natur. Der hohe und – so muss man kritisch gegen Garland einwenden – wahrscheinlich auch unrealistische Anspruch, Ordnung in differenzierten Gesellschaften durch normative Integration zu sichern, wird damit aufgegeben. Das neue Ordnungsmodell ist weniger ambitioniert, denn Normabweichung gilt nun als Normalfall. Diese Abgeklärtheit mag sich fortschrittlich ausnehmen, die kritische Kriminologie jedoch versteht sie als Vorbotin eines gesellschaftspolitischen Zynismus. Denn das Ideal dieser neuen Ordnung ist nicht eine Welt frei von Herrschaft und Unterdrückung. Das Ideal ist vielmehr eine Welt, die wie ein riesiges Erlebnis-Kaufhaus funktioniert. Mit Zugangskontrollen, Überwachungskameras und klaren Regeln, also transparent und darum berechenbar – eben sicher. Stigmatisierung und dauerhafte Exklusion gelten in diesem Ordnungsmodell als unvermeidliche Kollateralschäden.

Kapitel 7
Bürgergesellschaft

Die Bürgergesellschaft ist ein politisch-normativ aufgeladener Diskurs, der gleichwohl zeitdiagnostische Elemente enthält. Problematisiert werden Selbstgefährdungspotenziale moderner Gesellschaften, die unter anderem auf Entfremdungserscheinungen zwischen Bürgern und Politik zurückgeführt werden. Die Bürger, so lautet eine zentrale Aufforderung dieses Diskurses, sollen die Gesellschaft (wieder) als ihre eigene Angelegenheit begreifen. Diese Thematik ist keine Erfindung unserer Zeit, sondern findet sich bereits in einem soziologischen Reisebericht aus dem 19. Jahrhundert. Es handelt sich um den Reisebericht eines französischen Aristokraten, der 1831 ein Jahr lang die Vereinigten Staaten von Amerika bereiste und 1835, zurück in Paris, ein Buch darüber veröffentlichte. Titel: „Über die Demokratie in Amerika". Er schreibt: „Amerikaner jeden Alters, jeden Ranges, jeder Geistesrichtung schließen sich fortwährend zusammen. (...) die Amerikaner tun sich zusammen, um Feste zu geben, Seminarien zu begründen, Gasthöfe zu bauen, Kirchen zu errichten, Bücher zu verbreiten, Missionäre zu den Antipoden zu entsenden; sie errichten auf diese Weise Spitäler, Gefängnisse, Schulen." Und er fragt: „Welche politische Macht wäre je imstande, der unendlichen Menge kleiner Vorhaben zu genügen, die die amerikanischen Bürger alle Tage mit Hilfe einer Vereinigung ausführen?" (Tocqueville 1985: 248ff.)

Was Alexis de Tocqueville (1805–1859) – so der Name des Reisenden in Sachen Demokratiebeobachtung – hier mit deutlichen Anzeichen von Sympathie beschreibt, ist die in den Vereinigten Staaten ausgeprägte Neigung der Bürger, sich in freiwilligen Vereinigungen zu organisieren. Die Bürger begreifen die öffentlichen Angelegenheiten als ihre eigene Sache und rufen daher nicht die staatliche Autorität zu Hilfe, sondern machen sich vielmehr selbst an deren Lösung, meist eben nicht allein, sondern in Form von bürgerschaftlichen Vereinigungen. Tocqueville beschreibt jene Vielfalt bürgerschaftlichen Engagements, die sich in Form verschiedenster Assoziationen – Vereine, Verbände, Bürgerinitiativen, Stiftungen und Selbsthilfegruppen – ausprägt und den Kern der Bürgergesellschaft ausmacht.

Diesen hohen Vergemeinschaftungsgrad begreift Tocqueville als funktionales Äquivalent für die Machtkonzentration in der ständischen Gesellschaft: An die Stelle des mächtigen Einzelnen, der etwas quasi im Alleingang zu Wege brachte, sind in der Demokratie die Zusammenschlüsse der Bürger getreten. Gemeinschaftsbildung wird zur Voraussetzung, um eine Stimme zu bekommen. Außerdem erscheint bereits Tocqueville das bürgerschaftliche Engagement als zentrales Mittel, um die Idee der Demokratie lebendig zu halten. Mit Blick auf das – damals noch feudalistisch geprägte – Europa hält er fest, dass Gesellschaften nur vermittels aktiver Bürgerpartizipation sich langfristig am Leben halten können. Regredieren die Bürger zu desinteressierten Untertanen, stagniert die Gesellschaft. Tocqueville schreibt: „Es gibt europäische Nationen, in denen der Bewohner sich als eine Art Leibeigener vorkommt, dem die Geschicke seines Wohnortes gleichgültig sind. Die größten Wandlungen in seinem Lande erfolgen ohne seine Mitwirkung; er weiß nicht einmal genau, was vor sich gegangen ist; ihm schwant etwas davon; er hat vom Ereignis zufällig gehört. Und mehr noch, das Los seines Dorfes, die Ordnung in seiner Straße, das Geschick seiner Kirche und seiner Pfarre berühren ihn nicht; er denkt, dass alle diese Dinge ihn in keiner Weise angehen und dass sie einem mächtigen Fremden, Regierung geheißen, gehören." (Tocqueville 1985: 71f.)

Jenen hochentwickelten Bürgersinn, den Tocqueville im demokratischen Amerika vorfindet, begreift er als einen Jungbrunnen der Demokratie, und nicht nur das. Er sieht ihn gleichermaßen als eine Notwendigkeit, um die sich im Zuge der Demokratisierung durchsetzende Individualisierung konstruktiv einzufangen. Denn der moderne Individualismus, das heißt, die große Anzahl unabhängiger, vereinzelter und formal gleicher Individuen führen tendenziell zu Egoismus und Privatismus, also politischem Desinteresse. Teilnahmslosigkeit in öffentlichen Belangen aber bedrohe, so Tocqueville, die Demokratie in ihren Grundfesten. Gerettet werden kann die demokratische Freiheit durch das, was man heute weithin als Bürgergesellschaft bezeichnet, durch Vereine und Pressefreiheit, durch bürgerschaftliches Engagement vor Ort und durch politische Teilhabe. Es genügt Tocqueville zufolge nicht, demokratische Institutionen durchzusetzen. Man muss diese Institutionen mit Leben füllen, man muss alle Dinge, die die Bürger angehen, im Sinne der Subsidiarität von der Basis aus diskutieren und organisieren. Es bedarf, mit anderen Worten, eines entwickelten Bürgersinns.

Halten wir fest: Alexis de Tocqueville, französischer Adeliger und für kurze Zeit republikanischer Staatsminister, reist nach Amerika, um dort die Vor- und Nachteile der Demokratie zu studieren. Nach Amerika deshalb, weil dieses ein „Bild der reinen Demokratie" liefert, wie er schreibt. In den USA kann die Demokratie in damals idealtypischer Form studiert werden. Weil

Tocqueville die Durchsetzung der Demokratie als unausweichliche Tendenz der Geschichte versteht, kann er seine Untersuchung gewissermaßen als eine „Foresight"-Studie für Europa begreifen: Mit dem amerikanischen Weg wird absehbar, was auf Europa unausweichlich zukommen wird. Er analysiert die Folgen der Demokratie für das Staats- und Rechtsleben, für das Gemeinde- und Geistesleben und zeigt sich dabei von Amerika und seiner demokratischen Verfassungsform fasziniert. Gleichzeitig warnt er vor dem erheblichen Selbstgefährdungspotenzial, das die Demokratie in sich selbst trägt. Die Durchsetzung des Gleichheitsprinzips kann in ein Spannungsverhältnis zur individuellen Freiheit treten, weil der Staat – als institutioneller Ausdruck des Volkswillens – keine natürlichen Grenzen seiner Ausdehnung kenne. In modernen Demokratien, so Tocqueville, gebe es daher eine allgemeine Tendenz zu einem starken, zentralistischen Staat. Der durch seine Privatgeschäfte chronisch überlastete Bürger überlasse diesem Staat gerne die Verfolgung der Kollektivinteressen, sodass in Summe die Demokratisierung vermittels der sie stützenden Staatsmacht in einer (Selbst-)Entmündigung der Bürger resultiere. Als ein Bollwerk gegen den drohenden Verlust der Freiheit in der Moderne sieht Tocqueville die Bürgergesellschaft, das heißt die Vielzahl von Verbänden und Bürgervereinigungen.

1 Konjunkturen der Civil Society

Die Argumentation Tocquevilles ist in der gegenwärtigen Diskussion um die Bürgergesellschaft von einiger Aktualität. Seine Definition der Bürgergesellschaft als Summe aller freiwilligen bürgerlichen Assoziationen scheint der kleinste gemeinsame Nenner einer weit ausgreifenden Debatte zu sein. „Unter civil society, also Zivil- oder Bürgergesellschaft", schreibt Frank Adloff (2005: 8), „wird in der Regel ein gesellschaftlicher Raum, nämlich die plurale Gesamtheit der öffentlichen Assoziationen, Vereinigungen und Zusammenkünfte verstanden, die auf dem freiwilligen Zusammenhandeln der Bürger und Bürgerinnen beruhen. Vereine, Verbände und soziale Bewegungen sind dabei typische Organisationsformen." Dies kann allerdings nicht darüber hinwegtäuschen, dass jenseits formaler Definitionen die Bindungskräfte des Bürgergesellschaftsdiskurses relativ gering sind. Die Diskussion um die Bürgergesellschaft hat sich in den letzten Jahrzehnten hinsichtlich ihrer analytischen und normativen Ansprüche so weit ausdifferenziert, dass eine Überblicksdarstellung fast unmöglich erscheint. Erschwerend kommt hinzu, dass die Bürgergesellschaft nicht etwa nicht eine Zeitdiagnose neuerer Bauart ist, im Gegenteil. Die „Bürgergesellschaft" ist ein traditionsreicher Diskurs, der nicht nur bis auf Tocqueville zurückgeht, sondern in vielen Verzweigungen bis weit ins 17. und 18. Jahrhundert zurückreicht. Dabei ist die Bürgergesellschaft in verschiedenen Begriffsvarianten und mit derart divergierenden Zielvorstellungen zum Thema geworden, dass es aussichtslos ist, so etwas wie einen harten Kern des Begriffs ausmachen zu wollen.

Das Problem beginnt schon damit, dass am Anfang des modernen Diskurses nicht die Bürgergesellschaft steht, sondern die *Civil Society.* „Civil Society" ist die Übersetzung des aristotelischen Begriffs *koinonia politiké,* auf Lateinisch *societas civilis.* Allerdings wurden von der Antike bis in die frühe Neuzeit Gesellschaft und Politik noch in eins gesetzt: als politische Gesellschaft. Die Karriere der Civil Society gibt einen deutlichen Hinweis darauf, dass man ab dem 17. Jahrhundert beginnt, zwischen Gesellschaft und Politik zu differenzieren, ja dass das spezifisch Politische aus dem Gegensatz von Gesellschaft und Staat erschlossen wird. Die Civil Society wurde vor allem über die Schriften der britischen Frühaufklärer Adam Ferguson (1723–1816) und John Locke (1632–1704) popularisiert. Im liberalen Verständnis eines John Locke wird sie im Wesentlichen als Handlungsfreiraum der Bürger in Abgrenzung zum Staat gedacht. Die Funktionen dieser Zivilgesellschaft bestehen im Schutz der Autonomie des Individuums, in der Wahrung der individuellen Rechte und – nicht zuletzt – in der Sicherung des Privateigentums. In dieser liberalen Version der Zivilgesellschaft geht es vor allem um den Schutz der Freiheit der Bürger vor ungerechtfertigten Übergriffen des Staates. Die Zivilgesellschaft wird also dem Staat – gewissermaßen als autonome Sphäre – gegenübergestellt. In diesem Modell kommt das erwachende politische Selbstbewusstsein des durch den Welthandel reich und einflussreich gewordenen Bürgertums zum Ausdruck. Die Locke'sche „Civil Society" wurde daher zu Recht mit „bürgerliche Gesellschaft" ins Deutsche übersetzt. Allerdings wird der bürgerlichen Gesellschaft schon wenig später – erstmals von Hegel, dann von Marx – ein deutlich kritischer Akzent beigemengt, wodurch sich deren Semantik zu wandeln beginnt. Heute sollte man deshalb zwischen Zivil- oder Bürgergesellschaft und bürgerlicher Gesellschaft deutlich unterscheiden. Darauf werde ich am Ende dieses Kapitels zurückkommen.

Die Zivilgesellschaft ist bei John Locke vor allem ein Schutzraum für die freie Verfolgung der Interessen der Bürger. In der republikanischen Tradition hingegen, die die Bedeutung des Gemeinsinns in den Vordergrund stellt, wird die Civil Society oder Bürgergesellschaft als eine intermediäre Ebene gedacht, die vor allem der Einübung von Bürgertugenden dient. Diese Bürgergesellschaft wird durch die Summe an Assoziationen repräsentiert, die sich als eigene Sphäre zwischen Wirtschaft, Politik und Familie schiebt. Tocqueville ist ein maßgeblicher Vordenker dieses Konzepts. Bei ihm stehen die gemeinschaftsbildenden und sozialisatorischen Qualitäten der Bürgergesellschaft im Vordergrund. (Die klar normative Ausrichtung dieser bürgerschaftlichen Sozialisation – Stichworte sind Toleranz, Vertrauen, Respekt oder Gleichbehandlung – ist ein wichtiger Aspekt. Andernfalls müsste man praktisch jede Vereinigung – und jede quantitative Zunahme an Vereinigungen – als Demokratisierungschance ansehen, was angesichts ethnozentrischer oder rechtsradikaler Gruppen problematisch wäre.)

Eine wichtige Rolle spielt die Zivilgesellschaft später noch einmal in der Theorie Antonio Gramscis (1891–1937). Sein Konzept der Zivilgesellschaft nimmt insofern eine Sonderstellung ein, als es explizit im Widerspruch zur liberalen Tradition steht. Anders als die liberale Tradition versteht der unorthodoxe Marxist die Zivilgesellschaft nicht als Sozialisationsagentur der Demokratie, sondern vielmehr als einen Ort des Kampfes um kulturelle Hegemonie. Zivilgesellschaft ist für Gramsci kein herrschaftsfreier Raum jenseits von Staat und Ökonomie; in seiner Gesellschaftstopologie bezeichnet die Zivilgesellschaft vielmehr eine intermediäre Ebene zwischen dem ökonomischen System und dem Staat mit seiner Gesetzgebung. Vermittels eines Komplexes von Institutionen – von den Sportvereinen und Straßennamen bis hin zu den Sonntagspredigten – sorgt die Zivilgesellschaft für die Ausbildung eines herrschaftskonformen Konsenses (Kebir 1991). Zur Zivilgesellschaft gehört alles, was direkt oder indirekt die öffentliche Meinung beeinflusst bzw. den gesunden Menschenverstand prägt: Schulen, Vereine, Clubs, Moden oder auch die Architektur. Gramscis eigenwillige Interpretation der Funktion der Zivilgesellschaft erklärt sich aus der historisch spezifischen Problemstellung. Als Marxist seiner Zeit ist Gramsci an der Frage interessiert, warum sich die Herrschaft der Bourgeoisie in den westlichen Ländern als krisenfest und stabil erwiesen hat. Seine Antwort lautet: Dies ist durch die kulturelle Hegemonie der Bourgeoisie begründet. Denn Gramsci weiß, dass Zwang und Gewalt allein keine nachhaltigen Herrschaftsstrategien sind. Notwendig sei vielmehr auch die Organisation der Zustimmung der Unterworfenen. Und dieser Kampf um Deutungshoheit, um Hegemonie spielt sich in der Zivilgesellschaft ab. Aus Gramscis Bestimmung der Zivilgesellschaft ließ sich für die Marxisten seiner Zeit lernen, dass der Klassenkampf nicht allein auf ökonomischer und politischer Ebene geführt werden musste, sondern gleichfalls auf kulturellem Terrain. Allerdings, so Gramsci, verspricht dieser Kampf um Hegemonie ein langwieriger Prozess zu werden. Eine handstreichartige Übernahme der Macht, wie im Russland von 1917, schien in den westlichen Ländern ausgeschlossen. Denn es war ja aus Gramscis Perspektive gerade das Fehlen einer entwickelten Zivilgesellschaft, welches den Erfolg der russischen Revolution ermöglichte. In den entwickelten Zivilgesellschaften des Westens, so Gramscis Annahme, würde jeder revolutionäre Ansturm in einen langwierigen Prozess der allgemeinen Bewusstseinsbildung transformiert. Die bekannte Textstelle lautet bei Gramsci: „Im Osten war der Staat alles, die Zivilgesellschaft war in ihren Anfängen und gallertenhaft; im Westen bestand zwischen Staat und Zivilgesellschaft ein richtiges Verhältnis und beim Wanken des Staates gewahrte man sogleich eine robuste Struktur der Zivilgesellschaft. Der Staat war nur ein vorgeschobener Schützengraben, hinter welchem sich eine robuste Kette von Festungen und Kasematten befand (...)." (Gramsci 1992: 874) Gramsci analysiert die Zivilgesellschaft also als einen Raum ziviler Machtausübung der herrschenden Klasse. In dieser Zivilgesellschaft werden Kämpfe um die kulturelle Deutungshoheit ausgetragen. Gramsci erweitert damit die Marx'sche Theorie um kulturelle Aspekte. Die Zivilgesellschaft als solche liegt ihm dagegen – anders als den liberalen Theoretikern – nicht am Herzen. Denn die Herausbildung einer funktionierenden Zivilgesellschaft zeigt im Wesentlichen nur an, dass sich der Staat in eine Vielzahl von Herrschaftstechnologien transformiert hat – dass also der Kampf um die Überwindung dieser Gesellschaftsform schwieriger geworden ist. Zivilgesellschaft ist bei Gramsci damit ein Teil des Staates, der recht wenig Ziviles hat.

Schon dieser kurze Streifzug durch die Geschichte der „Civil Society" macht das Dilemma dieses Konzepts deutlich. Die „Civil Society" präsentiert sich als ein so traditionsreicher wie verschwommener Begriff. Es verbergen sich dahinter unterschiedliche, manchmal widersprüchliche Analyseperspektiven und teilweise unvereinbare politische Zielvorstellungen. Zwar wird man konzedieren, dass in dem 300 Jahre andauernden Diskurs der Zivilgesellschaft der Bezug auf einen politischen Liberalismus maßgeblich geblieben ist. Doch das ist angesichts der mit den Namen Locke und Tocqueville angedeuteten Breite der liberalen Tradition noch nicht sonderlich informativ. Erschwerend kommt hinzu, dass die Zivilgesellschaft am Ende des 20. Jahrhunderts wieder in Mode gekommen ist, auch hier unter ganz disparaten Vorzeichen. So sahen Vertreter eines „Eurokommunismus" in der Eroberung kultur- und lokalpolitischer Arenen der Zivilgesellschaft die Chance, einen Kommunismus „von unten" aufzubauen. In den 1970er- und 80er-Jahren wurde die Zivilgesellschaft ebenfalls für Dissidenten und Oppositionelle in den realsozialistischen Staaten zum Bezugspunkt. Darunter verstand man die freien Assoziationen der debattierenden Bürger und allgemeiner: die institutionellen Räume freier öffentlicher Deliberation (Klein 2002). Das heißt, man opponierte unter dem Banner der Zivilgesellschaft gegen die Herrschaftsansprüche eines allzuständigen, kontrollierenden und die bürgerlichen Freiheitsrechte wie Privatsphäre und Meinungsfreiheit missachtenden Staates. Über diesen Umweg über Osteuropa wurde die Idee der Zivilgesellschaft auch wieder verstärkt im Westen zum Thema.

Eine letzte einleitende Bemerkung betrifft die Terminologie: Die „Civil

Society“ verstand man (bis hin zu Marx) als *bürgerliche Gesellschaft.* Heute wird sie hingegen mit Bürgergesellschaft oder Zivilgesellschaft übersetzt – diese beiden deutschen Begriffe werden zuweilen synonym verwendet, in der Literatur weisen sie jedoch unterschiedliche Konnotationen auf: Die Zivilgesellschaft wird meist als ein demokratietheoretisch-analytischer Begriff verstanden, um Demokratisierungspotenziale der Demokratie auszuloten. Die Bürgergesellschaft hingegen gilt eher als ein politisch-normatives Leitideal, anhand dessen Selbstgefährdungspotenziale moderner Gesellschaften thematisiert werden. An diesen Wortgebrauch werde ich im Folgenden anschließen, denn dies verdeutlicht, dass vor allem die Debatte über die Bürgergesellschaft zeitdiagnostische Elemente enthält. Schließlich werden in diesem Gefährdungsdiskurs gewissermaßen *ex negativo* zentrale Bewegungstendenzen und Eigenheiten der Gegenwartsgesellschaft greifbar. Auf diesen Aspekt werde ich später, unter Punkt c, zu sprechen kommen. Im letzten Teil dieses Kapitels schließlich wird es mit der bürgerlichen Gesellschaft um einen Diskurs gehen, der von seiner Tradition und Intention her von der Bürgergesellschaft grundverschieden ist – und dennoch einige interessante Berührungspunkte zu dieser Gesellschaftsdiagnose aufweist.

a) Demokratisierung der Demokratie

Die Rede von einer Demokratisierung der Demokratie mag auf den ersten Blick tautologisch wirken. Man könnte einwenden, dass man die Demokratie – im Sinne der institutionalisierten Volkssouveränität – entweder hat oder eben nicht. Hinter dieser Argumentation verbirgt sich die Vorstellung, dass die Demokratie so etwas wie ein institutionelles Inventar sei. Man muss sich, um in diesem Bild zu bleiben, gewissermaßen nur einmal das demokratische Herrschaftssystem zulegen, um mit Demokratie ausreichend versorgt zu sein. Gegen ein derart statisches und ordnungspolitisch geprägtes Bild von Demokratie haben Ulrich Rödel und Kollegen eingewandt, dass Demokratie ein offenes, ungerichtetes und stets unabgeschlossenes Projekt sei. Schließlich gebe es im Zeitalter säkularisierter Herrschaft keine legitime Instanz mehr, die ein privilegiertes Wissen für sich beanspruchen und daraus den Anspruch quasi technologischer Gesellschaftssteuerung ableiten könne. Der Rekurs auf Gott, die Natur oder das Expertenwissen scheint hier gleichermaßen aussichtslos. Genauso wenig könne – im Sinne der Verteidigung des Status quo – der gesellschaftliche Evolutionsprozess stillgestellt werden. Von daher muss man die Demokratie im Prinzip als ein letztlich unabschließbares Projekt begreifen, und anders macht die Forderung nach Demokratisierung auch wenig Sinn (Rödel et al. 1989).

Eine zentrale Bedingung für eine solche Konzeption der Demokratie ist das, was Rödel die symbolische „Leerstelle der Macht“ nennt. Das heißt man gibt die traditionsreiche Vorstellung auf, dass sich ein konsistenter Einheitswille verkörpern lasse (etwa durch den Monarchen oder den Mythos der Nation). Die Geschichte habe gezeigt, dass die Legitimation von Herrschaft im Rekurs auf einen Kollektivsingular zu totalitärer Herrschaft geführt habe, symbolisiert im Terrorismus der Jakobinerherrschaft, in der Fürsorgediktatur des realen Sozialismus oder im nationalsozialistischen Führerstaat. Konstitutiv für Demokratie erscheint deshalb, dass keine Gruppe oder Mehrheit sich das politische Gemeinwesen durch Rekurs auf eine quasi-transzendente Autorität (etwa im Namen des Volkes) dauerhaft aneignen kann. Deshalb gelte es immer wieder neu auszuhandeln, wie die Leerstelle der Macht gefüllt wird.

Die Offenheit der öffentlichen Sphäre und damit: eine funktionierende Zivilgesellschaft wird auf diese Weise zu einem zentralen Legitimationsinstrument politischer Macht. Denn Macht kann in diesem Modell stets nur durch öffentliche Deliberation legitimiert sein, womit auch klar ist, dass kontingent wird, wer die Macht haben wird. Aus dieser Perspektive erscheint die Demokratie dann nicht mehr einfach als ein zu verwaltendes Gut, sondern als eine Praxis, die sich *als* Zivilgesellschaft bzw. *in der* Zivilgesellschaft verwirklicht. Schließlich ist das, was Demokratie heißt, in diesem Modell nicht mit Verweis auf geltende Ordnung und geltendes Recht zu beantworten, sondern immer nur im Hinblick auf die kontingenten Resultate von Deliberationsprozessen und politischem Bürgerengagement. Ein solches Demokratie- oder Demokratisierungskonzept hat die Überwindung eines traditionellen Denkens in Freund/Feind-Kategorien zur Voraussetzung. An die Stelle politischen Lagerdenkens muss eine prinzipielle Verständigungsbereitschaft treten, die die Pluralität des Meinungsstreits aufrechterhält. Das heißt, es geht darum, abweichende Meinungen als prinzipiell legitime Äußerungen anzuerkennen oder, kurz gesagt: um die Anerkennung des Dissenses, auch in dauerhafter Form. Als normative Bezugspunkte dieses Demokratisierungsmodells treten Aspekte wie Heterogenität (statt Homogenität), Dissens (anstelle eines Einheitswillens) und Pluralismus hervor. Auf Ebene der politischen Entscheidung hat diese Aufwertung von Pluralismus und Dissens zur Folge, dass man sich auf Kompromisse im vollen Bewusstsein ihrer Vorläufigkeit und zuweilen auch ihrer logischen Inkonsistenz verständigen muss.

Eine solche Demokratiekonzeption ist nicht ohne historische Bezugspunkte. So gab es in den frühen 1970er-Jahren Bestrebungen, „mehr Demokratie zu wagen“. Galt in Deutschland Willy Brandt als Urheber dieser Losung, so in Österreich Bruno Kreisky. In jedem Fall war sie in den westlichen Industrienationen recht geläufig. Dieses „Mehr" an Demokratie musste meist „von unten" erkämpft werden. Ein Beispiel dafür ist der (andauernde) Kampf um die Durchsetzung der Bürgerrechte. Diese waren selbst in den USA – als der ersten Demokratie westlichen Typs – den Afroamerikanern zunächst vorenthalten worden und wurden erst im Zuge der Bürgerrechtsbewegung in den 1960er-Jahren durchgesetzt. Wesentliche Bestandteile der Bürgerrechte sind der Gleichheitssatz (das heißt, alle Menschen sind vor dem Gesetz gleich) sowie andere Grundrechte (z.B. Vereinigungs- und Versammlungsfreiheit, Presse- und Meinungsfreiheit). Diese Rechte gelten allgemein, und zwar für alle Bürger ungeachtet ihrer Herkunft, ihres Besitzes und ihrer beruflichen Stellung. Anders als in früheren Zeiten gilt heute nicht mehr, dass nicht wählen darf, wer keine Steuern zahlt; oder dass jemand, der etwas verbrochen hat, keinen Anspruch auf Rechtsmittel hat. Die Bürgerrechte wurden nicht kontinuierlich durchgesetzt, sondern etappenweise. Maßgebliche Zäsuren waren insbesondere die Nachkriegsjahre 1918/19 und 1945 bis 1950. Ralf Dahrendorf (1992) erklärt diesen Zusammenhang mit der Kriegspolitik: Für die Kriege hatte man die ganze Bevölkerung mobilisiert, auch Leute aus Schichten, die nicht die vollen Bürgerrechte hatten. Bei ihrer Heimkehr sollte diesen Personen – gewissermaßen aus Gründen des politischen Anstands – die vollen Rechte zugestanden werden. Eine alternative und vielleicht überzeugendere Erklärung wäre, dass der Druck der siegreichen Revolution in Russland (1917) sowie die Etablierung des Staatssozialismus nach dem zweiten Weltkrieg die westlichen Länder zu Zugeständnissen bewogen haben mögen. In jedem Fall wird deutlich, dass der privilegierte Zugang zur Öffentlichkeit von den teilhabenden Schichten mit großer Hartnäckigkeit verteidigt wurde und wird. Die Reihe jener, die vom vollen Genuss der Bürgerrechte ausgeschlossen blieben, reicht von den Frauen und Besitzlosen bis zu den Arbeitern, Sklaven und Unmündigen, etwa Behinderten, Psychiatrisierten und Kindern.

Eine zentrale Rolle in der Rödel'schen Demokratisierungskonzeption spielt der freie Meinungsaustausch in der öffentlichen Sphäre. Wenn nicht mehr von oben verfügt und legitimiert werden kann, was die richtige Entscheidung und was gerechtes Recht ist, dann muss es öffentliche Kontroversen darüber geben. Diese Kontroversen können verschiedene legitime Ausdrucksformen annehmen, etwa die Form des Protests (sofern darin alternative Beobachtungsperspektiven vorgeführt werden) oder auch des zivilen Ungehorsams (sofern er nicht allein der Selbstdarstellung dient). Kontroversen sind eine Quelle politischer Legitimität, weil sie im Zuge des Streits gewissermaßen die Leerstelle der Macht symbolisieren. Die Fortführung von Kontroversen durch Widerspruch und Gegenwiderspruch verdeutlicht: Es gibt keine übergeordnete Macht mehr, die einen verbindlichen Schlusspunkt setzen könnte. In diesem Sinne sind Kontroversen in der Demokratie nicht zu vermeiden, sondern vielmehr zu fördern. Kontroversen sind im Übrigen auch wichtig für die Gemeinschaftsbildung, also dafür, dass sich die Bürger als Mitglieder der Zivilgesellschaft erfahren können. Diesen sozialisierenden Effekt von Konflikten hat schon Georg Simmel in seiner berühmten Studie über den „Streit" von 1908 betont. Simmel weist darauf hin, dass Konflikte eben nicht einfach nur Widerspruch und Entzweiung bedeuten. Soziologisch relevanter ist die Tatsache, dass jeder Konflikt ein Interesse am Anderen und an dessen Standpunkten voraussetzt – andernfalls käme es gar nicht zum Streit (Simmel 1958). Es bedarf, mit anderen Worten, einer Menge Gemeinsamkeiten, um überhaupt streiten zu können. Die Kontrahenten müssen z. B. den Streitgegenstand für gleichermaßen wichtig erachten. Im weiteren Streit selber dann kommt es, so Simmel, zu sozialisierenden Effekten, weil sich die Kontrahenten auf ein gemeinsam geteiltes Set an Normen und Regeln beziehen müssen, um den Streit austragen zu können.

Eine hervorgehobene Rolle als Katalysator für öffentlichkeitswirksame Kontroversen kommt in den letzten Jahrzehnten den neuen sozialen Bewegungen zu. In Abgrenzung zur „klassischen" sozialen Bewegung, nämlich der Arbeiterbewegung des 19. und frühen 20. Jahrhunderts, versteht man unter neuen sozialen Bewegungen verschiedene Strömungen und Gruppierungen, die seit den 1960er- und 70er-Jahren als außerparlamentarische Opposition gesellschaftlichen Reform- und Demokratisierungsbedarf artikulieren. Unter diesen – politisch meist als links wahrgenommenen – Gruppierungen ragen die Frauenbewegung, die Ökologie- und die Friedensbewegung heraus. Diese Bewegungen zeichnen sich gegenüber politischen Interessenvertretungen klassischen Zuschnitts (Parteien, Gewerkschaften) durch eine größere ideologische Heterogenität aus. Gerade die Ökologiebewegung war von Beginn an eine recht vielfältige Einheit, die sich aus Naturschützern, Agrarromantikern und allerhand lebens- und kulturreformerischen Gruppierungen zusammensetzte.

Das Wiederaufleben der Zivilgesellschaftsdebatte in den 1980er-Jahren war kein Zufall. Es stand zum einen unter dem Eindruck jener zivilgesellschaftlichen Oppositionsbewegungen, die sich im realen Sozialismus zu wirksamen Gegenspielern der Parteimacht entwickelt hatten (die Solidarnosc in Polen, die tschechische Bürgerrechtsbewegung, Charta 77). Zum anderen hatten im Westen die neuen sozialen Bewegungen die Ausweitung von Bürger- und Teilhaberechten eingefordert. Thematisiert wurden Diskriminierungen (z.B. geschlechtsspezifische), Ungleichheiten und Partizipationsbarrieren, beispielsweise in technologischen Großprojekten wie der Kernkraft oder der Gentechnik. In diesem Sinne kann man die neuen sozialen Bewegungen als Ausdruck eines gewachsenen politischen Selbstbewusstseins der Bürger verstehen, die demokratiefreie Räume innerhalb der Demokratie problematisieren. Sie thematisieren Probleme, die von der Warte der etablierten Politik nicht gesehen werden (können). Für linksliberale Theoretiker bilden diese Bürgerbewegungen den institutionellen Kern der Bürgergesellschaft.

b) Bürgerschaftliches Engagement

Gerade im deutschsprachigen Raum ist die Bürgergesellschaft in letzter Zeit vor allem im Zusammenhang mit der Bedeutung bürgerschaftlichen Engagements diskutiert worden. Unter bürgerschaftlichem Engagement versteht man im Wesentlichen Aktivitäten, die freiwillig, nicht auf materielle Gewinne gerichtet und durch Gemeinwohlorientierung getragen sind. Dieses bürgerschaftliche Engagement ist recht vielfältig. Es umfasst Tätigkeiten in Vereinen und Verbänden, in Kirchen, karitativen und anderen gemeinnützigen Organisationen, in Nachbarschaftsinitiativen und Selbsthilfegruppen, in Bürgerinitiativen und NGOs. Das ehrenamtliche Mitwirken im Kirchenchor fällt genauso darunter wie das Engagement bei der Freiwilligen Feuerwehr oder die Rolle als ehrenamtlicher Trainer der Jugendmannschaft im Fußballverein. Oft handelt es sich um ein anlass- und themenspezifisches und damit projektförmiges Engagement (im Gegensatz zum lebenslangen Einsatz für eine Partei oder Organisation). Eine zukunftsfähige Bürgerschaft, also eine stabile und lebendige Demokratie, bedarf des bürgerschaftlichen Engagements in vielen Gesellschaftsbereichen, so der Tenor in dieser Debatte. Denn vermittels der vielfältigen bürgerschaftlichen Aktivitäten würden jene sozialen Bindungskräfte gestärkt, die für ein überlebensfähiges Gemeinwesen von zentraler Bedeutung sind. Bürgerschaftliches Engagement als „Humus" der Demokratie – dieses Motiv kennen wir schon von Tocqueville. Ein zweites, eng damit zusammenhängendes Argument lautet: Die Bürger sollen sich in öffentlichen Belangen engagieren, weil der Staat sich nicht um alles kümmern kann. Mit anderen Worten: Für die Lösung staatlicher Aufgaben sollen zuerst einmal untergeordnete, lokale Ebenen (wie Gemeinden und Kommunen) zuständig sein. Was auf einer unteren Stufe erledigt werden kann, soll nicht auf eine höhere Stufe verlagert werden. In dieser Argumentation wird im Prinzip die Eigenverantwortung vor staatliches Handeln gestellt; die untergeordnete Ebene, die kleinere Einheit erhält Vorrang. Dies ist der Kern des Subsidiaritätsgedankens, der insbesondere durch die christliche Soziallehre popularisiert wurde. Papst Leo XIII. hatte 1891 in „Rerum novarum", einer päpstlichen Verlautbarung zur sozialen Frage, das Subsidiaritätsprinzip genauer ausformuliert und zur offiziellen Doktrin erhoben. Mit dem Rekurs auf die individuelle Verantwortung opponierte die Kirche letztlich gegen die sozialistische Idee einer staatlichen Gesellschaftsgestaltung.

Seine aktuelle Plausibilität erhält der Subsidiaritätsgedanke im Zusammenhang mit Diskussionen über die Krise des Sozialstaats. Diese Krise gilt als Folge eines schier unbegrenzten Vertrauens in die Gestaltungsfähigkeiten des Staates. Ob es um den Schutz vor Naturkatastrophen ging, um eine umfassende soziale Sicherheit oder die Steuerung der Konjunktur – es schien nichts zu geben, was der Staat nicht konnte, und bald gab es auch nichts mehr, wofür er nicht zuständig war. Diese Allzuständigkeit des Staates resultierte in der „Überladung“ von Staatsfunktionen, mit allen dazu gehörigen Krisenerscheinungen: der Unbezahlbarkeit von sozialpolitischen Programmen (vor allem im Gesundheits- und Bildungsbereich), einer zunehmenden Bürokratisierung und der Herausbildung einer innovationsfeindlichen Beamtenmentalität. Der Staat war zu einem zentralistischen und bürokratischen Apparat geworden, der nicht mehr mit Beteiligungsansprüchen der Bürger rechnete und sie zu Klienten degradierte. Gegen dieses Bild vom trägen, partizipationsfeindlichen, überlasteten und unbezahlbaren Verwaltungs- und Versorgungsstaat wird die Bürgergesellschaft als Alternativmodell beworben. „Bürgergesellschaft ist die Vision einer politischen Gemeinschaft“, so heißt es im Bericht der Enquete-Kommission des Deutschen Bundestags „Zur Zukunft des bürgerschaftlichen Engagements“ (2002: 33), „in der nicht allein oder vorrangig der Staat und seine Institutionen für die Zukunft der politischen Gemeinschaft Verantwortung tragen. Bürgergesellschaft heißt, sich von der Vorstellung der Allzuständigkeit des Staates zu verabschieden, zuzulassen und zu fordern, dass Bürgerinnen und Bürger in größerem Maße für die Geschicke des Gemeinwesens Sorge tragen.“

Während wohlmeinende Kommentatoren auf die Politisierungs- und Demokratisierungschancen dieses Modells verweisen, vermuten dezidierte Kritiker darin einen unzulänglichen Kompensationsversuch: Die durch den Bürgergesellschaftsdiskurs aktivierten Bürger sollen, so der Vorwurf, jene Aufgaben in eigener Regie übernehmen, für die sich der angeschlagene Sozialstaat als unzuständig erklärt. In dieser ideologiekritischen Perspektive erscheint der bürgergesellschaftliche Appell ans Gemeinwohl als Kehrseite neoliberaler Politik. Das freiwillige soziale Jahr soll demnach den Notstand im Pflegedienst abfangen; das ehrenamtliche Engagement den mangels öffentlicher Gelder bedrohten Schwimmbadbetrieb aufrechterhalten. Kurz: Die Bürger sollen sich selbst und – bei entsprechender Bedürftigkeit – gegenseitig helfen: durch Geld- und Sachspenden, durch kleine, selbstorganisierte Dienste oder durch ehrenamtliches Engagement in kirchlichen und karitativen Gruppen. Neben dieser eher marxistisch orientierten Kritik haben in der Soziologie in letzter Zeit jene Stimmen an Gewicht gewonnen, die sich in ihrer Kritik an Foucault anlehnen. Hier wird argumentiert, dass der Bürgergesellschaftsdiskurs eine politische Technologie zur Herstellung eigenverantwortlicher und eigenmotivierter, sprich freiwillig aktiver Bürger sei. Dieser Diskurs sei gewissermaßen als ein pädagogisches Programm zur „Staatsbürger-Schulung" zu verstehen, das den oder die Einzelne als ein im Sinne bürgerschaftlicher Qualitäten formbares, aber auch formungsbedürftiges Individuum zeichne (Sutter 2005, Dahme/Wohlfahrt 2009). Das Gerede über die Bürgergesellschaft funktioniere also vor allem als eine Einübung ins Selbstmanagement. Die Menschen sollen fit gemacht werden für ein Leben ohne sozialstaatliche Sicherungen.

Aus liberaler Perspektive wird diese Aktivierung der Bürger ganz anders beurteilt. Der Soziologe und zeitweilige FDP-Politiker Ralf Dahrendorf (1929–2009) etwa betont, dass die Eigentätigkeit der Bürger in Verbänden, Vereinen und Organisationen die Basis sozialer Innovationen sei, weil Innovationen mit dem Entwickeln von Alternativen sowie mit dem Aufbrechen von Zuständigkeiten und Routinen zusammenhängen. Außerdem begreift Dahrendorf das bürgerschaftliche Engagement als Gegenbewegung gegen die Bevormundung durch einen zentralistischen, starken Staat und damit letztlich als Vorsorge gegen Formen totalitärer Herrschaft (Dahrendorf 1992). Der große Versuch, durch Sozialstaatlichkeit soziale Ungerechtigkeiten zu lindern und Gleichheit herzustellen, resultiert – von dieser Warte aus gesehen – in einer Bedrohung der individuellen Freiheit. Denn der Staat habe in seinem grenzenlosen Zuständigkeitsanspruch die Staatsbürger letztlich zu Verwaltungsobjekten degradiert sowie bürgerschaftliche Passivität und politisches Desinteresse gestärkt. Der starke Staat zersetze genau jene Motivationsstrukturen, die die Grundlage für seine Herausbildung waren. Auf diese Weise droht der Sozialstaat – selbst Resultat einer Demokratisierung, die gegen Widerstand durchgesetzt werden musste – zu einer Quelle der Entdemokratisierung zu werden. Schließlich sei es den Bürgern, so die liberale Sorge, irgendwann egal, von wem sie verwaltet werden, solange nur Wohlstand und Sicherheit gewährleistet sind. In dieser Perspektive erscheint der Etatismus, also jede Art von Glauben an den Staat, als Gefahr für die Demokratie. Denn dieser Etatismus gilt aufgrund seiner Nebenfolgen – nämlich einer tief greifenden Lähmung des Politischen – als kompatibel mit jeder Form totalitärer Herrschaft. Vor diesem Hintergrund wird verständlich, dass der politische Streit um die Bürgergesellschaft oft als sozialpolitischer Lackmustest verstanden wird. Implizit wird darüber verhandelt, wie man zum Sozialstaat steht.

c) Elemente der Bürgergesellschaft

Die Bürgergesellschaft existiert heute in erster Linie als politisches Leitbild. Mit der Vision einer Bürgergesellschaft verbindet sich im politischen *Mainstream* der Appell an die Förderung bürgerschaftlichen Engagements. Dahinter steht die Kritik an einem bürokratischen, allzuständigen Versorgungs- und Verwaltungsstaat. Wir haben es also quasi mit einer Zeitdiagnose *ex negativo* zu tun. Hinter der Rede von der Bürgergesellschaft steht nicht der theoretisch begründete Glaube an ein neues Gesellschaftsmodell. Die Bürgergesellschaft bezeichnet auch keine soziologisch abgrenzbare Gesellschaftsformation. Dazu ist der Begriff der Bürger- oder Zivilgesellschaft viel zu heterogen und letztlich verschwommen geblieben – gerade aufgrund seiner traditionsreichen Vorgeschichte. Heute werden in diesem Diskurs vielmehr spezifische Modernisierungsrisiken (wie Entpolitisierung oder der Zerfall kultureller Bindungen) zum Thema, gegen die die Bürgergesellschaft in Anschlag gebracht wird. In diesem Sinne enthält die Rede von der Bürgergesellschaft durchaus zeitdiagnostische Elemente.

Gepflegt wird dieser Diskurs heute vor allem vonseiten des politischen Liberalismus. Denn die Bürgergesellschaft lässt sich von ihrer Tradition her sehr leicht in Verbindung bringen mit der Idee individueller Freiheit. Für die Idee sozialer Gleichheit – den traditionellen Integrationspunkt der politischen Linken – scheint das Konzept dagegen wenig ertragreich. Schließlich bildet die vielfältige Kritik an der institutionalisierten Form des Gleichheitsversprechens, nämlich dem Sozialstaat, den Ausgangspunkt der aktuellen Debatte. In Ralf Dahrendorfs (1992: 67ff.) idealtypischer Beschreibung der Bürgergesellschaft lässt sich dies nachvollziehen. Er nennt drei wesentliche Elemente der Bürgergesellschaft: 1) Vielfalt von Institutionen und Diskursen: Dieses Plädoyer für Vielfalt und Pluralismus versteht sich als Verteidigung der individuellen Freiheit. Es soll dem/der Einzelnen möglich sein, die eigenen Lebensinteressen ohne Zwang und Dogma verfolgen zu können. In diesem Sinne, so hält Dahrendorf ausdrücklich fest, widerspricht eine Staatskirche der Idee der Bürgergesellschaft, mehrere vom Staat unabhängige Kirchen hingegen nicht. 2) Autonomie der Institutionen und Organisationen: Autonomie meint hier die Unabhängigkeit von einem Machtzentrum, sprich: dem Staat. Beispiele einer solchen Autonomie sind etwa die kommunale Selbstverwaltung, autonome Universitäten, aber auch Stiftungen, Vereine und Verbände. Diese Autonomie sollte freilich nicht vom Staat verordnet sein (wie im Fall der österreichischen Universitäten), sondern durch Eigeninitiative begründet sein. Genau dann nämlich lassen sich Institutionen und Organisationen als Stützen der Bürgergesellschaft verstehen: wenn sie von einem politisch nicht gelenkten bürgerschaftlichen

Willen zur Selbstverwaltung getragen sind. 3) Stärkung des Bürgersinns: In diesem Punkt hebt Dahrendorf auf die Bedeutung bürgerschaftlichen Engagements ab. Quelle individueller Freiheit und eines demokratischen Gemeinwesens sind für ihn die bürgerlichen Tugenden, sprich Zivilcourage, Eigeninitiative und Selbstorganisationsfähigkeit. Das Warten auf den Staat gehört nicht dazu.

Im Zentrum dieser Bürgergesellschaftskonzeption steht also die Freiheit im Sinne der freien Verfolgung von Lebensinteressen und der Freiheit von staatlicher Gängelung. Die Bürgergesellschaft, schreibt Dahrendorf denn auch, „ist die Lebenswelt der Freien" (1992: 271). Gleichheit hat im liberalen Denken nur als formale Gleichheit Berechtigung, im Sinne des gleichen Rechts für alle Menschen, ihre Lebensinteressen zu verfolgen. Eine reale Gleichheit im Sinne der Aufhebung sozialer Ungleichheit ist damit nicht gemeint. Tatsächlich gilt dem politischen Liberalismus die Ungleichheit als zentrales Bewegungsprinzip der Gesellschaft und damit als Katalysator alles politischen und sozialen Fortschritts. Reale Gleichheit dagegen hemmt die Konkurrenz zwischen den Menschen und damit letztlich den Fortschritt. Dieser Gedankengang geht auf Immanuel Kant zurück. Kant postulierte, dass nur in der Konkurrenz die Talente des Menschen sich wirklich entfalten könnten. In seiner „Idee zu einer allgemeinen Geschichte in weltbürgerlicher Absicht" aus dem Jahre 1784 heißt es: „(...) in einem arkadischen Schäferleben bei vollkommener Eintracht, Genügsamkeit und Wechselliebe (würden) alle Talente auf ewig in ihren Keimen verborgen bleiben: die Menschen, gutartig wie die Schafe, die sie weiden, würden ihrem Dasein kaum einen größeren Werth verschaffen, als dieses ihr Hausvieh hat; sie würden das Leere der Schöpfung in Ansehung ihres Zwecks, als vernünftige Natur, nicht ausfüllen. Dank sei also der Natur für die Unvertragsamkeit, für die mißgünstig wetteifernde Eitelkeit, für die nicht zu befriedigende Begierde zum Haben oder auch zum Herrschen! Ohne sie würden alle vortrefflichen Naturanlagen in der Menschheit ewig unentwickelt schlummern. Der Mensch will Eintracht; aber die Natur weiß besser, was für seine Gattung gut ist: sie will Zwietracht." (Kant 1968: 21)

In der negativen Anthropologie des Liberalismus wird also die Abwesenheit von Konkurrenz und Konflikten mit Trägheit gleichgesetzt: Weil der Mensch von Haus aus faul ist, muss man ihn aktivieren, und das tut – bei Kant – die (Zwietracht säende) Natur. Bei Dahrendorf erledigen das die gesellschaftlichen Widersprüche. Denn die objektiven Interessengegensätze stellen Konflikte auf Dauer, und dies ist positiv. Denn nur vermittels dieser Konflikte ist sozialer Wandel denkbar. Konflikte sind nach Dahrendorf geradezu konstitutiv für moderne, offene Gesellschaften; Konflikte gelten ihm nicht als zu vermeidender Störfall und als Bedrohung für die Ordnung, sondern als produktiv und innovativ (Dahrendorf 1961). Diese Position hat den Konflikttheoretiker in den 1960er-Jahren bekannt gemacht. In Konflikten, so Dahrendorf, treten Ideen und Positionen in Widerstreit. Das heißt nicht, dass in einem fairen Wettbewerb sich die bessere Position durchsetzen würde (welche sollte das sein?). Von Bedeutung ist vielmehr, dass mittels dieser Konkurrenz die Entwicklungsrichtung der Gesellschaft offengehalten wird. Denn noch jede Konfliktlösung wird in einer Gesellschaft der Ungleichen neue Konflikte hervorrufen. Problematisch erscheint damit erst ein Gesellschaftszustand, in dem keine Konflikte mehr offenkundig werden. Denn dies muss als Hinweis auf einen Stillstand der Geschichte gelesen werden, der letztlich die Durchsetzung totalitärer Herrschaft impliziert. Ein „Ende der Geschichte", wie es von Francis Fukuyama unter dem Eindruck der Ereignisse von 1989 ausgerufen wurde, ist für das liberale Denken nicht als vollends befreite Gesellschaft vorstellbar, sondern eigentlich nur als eine von oben verordnete Friedhofsruhe. „Unser Traum vom Himmel lässt sich auf Erden nicht verwirklichen", schreibt Karl Popper (1992: 267). Doch wenn er sich verwirklichen ließe, so wäre im Sinne Poppers zu ergänzen, dann nur in totalitärer Form, denn im real existierenden Paradies ist Widerspruch nicht legitim. Ins Irdische übertragen heißt das: In einer Gesellschaft, in der irgendjemand die privilegierte Kenntnis des „Weltplans" legitimerweise für sich beanspruchen kann und damit die Macht zur Steuerung der Gesellschaft, sind die individuellen Freiheitsgrade auf Null reduziert. Denn in einer solchen geschlossenen, konfliktfreien Gesellschaft geben wir unsere Vernunft und unsere Verantwortlichkeit auf und delegieren wie Kinder die Entscheidungen an andere: an die List der Vernunft, an die proletarische Erlösungsmission oder an die Partei. Die liberale Glaubensformel lautet also, kurz gefasst: Ohne Konflikte kein Wandel und ohne Wandel keine Freiheit.

2 Gefährdungen der Bürgergesellschaft

Wenn die Bürgergesellschaft in der derzeitigen Debatte vor allem als politische Leitvision in den Fokus tritt – welche gesellschaftlichen Tendenzen sind es dann, die ihre Realisierung hemmen? Einige Antworten aus der Soziologie werden in diesem Abschnitt präsentiert. Es handelt sich dabei um Gesellschaftsdiagnosen aus den 1990er-Jahren, die die Frage aufgenommen haben, warum die Bürgergesellschaft heute *noch nicht* beziehungsweise *nicht mehr* Realität ist.

Ralf Dahrendorf, um gleich bei diesem Autor anzuschließen, sieht zwei Gefährdungen, der die Bürgergesellschaft in der Gegenwart ausgesetzt ist.

Zum einen die stabile Sockelarbeitslosigkeit von – je nach Land – fünf bis fünfzehn Prozent. Diese Arbeitslosigkeit, die auch in Zeiten wirtschaftlichen Aufschwungs nicht abnimmt und an die man sich zwischenzeitlich gewöhnt hat, führt zur Entstehung von „Unterklassen", die, wie Dahrendorf schreibt, quasi aus der Gemeinschaft der Bürger herausdefiniert werden. Zu diesen Unterklassen gehören auch jene prekär Beschäftigten, die trotz Arbeit in Armut leben. Man spricht mittlerweile nicht mehr nur in den USA von den „Working Poor". Weil aber der Zugang zu Märkten (also zu Angeboten) nur auf Basis von halbwegs einträglichen Jobs möglich ist, führt offene oder verschleierte Arbeitslosigkeit letztlich zu einer Entkernung des Bürgerstatus. Von vielen Liberalen wird darum der Anspruch auf ein Grundeinkommen vertreten. Dieses Grundeinkommen würde als Teil des Bürgerstatus gewährt – also unbürokratisch und ohne weitere Nachfragen und Bedingungen. Auf diese Weise wäre das Problem der engen Verbindung von Arbeit und Bürgerrechten gelöst. Doch dies scheint derzeit eine politisch nicht durchsetzungsfähige Idee zu sein. Realität ist daher gegenwärtig die Herausbildung einer Klasse von „Truly Disadvantaged", wie der einschlägige Titel des US-amerikanischen Soziologen William J. Wilson (1990) heißt, das heißt von Gruppen, die von der Gesellschaft quasi abgekoppelt sind. Diese Gruppen leben in den Elendsquartieren der Großstädte (Ghettos); sie weisen keine formalen Qualifikationen auf, sind von der Sozialhilfe abhängig und fallen durch Drogen- und Alkoholmissbrauch sowie eine vergleichsweise hohe Kriminalitätsrate auf. Viele Mitglieder dieser Unterklasse gehören ethnischen Minderheiten an und leben in ungeordneten Familienverhältnissen. Durch politische Förderungsprogramme sind diese Gruppen nicht zu erreichen – aber vielleicht durch freiwillige Helfer und kirchliche Gruppen. Man hofft, mit anderen Worten, auf die Bürgergesellschaft.

Eine zweite Gefahr sieht Dahrendorf in der anhaltenden Tendenz einer Re-Ethnisierung, das heißt dem Aufleben eines ethnisch begründeten Separatismus und entsprechender Autonomieforderungen. Wir beobachten seit dem Ende des kalten Krieges ein Aufleben von kriegerischen Konflikten, die mit dem Ziel der Herstellung einer kulturell-ethnisch-religiösen Homogenität unternommen werden. Beispielhaft dafür sind der Zerfall Jugoslawiens und die Kriege zwischen den Nachfolgestaaten der Sowjetunion, aber auch die Religions- und Kulturkonflikte in Ruanda, Pakistan und Indien. Eine instruktive Analyse dieses dominanten Konflikttypus an der Wende zum 21. Jahrhundert hat Samuel Huntington in seinem Bestseller über den „Kampf der Kulturen" (Huntington 2002) vorgelegt. Dieser ethnisch-religiös motivierte Separatismus forciert das Modell einer geschlossenen Gesellschaft: Bürgerrechte sind vorerst nur für die eigene Gruppe reserviert. Neu daran ist zweifellos die offene Legitimation formaler Ungleichheit.

Denn natürlich ziehen auch offene Gesellschaften Grenzen. Man denke nur an die subtile Diskriminierung der Schwarzen in den USA. Oder an die manifeste Diskriminierung von Nicht-EU-Ausländern in den Mitgliedsstaaten. In Österreichs Bundeshauptstadt beispielsweise wurde erst 2006 der kommunale soziale Wohnungsbau („Gemeindebau") für Nicht-EU-Ausländer geöffnet. Und es gibt weiterhin gläserne Mauern, nämlich eine fünfjährige Wartefrist für Zuwanderer (Stand 2011).

Bei Dahrendorf werden aktuelle Gefährdungen der Bürgergesellschaft als Exklusionsgefährdungen zum Thema. Es geht im Wesentlichen darum, durch welche Prozesse die Bürger in ihren Teilhaberechten beschnitten werden.

In einem einflussreichen Artikel mit dem markanten Titel „Bowling Alone" hat der US-amerikanische Soziologe Robert Putnam (geb. 1941) ebenfalls Gefährdungen der Bürgergesellschaft analysiert. Allerdings zeichnet er diese Gefährdungen in erster Linie als eine Folge beschädigter Interaktionsverhältnisse. Jene engen Netzwerke („dense networks of interaction"), die Grundlage für kooperatives Verhalten sind, weil sie gegenseitiges Vertrauen fördern, sind in Auflösung begriffen, so Putnam (1995). Indizien sind für ihn 1) eine stetig sinkende Teilnahme am politischen Leben (Stichwort Politikverdrossenheit); 2) eine nachlassende Beteiligung am religiös-kirchlichen Leben; 3) sinkende Mitgliederzahlen in Parteien und Gewerkschaften; 4) ein zunehmendes elterliches Desinteresse an den Schulangelegenheiten der Kinder; sowie 5) ein nachlassendes Engagement in Servicevereinen („Lions") und Hilfsorganisationen („Rotes Kreuz"). Es kommt in Summe zu einer Abnahme sozialer Interaktion, worauf die Kegel-Metapher in Putnams Artikel anspielt: Zwar gehen die Amerikaner weiterhin gerne kegeln. Aber sie tun dies nicht in Gemeinschaft, sondern allein. Putnam diagnostiziert eine anhaltende Tendenz zur politischen und bürgerschaftlichen Passivität. In Folge droht das „Social Capital" – im Deutschen etwa: das Sozialvermögen (um Verwechslungen mit dem Bourdieu'schen Begriff des Sozialkapitals zu vermeiden) – auf Rudimente zusammenzuschmelzen. Der Begriff des *Social Capital* umfasst bei Putnam jene Einstellungen, Tugenden und Werte, die so etwas wie die kulturelle Grundlage der Demokratie ausmachen, eben Vertrauen, Kooperativität, Interesse am Gemeinwesen, Verantwortungsbewusstsein. Die Reaktualisierung dieser „demokratischen Tugenden" ist auf die Vielzahl informeller und institutionalisierter Interaktionszusammenhänge angewiesen. Daher die hohe Bedeutung, die Putnam der aktiven Vergemeinschaftung in Form bürgerschaftlicher Vereinigungen zuschreibt. Wie viele andere Theoretiker der Bürgergesellschaft begreift Putnam eine Vergesellschaftung mit hohem Vergemeinschaftungsanteil als Garanten stabiler demokratischer Ordnung.

Was verursacht den gegenwärtigen Verlust an Sozialvermögen? Putnam benennt im Wesentlichen vier Gründe. Zum einen thematisiert er die extensive Zunahme der Lohnarbeitstätigkeit, die die Zeiträume für bürgerschaftliches Engagement stark einschränkt. Diese Absorption durch Arbeit problematisiert er allerdings nur anhand des kontinuierlich steigenden Anteils erwerbstätiger Frauen. Was er ausblendet, ist der gerade in den USA ebenfalls zunehmende und nicht geschlechtsspezifisch wirksame Zwang, einen Zweit- oder Drittjob annehmen zu müssen, um das eigene Auskommen sichern zu können. Zweitens macht Putnam die allgemein erhöhte Mobilität für den nachlassenden Bürgersinn verantwortlich. Man wird sich in der Regel nur dort engagieren, wo man dank längerfristigen Aufenthalts die Früchte des Engagements ernten kann. Ein dritter Aspekt ist die Demografie: Das stärkste bürgerschaftliche Engagement zeigen verheiratete Eltern aus der Mittelschicht – genau jene Spezies, die aufgrund steigender Scheidungsquote und abnehmender Kinderzahlen vom Aussterben bedroht ist. Eine erhebliche Bedrohung der Bürgergesellschaft sieht Putnam außerdem – viertens – in der fortschreitenden Technisierung. Die Technisierung interpretiert er – in guter kulturkritischer Tradition – als Quelle des zunehmenden Verfalls sozialer Bindungen. Der Einzug der Technik in den Freizeitbereich (TV, Computerspiele, Fitness-Center) resultiere in Vereinzelung; die Ablösung des Tante-Emma-Ladens durch den Supermarkt bzw. die Ablösung des Supermarkts durch das Online-Shopping verhindere persönliche Kontakte. Gerade letzterer Behauptung, Technisierung führe zum Niedergang des Sozialvermögens, ist zuletzt vehement widersprochen worden (vgl. Münch 2010: 131ff.), doch das nur am Rande.

Putnams Zeitdiagnose ist eindeutig: Er konstatiert einen – durch verschiedene Faktoren bedingten – Verlust an Sozialvermögen und Gemeinschaftssinn. Gleichzeitig enthält diese Diagnose eine deutliche Warnung. Sofern nämlich ein lebendiges politisches und bürgerschaftliches Engagement als Nährboden der Demokratie gilt, muss dessen Nachlassen als Gefährdung der Demokratie gewertet werden.

3 Die bürgerliche Gesellschaft

Im Mittelpunkt der „Bürgergesellschaft“ steht der Bürger als Träger politischer Teilhaberechte. Insofern sich mit der Bürgergesellschaft, wie z.B. bei Putnam, weiterreichende Überlegungen zur Zukunft der Demokratie verbinden, ergeben sich enge Verknüpfungen mit demokratietheoretischen Diskursen. Auf diese Weise gerät der Bürger vor allem als Staatsbürger in den Blick, nicht als Wirtschaftsbürger. Diese Unterscheidung mag zunächst verwirrend erscheinen. Weil sich auf diese Unterscheidung aber zwei Gesellschaftsdiagnosen mit grundverschiedenen Intentionen beziehen – nämlich die Bürgergesellschaft und die bürgerliche Gesellschaft –, ist es angeraten, sich zunächst zu vergegenwärtigen, welche Semantiken der Begriff des Bürgers mit sich führt. Wer oder was ist ein Bürger?

Der Begriff des Bürgers ist untrennbar mit der mittelalterlichen Stadt verbunden (Dröge/Magnin 2008). Die Stadt war über viele Jahrhunderte ein privilegierter Ort, sie hatte aufgrund des ihr verliehenen Stadtrechts eine gewisse Autonomie (etwa das Recht auf Selbstverwaltung) und gewährte frühbürgerliche Freiheitsrechte (z.B. Gleichheit vor Gericht). Die durch Handel reich gewordenen Städte versuchten bald, sich von der Herrschaft der Stadtherren (Bischöfe, Adel) zu befreien. So bildet sich ab dem Hochmittelalter das Konkurrenzverhältnis zwischen handeltreibenden Bürgern und der weltlich-geistlichen Herrschaft heraus, ein Konflikt, der erst viel später zugunsten des Bürgertums entschieden sein wird: mit der Durchsetzung der bürgerlichen Gesellschaft. Mit der Entwicklung der Städte ab dem 10. und 11. Jahrhundert entwickelt sich die Idee und Praxis des Bürgers, der in Kooperation mit anderen Bürgern die Probleme vor Ort meistert und in gemeinsamer Abstimmung das Zusammenleben steuert.

Der enge Bezug zwischen Bürger und Stadt drückt sich in der deutschen Sprache nicht unmittelbar aus. In anderen Sprachen schon. Im Englischen haben wir die „city“ und den „citizen“; im Französischen die „cité“ und den „citoyen“. Im Deutschen kommt der Begriff des Bürgers offenbar daher, dass der Rechtstitel „Stadt“ jene Orte bezeichnet hat, die über das Marktrecht und das Recht auf eine eigene Verwaltung verfügten; beides war ursprünglich der Burg vorbehalten. Der enge Bezug zwischen Bürger und Stadt ist im Deutschen also über die Burg vermittelt. Dabei ist es geblieben. Im Deutschen gibt es nur den Bürger, anders als im Englischen und Französischen. Dort hat sich für die Charakterisierung des Bürgertums die Unterscheidung zwischen „citoyen“ bzw. „citizen“ und „bourgeois“ herausgebildet. Der „bourgeois“ charakterisiert den handeltreibenden Unternehmer, also den Wirtschaftsbürger, der „citoyen“ den Träger politischer Teilhabe- und Freiheitsrechte, also den Staatsbürger, der allen anderen Staatsbürgern formal gleichgestellt ist.

Vor diesem Hintergrund werden die Differenzen zwischen Bürgergesellschaft und bürgerlicher Gesellschaft evident. Im ersten Fall wird der Bürger in erster Linie als Staatsbürger adressiert. In diesem Diskurs geht es ganz zentral um die Stärkung einer intermediären Ebene, die ihre Vitalität den bürgerschaftlichen Praktiken verdankt und die in letzter Instanz der Stabilisierung der demokratischen Ordnung dienen soll. Spricht man von der bürgerlichen Gesellschaft, so verbinden sich damit ganz andere Konnotationen. Die bürgerliche Gesellschaft gilt heute gemeinhin nicht als eine Gesellschaftsdiagnose, sondern ist inzwischen zu einer Basiskategorie der Soziologie aufgestiegen (ähnlich der Industriegesellschaft). Sie bezeichnet eine durch bürgerliche Herrschaft und Lebensformen geprägte Gesellschaft, wie sie für das 19. und frühe 20. Jahrhundert typisch war, zumindest in Mitteleuropa.

Es war nicht zuletzt Karl Marx, der die Semantik der bürgerlichen Gesellschaft ganz wesentlich geprägt hat. Schon früh, nämlich 1848 im „Kommunistischen Manifest", beschreibt er seine Gesellschaft als eine Gesellschaft, in der sich das Bürgertum siegreich gegen Adel und Kirche durchgesetzt und nunmehr als herrschende Klasse etabliert hat. Dieser Prozess vollzog sich über mehrere Jahrhunderte, wobei die Entwicklung des Fernhandels seit dem 12. Jahrhundert, die Entdeckung Amerikas, die Ausplünderung Lateinamerikas und der Sklavenhandel wichtige Stationen des wirtschaftlichen Aufstiegs des Bürgertums markieren. Die Kapitalbildung erscheint aus marxistischer Perspektive vor allem als eine Sache von Blut und Schwert. Am Ende dieses Prozesses konzentrierte sich das Kapital beim Handelsbürgertum. Kapitalistische Wirtschaft und bürgerliche Herrschaft – das schien von nun an eins.

Max Weber hat die Geschichte des Kapitalismus anders erzählt. Den entscheidenden Faktor in der Expansion des Kapitalismus sieht Weber nicht in Raub, Vertreibung und Kolonialismus, sondern in der Ausbreitung eines „kapitalistischen Geistes": Die Durchsetzung eines asketischen Arbeitsethos im Rahmen einer rationalen Lebensführung sei die maßgebliche Triebfeder des Kapitalismus gewesen, argumentiert Weber in seiner „Protestantischen Ethik" aus dem Jahr 1905 (Weber 1993). Anstatt die Früchte der eigenen Arbeit zu verprassen, investierte das Bürgertum seine Gewinne unablässig in neue Unternehmungen. Denn mit dem Siegeszug des Askesegedankens waren Genuss und Müßiggang gleichermaßen verpönt. Den – ursprünglich mönchischen – Askesegedanken hatte die calvinistische Prädestinationslehre in die Welt getragen. Um die auf Erden niemals einzuholende Hoffnung auf Auserwähltheit aufrecht zu erhalten, so hatten Calvins Epigonen gepredigt, müsse der Gläubige seine sittlich-moralische Bewährung in praktischen Werken dokumentieren. Die rastlose Berufsarbeit erschien als probates Mittel, sich seines individuellen Gnadenstandes zu vergewissern. Mit dem Siegeszug der protestantisch-calvinistischen Ethik wandelt sich also die Arbeit von einem notwendigen Übel zu einem Ort der moralischen Bewährung. Arbeit wird zum Beruf, zum Selbstzweck; wirtschaftlicher Erfolg zum Erlösungsindiz. Der Dienst am Geld wird zum Gottesdienst. Paradox genug: Eine Wirtschaftsform, die radikal weltimmanente Ideale verkörpert, wird durch eine religiöse Ethik auf den Weg gebracht, die der Weltentsagung das Wort redet. Askese und Erwerbsstreben passen, anders als gedacht, prima zusammen. Aber wie auch immer: Kapitalbildung erscheint bei Weber, der sich für die kulturell-mentalen Grundlagen des Kapitalismus interessiert, als nicht-intendierte Folge religiöser Erneuerungsbemühungen. Dass sich der moderne Kapitalismus von seinen religiösen Grundlagen emanzipieren wird, hat Weber vorausgesehen. Eine religiöse Stütze ist nicht mehr nötig, wenn kapitalistische Handlungsmaximen (insbesondere: die Verberuflichung der Arbeit) dem Menschen zur zweiten Natur geworden sind. Webers faszinierende Analyse des modernen Kapitalismus kann ich an dieser Stelle nicht vertiefen. Allen jedoch, die nach einer soziologisch versierten und doch lesbaren Darstellung der Protestantismusstudie suchen, sei die Max Weber-Biographie von Jürgen Kaube (2014) empfohlen.

Bei allen Divergenzen diagnostizieren beide, Marx und Weber, eine enge Verbindung zwischen Kapitalismus und dem Bürgertum, sei es in der Form der bürgerlichen Klasse (Marx) oder mit stärkerem Akzent auf die bürgerlichen Werte (Weber). Nachdem nun das Bürgertum im 17. und 18. Jahrhundert alle wichtigen Positionen im wirtschaftlichen Bereich besetzt hatte, war die durch Feudalismus und politischen Absolutismus geprägte Gesellschaftsform zunehmenden Spannungen ausgesetzt. Das wirtschaftlich erfolgreiche, aber von Führungspositionen in Staat und Kirche ausgeschlossene Bürgertum begann seinen Machtanspruch auch in politischer Hinsicht anzumelden. Die politische Offensive des Bürgertums offenbarte sich in den verschiedenen bürgerlichen Revolutionen, etwa im Freiheitskampf der im Welthandel sehr erfolgreichen Niederlande gegen den spanischen Absolutismus oder im Unabhängigkeitskrieg der Amerikaner gegen den englischen Kolonialismus. Am eindrucksvollsten vollzog sich die politische Durchsetzung des Bürgertums in Frankreich. Unter der historischen Parole „Freiheit – Gleichheit – Brüderlichkeit" konstituierte sich eine bürgerliche Emanzipationsbewegung, die die neue Gesellschaft in revolutionärer Form durchsetzte. Der Adel wurde abgeschafft, der König hingerichtet, die Monarchie beseitigt. Das allgemeine Wahlrecht wurde eingeführt. Das Bürgertum wurde zur maßgeblichen politischen Kraft. Zog sich dieser soziale Wandel in anderen Ländern über hundert Jahre lang hin, bedurfte er in Frankreich nur weniger stürmischer Jahre zwischen 1789 und 1794. Auch wenn in der Folge besitzbürgerliche und monarchistische Kräfte stärker wurden, so waren doch wesentliche Errungenschaften der französischen Revolution nicht mehr rückgängig zu machen.

Karl Marx hat die bürgerliche Gesellschaft als eine Epoche charakterisiert, in der die vormals ständisch (und damit recht unübersichtlich) gegliederte Hierarchie zugunsten eines einfachen Klassengegensatzes abgelöst wird: jener zwischen Bourgeoisie und Proletariat. Die bürgerliche Gesellschaft ist für Marx ganz wesentlich kapitalistische Gesellschaft, also eine Gesellschaft, die von ihren Reproduktionsbedingungen her und in ihrer Sozialstruktur durch den Besitz bzw. Nicht-Besitz von Produktionsmitteln charakterisiert ist. Auch die in der bürgerlichen Gesellschaft hegemonial gewordenen Werte wie Freiheit und Individualität beleuchtet Marx hinsichtlich ihrer Wirksamkeit für die Durchsetzung des Kapitalismus. So blieben diese – an sich revolutionären – Werte in der bürgerlichen Gesellschaft notwendig halbiert; die Freiheit etwa reduziere sich auf freien Handel und die Freiheit der Märkte.

Freilich hat Marx nie vergessen, auf die revolutionäre Rolle des Bürgertums hinzuweisen: die Ablösung von Verlagswesen und Manufaktur durch die moderne Großindustrie; die zunehmende Urbanisierung, die den „Idiotismus des Landlebens“ (Marx) überwindet; die Technisierung und Rationalisierung; die Überwindung traditioneller Glaubenssysteme und überkommener Werte – all dies erkennt Marx als Fortschritte des bürgerlichen Zeitalters ausdrücklich an. Im „Kommunistischen Manifest“ heißt es: „Die Bourgeoisie, wo sie zur Herrschaft gekommen, hat alle feudalen, patriarchalischen, idyllischen Verhältnisse zerstört. Sie hat die buntscheckigen Feudalbande, die den Menschen an seinen natürlichen Vorgesetzten knüpften, unbarmherzig zerrissen und kein anderes Band zwischen Mensch und Mensch übriggelassen als das nackte Interesse, als die gefühllose ‚bare Zahlung‘. (…) Die fortwährende Umwälzung der Produktion, die ununterbrochene Erschütterung aller gesellschaftlichen Zustände, die ewige Unsicherheit und Bewegung zeichnet die Bourgeois-Epoche vor allen früheren aus. Alle festen, eingerosteten Verhältnisse mit ihrem Gefolge von altehrwürdigen Vorstellungen und Anschauungen werden aufgelöst, alle neugebildeten veralten, ehe sie verknöchern können. Alles Ständische und Stehende verdampft, alles Heilige wird entweiht, und die Menschen sind endlich gezwungen, ihre Lebensstellung, ihre gegenseitigen Beziehungen mit nüchternen Augen anzusehen.“ (Marx/Engels 1969: 22f.) Das sind die klassischen Formulierungen, die die Auf- und Ablösung der traditional-feudalen Ordnung durch entfesselte Marktkräfte und den modernen Rationalismus beschreiben.

Die Herausbildung der bürgerlichen Gesellschaft vollzieht sich als ein vielschichtiger soziokultureller Prozess, der sich mit wenigen Schlagworten folgendermaßen charakterisieren lässt: Es kommt zur Durchsetzung einer industriellen Produktionsweise, die die Agrarwirtschaft an den Rand drängt; im Zuge der Industrialisierung setzt sich die Trennung von Wohn- und Arbeitsplatz durch, die Arbeit wird in Fabriken zentralisiert und gleichzeitig in viele kleine Schritte zerlegt (Arbeitsteilung). Infolge der industriellen Massenproduktion kommt es zur Ausweitung der Lohnarbeit und damit zu einem Anwachsen des Proletariats; damit einher geht die flächendeckende Durchsetzung einer marktförmig organisierten, auf Privatbesitz basierenden, kapitalistischen Wirtschaft; feudale Sozialstrukturen zerfallen; die Verstädterung setzt ein. Die Auflösung feudaler Strukturen spiegelt sich auch auf der Ideenebene: Die Theorie (oder Ideologie) des Liberalismus wird einflussreich ebenso wie die Idee der Aufklärung; ein allgemeiner Fortschrittsglaube setzt sich durch: Man glaubt an die Vervollkommnungsfähigkeit des Menschen genauso wie an die Höherentwicklung der Gesellschaft oder an die Verbesserung der Natur; die Wissenschaften expandieren; der Gedanke des gleichen Rechts setzt sich durch (Rechtsstaat). Und nicht zuletzt: Es regieren bürgerliche Werte, etwa in Form des Leistungsprinzips, des freien Unternehmergeistes oder eines „protestantischen" Arbeitsethos.

Diese Charakterisierung zeugt von der überragenden Bedeutung des Industriebetriebs für die bürgerliche Gesellschaft. Mit dem Industriebetrieb setzen sich nicht nur neue Arbeits-, Lebens- und Wohnformen durch, er ist auch Triebfeder rationaler Organisation, rationaler (Wirtschaftlichkeits-)Berechnung und Planung. Man könnte sagen: Der industrielle Betrieb wird zum Herz der neuen Gesellschaftsordnung. Deswegen haben viele Soziologen für die Kennzeichnung ihrer Gesellschaften bis in die 1970er-Jahre hinein den Begriff der Industriegesellschaft bevorzugt (klassisch: Aron 1964). Kapitalismus und Sozialismus sind aus dieser Perspektive lediglich politisch bedingte Varianten der gemeinsamen Gattung „Industriegesellschaft". Von Industriegesellschaft sprechen also jene Theoretiker, die auf die Natur des technischen Fortschritts bzw. auf die Rationalisierung fokussieren, um das Typische moderner Gesellschaften auf den Begriff zu bringen. Aber dieses Abstraktionsniveau war für Marxisten natürlich nie akzeptabel. Sie hielten am Begriff der bürgerlichen Gesellschaft fest, weil es ihnen vorrangig darum ging, die konkreten Besitz- und Machtverhältnisse innerhalb der modernen Gesellschaft zu thematisieren. Wer von Industriegesellschaft sprach, galt darum als Vertreter einer „bürgerlichen Soziologie", der den Sozialismus denunzieren will. Aus dieser Perspektive wird verständlich, welchen Zündstoff das Thema des legendären Soziologentags von 1968 „Spätkapitalismus oder Industriegesellschaft?" barg.

Der im Sinne der Marx'schen Geschichtsphilosophie größte Wert der bürgerlichen Gesellschaft besteht in der zwangsläufigen Herausbildung einer organisierten Arbeiterschaft und damit im Anstoßen eines Prozesses, der zur Überwindung dieser gesellschaftlichen Entwicklungsstufe führen wird. Die bürgerliche Gesellschaft erscheint als ein (notwendiges) Durchgangsstadium hin zu einer Gesellschaft, in der die kapitalistisch halbierte

Freiheit und Gleichheit der Individuen vollständig realisiert sein werden. Das heißt, die bürgerliche Gesellschaft bringt – aus marxistischer Perspektive – gerade aufgrund ihrer Erfolge in Sachen Technisierung und Industrialisierung eine soziale Dynamik hervor, die zu ihrem eigenen Untergang führen wird.

Ob die bürgerliche Gesellschaft tatsächlich im Untergang begriffen ist, wird in der gegenwärtigen Soziologie kontrovers diskutiert. Einigkeit besteht allenfalls darüber, dass ein solcher Untergang nicht gleichbedeutend sein muss mit der Überwindung des Kapitalismus. Im Gegenteil: Eine nachbürgerliche Gesellschaft könne sich gerade im Kontext eines radikalisierten Kapitalismus herausbilden, der auf die normativen Leitideen des bürgerlichen Zeitalters verzichten kann. In diesem Sinne hat der Soziologe Sighard Neckel argumentiert, dass Kapitalismus und bürgerliche Gesellschaft heute zu Gegensätzen geworden seien (Neckel 2011). Anstelle des Leistungsprinzips herrsche die Marktlogik des bloßen Erfolgs, statt des puritanischen Arbeitsethos der demonstrative, maßlose Konsum. Der moderne Kapitalismus, so das Fazit, sei ein „Kapitalismus ohne Bürgerlichkeit" (ebd.: 125).

Es ist also fraglich, inwieweit man die gegenwärtige kapitalistische Gesellschaft noch als bürgerliche Gesellschaft verstehen kann. Doch um eine Aktualisierung dieser altehrwürdigen Gesellschaftsformel ging es in diesem Abschnitt nicht. Vielmehr sollte mithilfe der historischen Optik von Marx und Weber die bürgerliche Gesellschaft in ihrer idealtypischen Form rekonstruiert werden. Denn auf diese Weise lässt sich leicht verdeutlichen, dass sich mit den Diskursen der Bürgergesellschaft bzw. der bürgerlichen Gesellschaft völlig unterschiedliche Intentionen verbinden. Die Rede von der bürgerlichen Gesellschaft meint im Grunde, dass die Eigentums- und Produktionsverhältnisse, die Lebens- und Wohnformen sowie die maßgeblichen Wertvorstellungen und Ideen durch die Hegemonie des Bürgertums geprägt sind. Die bürgerliche Gesellschaft kann man dann – wie Raymond Aron – für ein verteidigenswertes Gut halten oder aber – wie Karl Marx – für ein überwindungsbedürftiges Zwischenstadium der Geschichte.

Die Rede von der Bürgergesellschaft hingegen formuliert im Wesentlichen eine politische Leitidee, die gegen die Versuchungen des Etatismus und Totalitarismus immunisieren soll und vermittels der Aktivierung der Bürger die liberal-demokratische Ordnung verteidigen bzw. verbessern soll. In der Praxis kann dies auf eine „Demokratisierung der Demokratie" (Offe 2003) hinauslaufen, sofern unter Demokratie nicht nur eine bestimmte Staatsform, sondern die Selbstorganisation der Gesellschaft verstanden wird. Reduziert man allerdings die Bürgergesellschaft auf den Aspekt des bürgerschaftlichen Engagements, lässt sich die Bürgergesellschaft als ein

„Reparaturdiskurs" begreifen, der politische Strategien für eine in Turbulenzen geratene bürgerliche Gesellschaft bereithält. Und auf diese Weise ergäben sich dann doch einige Berührungspunkte zwischen den beiden Gesellschaftsdiagnosen der Bürgergesellschaft und der bürgerlichen Gesellschaft.

Kapitel 8
Die durchrationalisierte Gesellschaft

Der Begriff der Rationalisierung kann ganz unterschiedliche Assoziationen hervorrufen. Setzt man Rationalisierung mit dem Abbau von Arbeitsplätzen gleich, so müsste man die durchrationalisierte Gesellschaft wohl als Schreckensvision einer Hartz-IV-Gesellschaft verstehen: Bei fortbestehendem Lohnarbeitszwang hat niemand mehr Arbeit. Mit Bezug auf die psychoanalytische Tradition nimmt der Begriff eine andere Schattierung an. Rationalisierung bezeichnet bei Anna Freud eine Form der Abwehr, das heißt, unbewusste Triebinhalte oder Affekte werden mit Hinweis auf äußere Gegebenheiten abgewehrt: Weil zu Hause nur Stress und Arbeit warten, bleiben Familienväter gerne länger im Büro und begreifen dies als notwendige Karrieremaßnahme. Im allgemeinen Sprachgebrauch wird Rationalisierung als Gegenstück zum Irrationalen, Emotionalen, Willkürlichen verstanden. An diese Semantik schließt auch die Soziologie an.

Der Begriff der Rationalisierung gehört in der Soziologie zum altehrwürdigen Bestand. Einflussreich ist insbesondere Max Webers Interpretation geworden, wonach der Modernisierungsprozess als eine Entzauberung der Welt zu verstehen sei. Entzauberung der Welt heißt: Die Beziehungen der Menschen zu ihren Mitmenschen, zu ihrer Umwelt und zu sich selbst sind durch Sachlichkeit, Abstraktheit und Distanz geprägt. Verstärkt durch die Erfolge der modernen Naturwissenschaften setzt sich ein Glaube an die prinzipielle Berechenbarkeit und Planbarkeit aller Dinge durch. Alles Magische und Mystische verdampft, der pure Glaube (an Gott und die natürliche Ordnung der Dinge) zählt nicht mehr. An die Stelle der Metaphysik tritt die Logik, an die Stelle von Gewohnheit und Tradition Transparenz und Effizienz. So kommt es zur Durchsetzung einer Gesellschaft, die durch Einheitlichkeit, formale Regeln und zunehmende (Selbst-)Kontrolle gekennzeichnet ist.

Eine zeitgenössische Version dieser Grundmelodie hat der US-amerikanische Soziologe George Ritzer (geb. 1940) vorgelegt. Er hat 1993 ein Buch mit dem Titel „The McDonaldization of Society“ veröffentlicht, das in der Folge in viele Sprachen übersetzt und breit diskutiert wurde. Darin warnt Ritzer vor der Durchsetzung eines Ideals formaler, das heißt ausschließlich auf Effizienz zielender Rationalität in allen Lebens- und Arbeitsbereichen. Die heute wirksamen Rationalisierungsprinzipien – eben in Form eines ausufernden Effizienz- und Kontrolldenkens – sieht er dabei in Gestalt von McDonald's idealtypisch verkörpert.

Das heißt: Ritzers Buch versteht sich nicht als Restaurantkritik, auch wenn es darin viel um Fast-Food-Ketten geht. McDonald's wird von ihm vielmehr als *der* Exponent eines weltweiten gesellschaftlichen Trends zur Rationalisierung verstanden. Der Erfolg von McDonald's gilt Ritzer als Ausdruck für die weltweite Durchsetzung von Prinzipien, die im globalen Maßstab technokratisch gesteuerte, durch Fließbandarbeit getaktete, uniforme und letztlich entmenschlichte Gesellschaften ins Werk setzen. Es geht vorrangig nicht um eine Kritik eines Einzelunternehmens, sondern um die Frage, was der Erfolg von Fast-Food-Restaurants über die Gesellschaft aussagt. Und McDonald's ist eben nach wie vor die erfolgreichste Fast-Food-Kette.

Dazu ein paar Zahlen: Das erste McDonald's-Restaurant wurde 1940 in Kalifornien eröffnet. Heute findet man McDonald's in über 100 Staaten auf der ganzen Welt, täglich werden rund 46 Millionen Kunden bedient. McDonald's-Filialen existieren am New Yorker Times Square, auf den Champs-Elysées in Paris, in Moskau, in Peking und in Casablanca. Weltweit werden 32737 McDonald's-Restaurants betrieben (Stand Ende 2010). Allein in Wien gibt es derzeit 46 von ihnen. Hier wurde 1977 am Schwarzenbergplatz der erste McDonald's Österreichs eröffnet. Der globale Umsatz belief sich im Jahr 2010 auf 24,1 Milliarden Dollar. Der Sandwich-Spezialist „Subway" hat zwar mittlerweile mehr Filialen als McDonald's, aber weniger Umsatz. McDonald's ist nicht mehr nur ein Wirtschaftsfaktor, sondern ein Symbol der amerikanischen Kultur. Das angesehene Wirtschaftsmagazin „The Economist" veröffentlicht jedes Jahr den „Big Mac Index". Er misst die Kaufkraft verschiedener Währungen. Der jeweilige Preis für einen Big Mac in den einzelnen Staaten gilt als grober Anhaltspunkt für die Höhe der Lebenshaltungskosten. Der Big Mac kann deshalb als Maßstab gewählt werden, weil er eine streng standardisierte, einheitliche Ware auf dem ganzen Erdball ist.

Doch wie gesagt: McDonald's dient in Ritzers Zeitdiagnose lediglich als Chiffre für Prozesse, die auch weit jenseits der Gastronomie Fuß gefasst haben. Deswegen die Rede von der McDonaldisierung. Was muss man darunter verstehen?

1 Die Welt als Fast-Food-Restaurant

Mit McDonaldisierung bezeichnet Ritzer den „Vorgang, durch den die Prinzipien der Fast-Food-Restaurants immer mehr Gesellschaftsbereiche in Amerika und auf der ganzen Welt beherrschen“ (Ritzer 2006: 15). Als maß-gebliche Prinzipien begreift er Effizienz, Berechenbarkeit, Vorhersagbarkeit und Kontrolle. Die McDonaldisierung ist also im Wesentlichen ein Prozess der Rationalisierung, der auf diesen vier Prinzipien basiert. McDonald's ist für Ritzer ein (exemplarischer) Exponent dieser auf Zeitgewinn und Effizienz abzielenden Rationalisierung. Andere Beispiele, die er nennt, sind Burger King, Wendy, Pizza Hut, Starbucks, H&M, Ikea und The Body Shop. Allerdings ist Ritzers Rationalisierungsthese keineswegs auf die Bereiche von Gastronomie und Konsum beschränkt. Die McDonaldisierung hat vielmehr Auswirkungen auf sämtliche Gesellschaftsbereiche, etwa auf die Arbeitswelt, auf unsere Freizeitgestaltung, auf die Ernährung, die Bildung, die Medizin, die Familie, den Sport und anderes mehr. McDonaldisierung – so die zentrale These – ist die höchste Stufe von Rationalisierungsprozessen, die sich während des gesamten 20. Jahrhunderts vollzogen haben. In dem rund 400 Seiten starken Buch untermauert Ritzer seine These mit reichhaltigem empirischem Material.

Natürlich: Die McDonaldisierung, also die allgemeine Orientierung am Diktat der Einheitlichkeit, der Kontrolle und der Effizienz kann nur in einer Gesellschaft Erfolg haben, der diese Prinzipien von vornherein als erstrebenswert erscheinen (auch wenn diese Prinzipien in der Praxis vor dem Zeitalter der McDonaldisierung noch nicht perfekt umgesetzt gewesen sein mögen). Mit anderen Worten: Aus dem Nichts heraus kann die McDonaldisierung nicht so einen durchschlagenden Erfolg haben. Sie muss vielmehr an real existierende Wertvorstellungen und Praktiken anschließen. Was heißt das? Nehmen wir die bekannte Floskel „Zeit ist Geld“: In dieser Formel offenbart sich die typisch moderne Überzeugung, dass man mit seiner Zeit rational umgehen sollte, dass man möglichst viel erleben oder erledigen sollte pro Zeiteinheit. Außerdem wird deutlich, dass Berechenbarkeit und Vorsehbarkeit im Sinne besserer Planung (des eigenen Lebens oder aber auch der Gesellschaft) in diesem Denken zentrale Werte sind. Dieser Effizienzglaube muss den Menschen gar nicht bewusst sein, um in ihren Handlungen wirksam zu werden. Dass sich dieser Glaube im Zuge der McDonaldisierung verstärkt und schließlich in allen Gesellschaftsbereichen ausbreitet, davon handelt das Buch von Ritzer.

Im Folgenden werde ich das Panorama der Ritzer'schen Zeitdiagnose anhand der vier Prinzipien aufschlüsseln, die er als Kern der Rationalisierung begreift: Effizienz, Berechenbarkeit, Vorhersagbarkeit und Kontrolle. Was versteckt sich dahinter im Einzelnen?

1) Unter *Effizienz* versteht man zunächst einmal ganz allgemein die Auswahl optimaler Mittel zur Erreichung eines Zwecks. Es geht also darum, Mittel zu finden, mit denen man einen vorgegebenen Zweck schnell und zielsicher erreichen kann. In Bezug auf McDonald's heißt Effizienz: sicher, zuverlässig und auf dem schnellsten Weg vom Hunger zur Sattheit zu gelangen. Auf gesellschaftlicher Ebene wird Effizienz durch Institutionen, Normen und Regeln garantiert. Diese tragen dazu bei, dass man nicht mehr selber den optimalen Weg zum vorgegebenen Ziel finden muss, sondern standardisierte Handlungsschablonen anwenden kann. Wir verwenden z.B. Kochbücher, um schnell und zielsicher zu einer genießbaren Mahlzeit zu kommen. Man kann natürlich auch auf eigene Faust herumexperimentieren. Aber damit erreicht man das Ziel meist nur über Umwege. Man standardisiert also Handlungsabläufe, weil dies Zeit- und Effizienzgewinne verspricht. Tatsächlich steckt im Prinzip der Effizienz vor allem der Aspekt des Zeitgewinns. Die Durchsetzung des Effizienzprinzips dokumentiert sich für uns wahrscheinlich am eindrucksvollsten anhand der oft beschworenen „Schnelllebigkeit unserer Zeit". Im Alltag drückt sich dies in der Ausbildung einer unglaublichen Multitasking-Fähigkeit aus: Wir essen, während wir telefonieren und checken dabei nebenher am Laptop noch unsere Mails.

Effizienzsteigerung basiert nach Ritzer im Wesentlichen auf drei Prinzipien. Zum ersten in der Rationalisierung von Prozessen, das heißt, in dem man Abläufe stromlinienförmiger macht. Das Paradebeispiel ist hier einmal mehr das Fließband. Ritzer schreibt: „Bei Burger King wird die gefrorene Fleischfrikadelle an einem Ende auf ein Förderband gelegt, wandert dann langsam unter der Grillflamme hindurch und kommt 94 Sekunden später am anderen Ende gegart wieder heraus." (2006: 77) Eine derartige Stromlinienförmigkeit begegnet uns auch in anderen Lebensbereichen, ebenfalls aufgrund technischer Innovationen. Wir nutzen etwa Tiefkühlgeräte (weil man dann anstelle täglicher Besorgungen nur einen Großeinkauf machen muss); wir fahren in Einkaufszentren, wo wir alles an einem Ort finden, wir bestellen bei Amazon, weil dort rund zwei Millionen Bücher durch einen Mausklick verfügbar sind. Wir gehen ins Fitnesscenter, weil dort alle Geräte zum Laufen, Radfahren und Muskeltraining verfügbar sind und kein Straßenlärm unseren Musikgenuss beeinträchtigt.

Zum zweiten basiert die Effizienzsteigerung auf der Vereinfachung der Produkte. Dies lässt sich exemplarisch am Fast-Food-Restaurant zeigen. Es gibt nur eine kleine Speisekarte, ausschließlich Fingerfood und keine Möglichkeit, Sonderwünsche geltend zu machen. Diese hochgradige Vereinheitlichung ist im Übrigen keine Erfindung der Gegenwart. Dieses Prinzip der Effizienzsteigerung reicht bis in die Frühgeschichte der Massenfertigung zurück. So ließ Henry Ford sein berühmtes T-Modell eine Zeitlang nur in Schwarz anfertigen, um die Produktion zu beschleunigen.

Das dritte Prinzip der Effizienzsteigerung besteht in der Externalisierung von Arbeit. Das heißt konkret: Dem Kunden wird die Arbeit aufgebürdet. Bei McDonald's wird das augenfällig: Die Kunden holen ihr Essen selber und räumen auch die Abfälle wieder auf. „Der arbeitende Kunde" (Voß/Rieder 2005) ist aber keine Erfindung von McDonald's. In vielen Bereichen unterliegen wir als Konsumenten heute einem unheimlichen Kooperationsbefehl: Wir sind aufgerufen, mitzuarbeiten, oft haben wir gar keine Wahl, selbst wenn es uns überfordert. Mit der Selbstbedienung im Supermarkt sind wir schon länger vertraut, auch mit dem Zusammenbau von IKEA-Möbeln. Eine Herausforderung bleibt hingegen das „Online-Banking", ganz zu schweigen vom Fahrkartenkauf bei der Deutschen Bahn im Internet oder der elektronischen Steuererklärung.

2) Als zweiten wesentlichen Stützpfeiler der Rationalisierung begreift Ritzer das Prinzip der *Berechenbarkeit.* Im Bereich der Mathematik nennt man eine Funktion berechenbar, wenn es einen Algorithmus gibt, mit dem die resultierenden Werte bestimmt werden können. Um einen derart streng formalen Begriff der Berechenbarkeit geht es in Ritzers Zeitdiagnose natürlich nicht. Im Kontext der McDonaldisierung wird Berechenbarkeit eher im Sinne der Weber'schen Bemerkung gelesen, wonach in der Moderne der Glaube vorherrsche, dass sich „im Prinzip" alle Dinge berechnen ließen, mit anderen Worten: dass sich die Welt in Zahlen abbilden lässt. Mit diesem Glauben an die Vermessbarkeit der Welt geht eine vormals ungekannte Erwartungssicherheit einher. In Bezug auf McDonald's heißt das: Streng normierte Portionsgrößen ersparen negative Überraschungen. Sofern man die Dinge quantifizieren und berechnen kann, kann man sie auch in hohem Maße kontrollieren und steuern. Weil Berechenbarkeit sich ganz wesentlich auf Quantifizierung stützt, setzt Ritzer stellenweise diese beiden Begriffe in eins. Das Problem der Quantifizierung sieht Ritzer darin, dass die messbare Zahl zum Inbegriff aller Qualitätsmessung wird.

Die Universität ist ein schönes Beispiel dafür, wie man derzeit Qualität in Form von Zahlen zu erfassen versucht. Die längste Zeit ist die Universität eine Institution mit der Lizenz zur Wahrheitssuche gewesen. Recht viel Konkreteres wurde ihr nicht abverlangt. Forschung und Lehre waren frei, das heißt die Produktion und Vermittlung von Wissen hatte sich über die Welt der parteipolitischen und ideologischen Alltagsquerelen zu erheben. Die in der Universität beschäftigten Personen hatten nichts anderes zu tun, als anhand eines selbst gewählten Themengebiets in ihrer Disziplin innerhalb vertretbarer Zeit die notwendigen Qualifikationsarbeiten abzuliefern (Promotion, Habilitation). Zwar gab es Unterschiede zwischen den einzelnen Universitäten, weil etwa die eine einen berühmten Denker hatte, die andere nicht, aber wirkliche Niveauunterschiede zwischen den Universitäten wurden nicht systematisch erkennbar gemacht, zumindest nicht im deutschsprachigen Raum. Das hat sich gravierend geändert.

Heute werden die Universitäten eines Landes bzw. die Studienrichtungen einer Universität wie in einer Fußballtabelle geführt („Rankings"). Der Tabellenplatz ergibt sich im Wesentlichen aus der quantifizierten Leistung in den Bereichen von Lehre, Forschung und Drittmitteleinwerbung. Das Shanghai-Ranking listet jedes Jahr die 500 besten Universitäten der Welt, das von der Bertelsmann Stiftung gegründete Centrum für Hochschulforschung bewertet die deutschen Hochschulen und Fachhochschulen. „Wo ist die beste Zahnmedizin?", „Welche Universität hat die beste Psychologie?" fragen Publikumszeitschriften wie „Der Spiegel" zu Beginn des Semesters regelmäßig und legen ihre Ergebnisse in groß aufgemachten Titelgeschichten vor. Die Universitäten werden mittels Ratings, Rankings und Kennziffern bewertet, verglichen und hierarchisiert. Das Ziel ist der grundlegende Umbau der (angeblichen) Elfenbeintürme in „unternehmerische Hochschulen" (Maasen/Weingart 2006). Dieser Qualitätsmessung durch Zahlen unterliegen natürlich auch die WissenschaftlerInnen. Bei ihnen zählt vor allem die Anzahl der Publikationen, und weil diese Quantitätslogik natürlich dazu führt, dass möglichst viel und auch viel Mittelmäßiges veröffentlicht wird, versucht man die Qualität der Veröffentlichungen durch die Einführung einer weiteren Maßzahl zu objektivieren: durch den „Impact Factor". Dieser „Journal Impact Factor" soll messen, wie oft ein bestimmter Artikel in anderen Zeitschriften zitiert wird, und zwar in Relation zur Gesamtzahl der in dieser Zeitschrift veröffentlichten Artikel. Je höher der „Impact Factor", desto angesehener ist eine Fachzeitschrift. Diese neue Maßzahl wird unmittelbar karriererelevant: Wer in Zeitschriften mit höherem „Impact Factor" publiziert, hat größere Karrierechancen.

All diese Zählerei macht klar: Es wird in diesem Verfahren von der besonderen Qualität des jeweiligen Artikels notwendigerweise abstrahiert. Eine annähernd realistische Bestimmung des tatsächlichen Werts einer Publikation wäre aber immens zeitaufwendig: Man müsste den Artikel erstens lesen und dann, zweitens, im Rahmen eines Diskussionsprozesses innerhalb der Expertenschaft zu einem Urteil gelangen. Und selbst dieses Urteil hätte natürlich einen Zeitkern, das heißt, es ist von Moden und Trends getragen, sodass beispielsweise neue, visionäre Ideen unter Umständen gar nicht anschlussfähig sind. Nehmen wir Ludwig Wittgenstein als Beispiel, der heute als Großdenker gilt, aber zu seiner Zeit bestimmt selten zitiert wurde, wenn man auf Basis eines Zitationsindexes gemessen hätte, ganz einfach weil er für die meisten Philosophen damals unverständlich war. Heute aber gibt es einen Wittgenstein-Preis, die höchste Auszeichnung für österreichische WissenschaftlerInnen, den Wittgenstein selbst aber höchstwahrscheinlich nie bekommen hätte, denn was hätte er im Sinne unserer heutigen Qualitätsmessung vorzuweisen gehabt? Genau zwei Publikationen, die zu seinen Lebzeiten erschienen sind, und zwar den „Tractatus logico-philosophicus", ein knapp 80-seitiges Jugendwerk, sowie – aus seiner Lehrerzeit – ein Wörterbuch für Volksschulen. Diese unheimliche Macht der Zahlen wird neuerdings auch wieder in der Soziologie verstärkt zum Thema (z.B. Vormbusch 2004), und wer sich dafür interessiert, was aus einer Wissenschaft zu werden droht, die durch nummerische Indikatoren und Evaluationen regiert wird, der sei auf die höchst lesenswerte Studie von Richard Münch über den „akademischen Kapitalismus" (2011) hingewiesen.

3) Der dritte Stützpfeiler der McDonaldisierung ist die *Vorhersagbarkeit.* Die Vorhersagbarkeit hat viel mit Standardisierung zu tun. In Bezug auf McDonald's lässt sich etwa festhalten, dass Produkte, Service und Design (z.B. das M-Logo) überall auf der Welt die gleichen sind. Genau deshalb geht man zu McDonalds, gerade im Ausland: Man weiß, was man bekommt, und erlebt keine Überraschungen. Das heißt: Essen bei McDonald's ist ein sicheres Essen, insofern man Sicherheit als maximale Kontrolle von Risikofaktoren (sprich: Anomalien, Abweichungen, Überraschungen) versteht. Wir bemerken an dieser Stelle die Verbindungen zur Debatte um die Sicherheitsgesellschaft (siehe Kapitel 6). Schon das standardisierte Design, also die Inneneinrichtung der Lokale, die Verpackungen der Produkte usw., schafft Vertrautheit und formuliert auf subtile Weise ein Sicherheitsversprechen. Egal, wo man hinreist, man ist immer daheim. Diese Standardisierung erstreckt sich auch auf das Verhalten der Beschäftigten. Deren Kommunikation ist nach firmeneigenen „Drehbüchern" ausgerichtet, die die Gespräche am Tresen so schematisch ablaufen lassen. Sie alle kennen die Standardfrage: „Pommes dazu?"

Diese Standardisierung und Vereinheitlichung findet Ritzer nun auch in ganz anderen Gesellschaftsbereichen, beispielsweise beim Wohnen. Die Wohnbauten, ja ganze Siedlungen gleichen einander zuweilen wie ein Ei dem anderen, und Ritzer hat dabei vor allem die amerikanischen Vorstädte im Blick. Er bemerkt dazu süffisant: „In teureren Wohngegenden findet man ein wenig mehr Vielfalt, aber manche Vorstadtbewohner können unter Umständen in ein fremdes Haus gehen und bemerken erst einmal gar nicht, dass es nicht das eigene ist." (Ritzer 2006: 138) Aber nicht nur beim Wohnen, auch in der Alltagskommunikation spürt er Standardisierungseffekte auf. So behauptet er etwa, dass heute Pseudogespräche zur Norm werden. Diese Pseudogespräche laufen nach dem Muster der standardisierten

Verkaufsgespräche ab. Man fragt: „Wie geht's denn so?" Oder noch kürzer: „Alles klar?" Wir erwarten keine tief greifenden Bekenntnisse auf diese Fragen. Im Prinzip handelt es sich um floskelhafte Aufmerksamkeitsbezeugungen. Würde man wirklich inhaltlich darauf eingehen oder gar die Frage selbst hinterfragen, würde dies wahrscheinlich Befremden hervorrufen. Der Zeichner und Karikaturist F. K. Waechter hat dies sehr schön dargestellt. Auf einem seiner Bilder treffen sich zwei Männer auf der Straße. Der eine fragt: „Alles klar?" Antwortet der andere: „Nee, wieso?"

4) Das vierte Prinzip der McDonaldisierung ist die *Kontrolle.* In Bezug auf McDonald's heißt Kontrolle vor allem Kunden- und Beschäftigtenkontrolle. Das Verhalten der Kunden wird so manipuliert, dass sie im Sinne der Gewinnmaximierung schnell essen und schnell wieder gehen. Die Beschäftigten werden in ihren Arbeitsschritten überwacht, es gibt genaue Pläne für die effiziente Ausübung von Tätigkeiten. Die „Süddeutsche Zeitung" (12./13.2.2011) berichtet aus dem Hotelwesen: „Bei Ibis oder Etap wird wie im Putzakkord nach Stoppuhr gearbeitet. In Schulungsvideos lernt das Personal, was zuerst gemacht wird. Ein Bett neu zu beziehen, das darf drei Minuten dauern. Der Schrank hat keine Tür, um die Staubfläche so klein wie möglich zu halten. Er ist zwei Meter hoch. Wäre er höher, müsste die durchschnittlich große Reinigungskraft auf einen Stuhl steigen. Es versteht sich von selbst, dass jede Art von Chrom verboten ist, weil alles, was glänzen soll, aufwendig poliert werden muss." Kontrolle meint also: Überwachung des Menschen, damit er dem vordefinierten „one best way" des menschlichen Handelns folgt. Die Regeln müssen gar nicht explizit formuliert sein („schnell essen und gehen" ist keine explizit an den Kunden adressierte Regel, die Arbeitsvorschriften für die Beschäftigten hingegen schon).

Mit der Standardisierung menschlichen Handelns im Dienste der Effizienz ähneln sich die Menschen den Maschinen an. Bei McDonald's etwa gibt es keine Fritteusen mehr, sondern Maschinen, die klingeln, wenn die Pommes fertig sind; es gibt Computerkassen mit einem Bildschirm, sodass die Beschäftigten nur auf das richtige Bild drücken müssen. Der Ersatz von menschlicher Arbeitskraft durch Technologien – dies ist für Ritzer die Idealform der Kontrolle. Weil der Mensch aufgrund seiner Spontaneität und Kreativität die Hauptquelle von Abweichung und damit von Ineffizienz ist, erweist sich die Maschine letztlich als der bessere Mensch. Das ist der Kern von Ritzers Kontroll-Kapitel und gleichzeitig seine Hauptsorge: Die Ersetzung des Menschen durch die Maschine, der Sieg der Technik, also des Künstlichen über das Natürliche, der Sieg des Toten über das Lebendige. Diese kulturpessimistische Tonlage kennen wir bereits, und zwar aus den Debatten um die „technologische Gesellschaft" (siehe Kapitel 4). Dass Ritzer Autoren wie Ellul, Marcuse oder Gehlen gar nicht erwähnt, muss daher verwundern.

Ritzers Zeitdiagnose ist von einem deutlichen politischen Aktivismus getragen. Es gelte, so schreibt er, „aktiv (zu) werden, um den Trend zur McDonaldisierung umzukehren“ (2006: 13). Seine Therapievorschläge sind allerdings recht altbacken. Denn zwecks Abwehr der McDonaldisierung rekurriert er auf traditionelle Normen und Werte: auf das „Natürliche“, das Authentische, das Lokale, das „Gewachsene“. So plädiert er z.B. für die Bewahrung einer als natürlich gedachten Kultur in den von der McDonaldisierung heimgesuchten Ländern, also für die Erhaltung des Kunsthandwerks und der lokalen Küche. Die traditionelle Kleinfamilie begreift er als Bollwerk gegen die Vereinzelung und den Verlust gemeinschaftsstiftender Rituale. Doch Ritzers „Zurück zur Tradition“ dürfte wohl vielen von uns als ebenso wenig attraktiv erscheinen wie eine fortschreitende McDonaldisierung.

2 Die Macht der Bürokratie

Im Zentrum von Ritzers Gesellschaftsdiagnose steht die Warnung vor der Durchsetzung eines Lebensmodells, in dem die Fließband-Monotonie regiert. Ob Arbeit, Freizeit, Bildung oder Konsum: Alle menschlichen Aktivitäten werden nach Effizienzgesichtspunkten bewertet, und auf diese Weise schlittern wir in ein Leben, so Ritzer, das hocheffizient organisiert, aber nicht mehr lebenswert ist. Wir werden zu Gefangenen der Effizienzideologie. Ritzer spricht denn auch vom „eisernen Käfig der McDonaldisierung“ (2006: 13), in dem wir uns heute befinden. Mit dieser Formulierung erinnert er an Max Webers „stählernes Gehäuse der Hörigkeit“, und das ist kein Zufall. Denn wesentliche Aspekte von Ritzers Zeitdiagnose hat der berühmte deutsche Soziologe bereits vor 100 Jahren vorweggenommen. Webers Theorie der Bürokratisierung stellt den zentralen Bezugspunkt für die Argumentation Ritzers dar. Etwas überspitzt könnte man sagen: So wie McDonald’s der Idealtyp moderner Rationalisierung für Ritzer ist, so war es – 100 Jahre zuvor – die Bürokratie für Weber. Im Rahmen seiner Herrschaftssoziologie erscheint die Bürokratie als Musterbeispiel für den Rationalisierungsprozess der Moderne und gleichzeitig als dessen höchste Stufe (vgl. Weber 1980: 122ff.; 1988b).

Als zentrale Strukturmerkmale der Bürokratie hat Weber die Regelgeleitetheit der Amtsgeschäfte, die klaren Hierarchien und die Unpersönlichkeit der Amtsführung gekennzeichnet. Die Bürokratie begreift er als „Herrschaft der formalistischen Unpersönlichkeit“ (Weber 1980: 129), das heißt, die Beamten üben ihren Job ohne Emotionen und ohne persönliche Zielsetzungen aus („sine ira et studio“), sie sind Rollenträger, die im Berufsalltag unpersönliche Regeln exekutieren, denen sie zugleich selbst unterworfen sind.

Die Befehlenden sind insofern zugleich auch Gehorchende. Kern der bürokratischen Ordnung sind Regeln und Normen, denen Gehorsam entgegengebracht wird, es ist nicht der Respekt vor dem konkreten Amtsträger. Es ist einerseits diese Versachlichung, die Weber an der Bürokratisierung hervorhebt. Zum anderen betont Weber die Tendenz zur Nivellierung der ökonomischen und sozialen Unterschiede infolge der Bürokratisierung. Das heißt, die Fachbeamten werden nach ihrer Qualifikation rekrutiert, nicht aufgrund irgendwelcher Privilegien. Es zählt das Wissen, nicht die Herkunft.

Mit der Aufwertung des Fachwissens setzen sich meritokratische Prinzipien durch. Denn eine moderne Bürokratie baut nicht mehr auf die Günstlinge des Herrschers, auf Vasallen und Diener, sondern auf den fachlich geschulten Sachbearbeiter. Dessen Beziehung zum Vorgesetzten basiert nun aber nicht mehr auf einer persönlichen Treue, wie dies für die traditionelle Herrschaft typisch ist. Sie basiert vielmehr auf klar geregelten und vertraglich vereinbarten Berufspflichten.

Was Weber denn auch ganz deutlich sieht, ist das Naheverhältnis zwischen Bürokratisierung und Demokratisierung (im formalen Sinne der Rechtsgleichheit). Denn im Zuge der Bürokratisierung treten formale, gesatzte und daher prinzipiell einklagbare Regeln und Rechte an die Stelle von persönlicher Willkür und Gnade. In diesem Sinne wirkt die Bürokratisierung zweifellos emanzipativ. Andererseits wandeln sich vormals persönliche Beziehungen zu Beziehungen zwischen Sachen, Interessen und Rollenträgern. „Ich halte mich ja nur an meine Regeln", hören wir auf den Ämtern und Behörden, wenn wir beginnen, den Beamten unser Leid zu klagen. Natürlich gibt es immer Ausnahmen und Abkürzungen, weil man jemanden kennt, gerade in Österreich. Aber vom Prinzip her sind in der Moderne an die Stelle persönlicher Abhängigkeiten sachliche Abhängigkeiten getreten. Gesetze, Regeln, Normen gelten – egal welcher Beamte gerade hinter dem Schalter sitzt.

Ritzer kritisiert genau diese Abstraktifizierung der sozialen Beziehungen als „Entmenschlichung": Die Menschen begegnen sich nicht mehr als Menschen, sondern als Sachen. Aber damit unterschlägt Ritzer jenen realen Fortschritt, den die Rationalisierung ebenfalls mit sich bringt. Denn wer schätzt es nicht, wenn die Gesetzeshüter anlässlich von Verkehrskontrollen die Raser nicht einfach niederschießen, sondern – ganz bürokratisch – Strafvermerke ausstellen? Wer will wirklich zurück in die Enge des traditionellen Dorflebens, wo jede ungewollte Schwangerschaft zum Skandal wird? Wer schätzt nicht die Anonymität der Großstadt – trotz aller unbestreitbaren Nachteile?

Diese Ambivalenz der Rationalisierung hat Max Weber sehr viel genauer als Ritzer gesehen. Gleichzeitig ging Weber davon aus, dass dieser Rationalisierungsprozess praktisch unaufhaltsam ist. Schließlich galt ihm die Bürokratie aufgrund ihrer klaren Hierarchie, ihrer Arbeitsteiligkeit und Regelgeleitetheit als effizienteste Form menschlicher Handlungskoordination im Hinblick auf beliebige Zwecke. Es ist diese technische Überlegenheit, die die Bürokratie zum universellen Ordnungs- und Herrschaftsmodell macht. Weber wusste deshalb, dass auch im Sozialismus diese Form der Herrschaft existieren würde, weil auch und gerade der Sozialismus nicht auf effiziente Verwaltung verzichten kann (Stichwort Planwirtschaft). Die Bürokratie, schreibt Weber (1980: 570), etabliert „praktisch so gut wie unzerbrechliche Formen der Herrschaftsbeziehungen". Sie ist gewissermaßen der Kern einer Herrschaftsform, in deren Zentrum die Rationalisierung steht.

Mit dieser Kennzeichnung der modernen Herrschaft als bürokratische Herrschaft setzt Weber recht abstrakt an, denn wir befinden uns damit in einem Reich jenseits der politisch-ideologisch bestimmbaren Herrschaft. Wir haben eine ziemlich genaue Vorstellung davon, was die Rede von einer kapitalistischen oder kommunistischen Herrschaft meint. Aber bürokratische Herrschaft? Dieser Begriff wird klarer, wenn wir uns vergegenwärtigen, gegen welche anderen Herrschaftsmodelle Weber diese bürokratische Herrschaft abgrenzt. Außerdem muss man verstehen, welchen Herrschaftsbegriff Weber dabei zugrunde legt.

Webers berühmte Definition lautet, dass Herrschaft die Chance ist, „für einen Befehl bestimmten Inhalts bei angebbaren Personen Gehorsam zu finden" (Weber 1980: 28). Herrschaft wird also interaktionistisch gedacht, nämlich als ein Verhältnis zwischen Personen. Im Kern dieses Verhältnisses steht auf der einen Seite der Autoritäts- und Legitimationsanspruch der Befehlenden und auf der anderen Seite die Anerkennung dieses Anspruchs durch die Gehorchenden. Genau diese Zweiseitigkeit – Autorität und Gehorsam – gilt es zu betonen. Herrschaft ist nicht allein nackter Zwang oder autoritärer Befehl. Weber schreibt: „Ein bestimmtes Minimum an Gehorchenwollen, also: Interesse (…) am Gehorchen, gehört zu jedem echten Herrschaftsverhältnis." (ebd.: 122) Mit anderen Worten: Die Herrschaft funktioniert nur auf Basis ihrer Legitimität, also eines fest verankerten Glaubens an die Rechtmäßigkeit der jeweiligen Herrschaft. Es ist dieser Legitimitätsglaube, der im Zentrum stabiler Herrschaftsverhältnisse steht. An die Rechtmäßigkeit der Herrschaft kann man, so Weber, aus ganz unterschiedlichen Gründen glauben: etwa aufgrund eines zweckrationalen Abwägens von Vor- und Nachteilen; oder aus Gewohnheitsgründen, weil es eben so Tradition ist; oder aus einer persönlichen Neigung heraus. Aber was auch immer die Gründe für den Gehorsam gegenüber der Herrschaft sein mögen, entscheidend ist, dass sich ein bestimmter Herrschaftstyp nur auf Basis eines stabilen Glaubens an dessen Legitimität behaupten kann.

Im Zentrum der *bürokratischen Herrschaft* steht der Glaube an die gesatzte Ordnung, das heißt an verschriftlichte Regeln und Normen und insbesondere Rechtsnormen. Weber redet deshalb von der legalen Herrschaft. Dieser Glaube eint Vorgesetzte und Untergeordnete, und es ist genau diese Gemeinsamkeit, die eine klare Unterscheidung zwischen Oben und Unten zu unterlaufen scheint. Das Beispiel des selbst durch Regeln in seinem Ermessensspielraum eingeschränkten Amtsträgers habe ich schon angeführt. Zwar verleiht das durch Regeln begründete Handeln dem Beamten eine gewisse Amtsautorität, seine persönliche Autorität ist aber eher gering. Schließlich hängt von der konkreten Person wenig ab. Natürlich gibt es klare Hierarchien in der Bürokratie, wie Weber sie vor Augen hat. Doch gerade die Versachlichung der personalen Beziehungen, die Ausrichtung allen Handelns an der sachlichen Amtspflicht, macht die Ambivalenz jedes Machtgewinns deutlich. Man bleibt auf jeder Stufe der Hierarchie mit den Ansprüchen der Bürokratisierung konfrontiert, das heißt mit den Ansprüchen der Regelgeleitetheit professionellen Handelns, der Vertragsförmigkeit sozialer Beziehungen, der formalen Legitimation von Entscheidungen.

Im Zentrum der *traditionellen Herrschaft* steht der Glaube nicht an eine regelbestimmte Ordnung, sondern an eine natürliche bzw. „heilige" Ordnung. Der Glaube richtet sich hier also auf die Legitimität von jeher gültiger Traditionen. Die Untergebenen sind in diesem Fall nicht fachkundige Beamte, sondern praktisch Untertanen, die sich nicht durch Wissen, sondern durch Treue und Privilegien, etwa ein Naheverhältnis zum Herrscher, auszeichnen. Dieser Herrscher ist sehr viel autonomer als jener, der in der bürokratischen Herrschaft ganz oben stehen mag. Denn er ist in seinen Befehlen nicht an gesatzte Normen gebunden, sondern an die Tradition. Eine alltägliche Variante dieses Traditionalismus erkennen wir in all jenen Situationen, in denen wir – sinngemäß – zu hören bekommen: „Das war immer schon so, das haben wir immer schon so gemacht, da könnt ja jeder kommen." Der Bezug auf die Tradition erzeugt Innovationsresistenz, weil er Pietät gegenüber der Autorität verordnet und von Begründungszwängen entlastet. Das Aufkommen von Regeln und Rechtsnormen – Eckpfeiler der bürokratischen Herrschaft – verweist darauf, dass Handlungen und Entscheidungen begründungspflichtig werden.

Neben der bürokratischen und traditionellen Herrschaft nennt Weber als einen dritten Typus die *charismatische Herrschaft.* Diese Herrschaft basiert auf dem festen Glauben an magische oder irgendwie außeralltägliche Fähigkeiten einer Person, also an deren Charisma. Dieses Charisma muss sich in der Realität bewähren, das heißt, es muss durch entsprechende Ereignisse und Erfolge gestützt werden. Bleibt diese Bewährung aus, schwindet die charismatische Autorität. Es ist also gewissermaßen der Erfolg, der diese Herrschaft stützt, nicht die Tradition oder die gesatzte Ordnung. In reinster Form findet man diese Herrschaft bei religiösen oder kulturbewegten Sekten. In den 1970er- und 80er-Jahren z. B. reisten Tausende Europäer nach Indien, um dort unentgeltlich und recht hart im Dienste Bhagwans zu arbeiten, eines ehemaligen indischen Philosophieprofessors, dem seine Jünger übernatürliche spirituelle Fähigkeiten zuschrieben. Ein anderes Beispiel, das auch Weber vor Augen hatte, ist der George-Kreis. Der Lyriker Stefan George (1868–1933) war aufgrund seiner Sprachmagie und seiner visionär-spirituellen Tonlage lange Jahre in Deutschland unglaublich populär. Der sich als Prophet eines irgendwie anderen, „geheimen" Deutschland stilisierende Dichter versammelte in einem elitär-konservativen Kreis junge, literarisch begabte Männer um sich, die seine Verse als Worte der Offenbarung verstanden und ihm grenzenlos ergeben waren. Dieser Männerbund war, wenn man so will, der Vorläufer einer popkulturellen Sekte am rechten Rand. Thomas Karlauf (2008) hat in seinem Referenzwerk über Stefan George nachgezeichnet, wie charismatische Herrschaft auf der Mikroebene funktioniert.

3 Ist die Rationalisierung heute das Problem?

Zur Beantwortung dieser Frage muss man sich zunächst einmal vergegenwärtigen, dass Ritzers McDonaldisierungs-These – genauso wie Webers Bürokratie-These – durch einen historischen Vorläufer der Rationalisierung informiert ist, der in den Sozialwissenschaften unter dem Begriff des *Taylorismus* geläufig ist. Hinter diesem Begriff verstecken sich die Ideen des US-amerikanischen Ingenieurs Frederick W. Taylor (1856–1915), der um 1900 herum in einer Serie von Publikationen begann, das Konzept einer „wissenschaftlichen Betriebsführung" *(Scientific Management)* zu popularisieren. Schon wenig später wurden seine Gedanken fruchtbar, nicht nur in Amerika, sondern auch in Europa.

Unter Taylorismus versteht man ganz allgemein den tief greifenden Prozess einer Rationalisierung der Arbeitswelt. Das übergeordnete Ziel besteht in der Durchsetzung eines wissenschaftlich-methodisch begründeten „one best way" der Arbeitsverrichtung. Dieser Taylorismus ist heute meist negativ konnotiert, man assoziiert damit vor allem monotone Niedriglohnarbeit am Fließband. Tatsächlich war Taylor an der Steigerung der Produktivität gelegen, um die Armut zu bekämpfen und die allgemeine Prosperität zu steigern. Taylor argumentiert, dass man zu diesem Zweck zweierlei tun müsse: 1) wissenschaftliche Methoden ersinnen, um die Effizienz der Arbeit zu steigern, und 2) die Arbeiter in einem langsamen Prozess davon überzeugen, dass die gesteigerte Produktivität nicht zu Arbeitsplatzverlusten führt, sondern letztlich allen zugutekommt – den Arbeitern (in Form höherer Löhne) sowie den Arbeitgebern (durch geringere Produktionskosten) und der gesamten Bevölkerung (erweiterte Konsummöglichkeiten). Seine Schrift zielt in politischer Hinsicht auf nichts weniger als die Ermöglichung des sozialen Friedens, nämlich indem die scheinbar gegensätzlichen Interessen der Arbeitgeber und der Arbeiter vereinbar werden – eben durch die Rationalisierung der Arbeitsorganisation (Taylor 1922).

Das zentrale Ziel der wissenschaftlichen Betriebsführung liegt in der Steigerung der Arbeitsleistung. Um dieses Ziel zu erreichen, muss die Arbeit auf der Basis exakter, wissenschaftlich fundierter Regeln und Vorgaben verrichtet werden und nicht länger auf der Basis von Routinen und Faustregeln. Solange jeder seine Arbeitstätigkeit verrichtet, wie er es für gut und effizient hält, herrscht Ineffizienz. Eine wissenschaftliche Arbeitsorganisation aber erscheint notwendig, damit „alle unnötigen Bewegungen ausgeschaltet, langsame Bewegungen durch schnelle und unökonomische durch ökonomische Handgriffe ersetzt werden" (Taylor 1922: 24). Im Zentrum des Taylorismus steht denn auch die Aufstellung von verpflichtenden Arbeitsregeln. Diese Arbeitsregeln wurden auf Basis methodisch ausgefeilter Zeit- und Bewegungsstudien entworfen. Ausgewählte Arbeiter in bestimmten Sektoren (z.B. Maurer oder Roheisenverlader) wurden in ihren einzelnen Arbeitsschritten genau beobachtet mit dem Ziel, die einzelnen Arbeitsschritte zeitlich genau zu quantifizieren. Die Orientierung an den besten, effizientesten Arbeitern gab dabei das Muster ab für die Festlegung des optimalen Verfahrens.

Die Detailliertheit der Regeln und die Zergliederung in kleinste Arbeitsschritte bedeutet, dass ungelernte Kräfte die Arbeit ausführen können. Überspitzt formuliert: Im tayloristischen Arbeitsmodell steckt die ganze Intelligenz in den Regeln, die Arbeit selbst können auch die Dummen ausführen. Das ist der Witz an der Sache: Auf diese Weise kann man die Arbeiterschaft besser kontrollieren. Außerdem kann eine extrem zergliederte und standardisierte Arbeit von Unqualifizierten verrichtet werden. Das heißt, die Unternehmen können Lohnkosten sparen – in der Praxis, wohlgemerkt. Denn Taylor selbst argumentiert in seiner Schrift anders herum: Er plädiert dafür, den wissenschaftlich angeleiteten Arbeitern mehr als den anderen zu zahlen.

Taylors Bemühungen um eine Rationalisierung der Arbeit lassen sich nur vor dem Hintergrund eines fest verankerten Glaubens an die Segnungen der Verwissenschaftlichung verstehen. Um die Jahrhundertwende galten Wissenschaft und Technik – bis auf wenige Ausnahmen, Stichwort Nietzsche – als die Krone westlicher Kultur und als wichtigste Motoren für

Wachstum, Wohlstand und Sicherheit. Und diese Verwissenschaftlichung soll nach Taylor nun endlich in der Arbeitswelt Platz greifen.

Effizienzsteigerung funktioniert in der Welt Taylors dadurch, dass das Unberechenbare, Ineffiziente, das Individuelle, kurz: der Faktor Mensch aus dem Arbeitsprozess eliminiert wird. Das Symbol dieser arbeitsteiligen, hocheffizienten, aber monotonen Produktionsform ist das Fließband. Das Fließband ist keine Erfindung Taylors, aber die vollendete Realisierung seiner Ideen, so könnte man sagen. Seine breitenwirksame Einführung erfuhr das Fließband mit den Autofabriken von Henry Ford im Detroit der 1910er-Jahre. In seinem Film „Modern Times“ (1936) hat Charlie Chaplin diesen Arbeitstypus wirkungsvoll karikiert. Wir erinnern uns an die Maschinenhalle mit den riesigen Zahnrädern, die lückenlos ineinandergreifen und die den mit dem Schraubenschlüssel hantierenden Charlie langsam in das Räderwerk einsaugen. Die Irrationalität dieser Rationalisierung wird in diesen Bildern augenscheinlich: Die Maschine dient nicht länger dem Menschen, vielmehr wird der Mensch im Dienst an der Maschine selbst zu einer Maschine – die der wirklichen Maschine an Stetigkeit und Effizienz allerdings unterlegen ist.

Hier sind wir an dem Punkt gelangt, wo wir die Frage nach der Stichhaltigkeit von Ritzers Kritik wieder aufnehmen können. Tatsächlich ist ja Ritzers Kritik an Taylorismus und Fließbandfertigung nicht neu, und es ist die Frage, ob eine solche Kritik heute überhaupt noch trifft. In der Industriesoziologie wird beispielsweise diskutiert, ob wir es in den letzten Jahrzehnten in der Arbeitswelt nicht sogar mit einer Gegenbewegung zum Taylorismus zu tun haben. So wurde in den 1980er-Jahren unter dem Stichwort der „Neuen Produktionskonzepte“ (Kern/Schumann) und später dann unter dem Titel „Subjektivierung von Arbeit“ diskutiert, ob die Unternehmen zum Ziel der Gewinnmaximierung nicht längst dazu übergegangen sind, den *gesamten* Menschen in den Arbeitsprozess einzubeziehen, das heißt, (auch) seine Kreativität sowie seine emotionalen und kommunikativen Qualitäten zu nutzen, um Ertrag steigernde Innovationen ins Werk zu setzen.

Horst Kern und Michael Schumann hatten unter dem Titel „Das Ende der Arbeitsteilung?“ – zunächst noch mit Fragezeichen versehen – behauptet, dass der langjährige Trend in der Industriearbeit zu immer größerer Zergliederung der Tätigkeiten, zu immer stärkerer Spezialisierung, zur wachsenden Trennung von Kopf- und Handarbeit seit Ende der 1970er-Jahre gebrochen sei (Kern/Schumann 1984). Vielmehr werde der Mensch als Flexibilitätsfaktor wieder wichtiger. Angesichts wachsender technischer Komplexität und vielfältigerer Marktanforderungen könne auf die spezifisch menschlichen Fähigkeiten in der Produktion nicht länger verzichtet werden. Eine alte Forderung der „Humanisierung des Arbeitslebens" schien damit zumindest teilweise Wirklichkeit zu werden: An die Stelle zerstückelter Einzeltätigkeiten treten wieder mehr und mehr ganzheitliche Aufgabenzuschnitte; die kreativen Beiträge der Beschäftigten würden wieder nachgefragt und geschätzt. Allerdings kommt es spätestens seit Ende der 1990er-Jahre – behauptet jedenfalls die Industriesoziologie – zu einem Pendelrückschlag. Es gibt Anzeichen einer „Re-Taylorisierung": Die Taktzeiten werden wieder kürzer (in der Automobilindustrie sind Tätigkeitsumfänge von einer Minute keine Seltenheit), anspruchsvollere Formen der Gruppenarbeit mit breiten Rotationsmöglichkeiten zwischen Tätigkeiten werden wieder zurückgenommen, und es werden wieder verstärkt Zeitstudien durchgeführt. Freilich wird nicht komplett darauf verzichtet, die menschlichen Fähigkeiten zur Selbstorganisation und Kreativität zu nutzen: In „Qualititätszirkeln" beispielsweise sollen die ArbeiterInnen Verbesserungsvorschläge erarbeiten, während Teamtreffen Lösungsmöglichkeiten für gruppeninterne Probleme erarbeiten oder ihre Urlaubs- und Zeitpläne selbst organisieren – aber all das geschieht gewissermaßen außerhalb der eigentlichen, wieder stärker taylorisierten Arbeitstätigkeit (Springer 1999).

Was für die Produktionsarbeit in den letzten 20 Jahren kontrovers diskutiert wird, ist zumindest für bestimmte Segmente der Angestelltenarbeit unbestritten: Ohne den „subjektiven Faktor" geht es bei der Arbeit nicht. Unter dem Stichwort der „Subjektivierung von Arbeit" (Moldaschl/Voß 2002) diskutiert die Arbeitssoziologie in den letzten Jahren eine wachsende Verschränkung zwischen subjektiven Ansprüchen und Fähigkeiten einerseits und betrieblichen Anforderungen andererseits. Kreativität, Spontaneität und Flexibilität werden durch die Organisationen nicht ausgeblendet und verleugnet; sie werden vielmehr explizit zum Bestandteil des Anforderungsprofils. Damit wird einerseits eine alte Forderung der Kritik an der entfremdeten Arbeit realisiert: Privat- und Berufsmensch werden nicht länger getrennt, die Arbeitenden können eigene Ansprüche an die Arbeit einbringen (solange es die „passenden", profitablen sind), der „ganze Mensch" ist gefordert. Andererseits ist das nicht nur eine Chance, sondern bedeutet auch eine wachsende Anforderung, die zum Druck auf die Beschäftigten werden kann. „Sei du selbst!", „Sei kreativ!" wird zu einem neuen Imperativ, gegenüber dem man kaum auf Distanz bleiben kann. Kritische Analysen fassen die „Subjektivierung" als Subsumtion oder Kolonisierung an sich eigenlogischer, organisations- oder kapitalismusfremder Fähigkeiten und Eigenschaften, die gewissermaßen parasitär genutzt werden (Arbeitsgruppe SubArO 2005). Und die betrieblichen Gesundheitsanalysen zeigen: Unbedingt glücklicher und gesünder sind die „subjektivierten" Beschäftigten auch nicht automatisch. Zwar leiden sie weniger unter Monotonie und einseitigen körperlichen Belastungen als der Fließbandarbeiter, dafür aber mehr unter psychischem Stress, Burn-out und Depressionen (Kratzer et al. 2011). Der post-tayloristischen Anforderung, ein allseits aktives, eigenständiges und kreatives Subjekt zu sein, ist nicht jede oder jeder gewachsen.

Der Blick auf aktuelle Tendenzen in der Arbeitsorganisation lässt die Ritzer'sche Angst vor der absoluten Kontrolle des Menschen daher als übertrieben erscheinen – oder als verharmlosend, je nachdem. In jedem Fall scheint uns heute eine Gesellschaftskritik, die Kontrolle und Überwachung ausschließlich aus einer Orwell'schen Big-Brother-Perspektive problematisiert, etwas zu kurz zu greifen. Sie übersieht erstens die erwähnten Tendenzen einer Entstandardisierung und Subjektivierung der Arbeit; sie übersieht die Wiederentdeckung des Menschen und seiner kreativen Potenziale, auch wenn diese Wiederentdeckung Profitzwecken dient. Und sie übersieht – zweitens – eine mächtige Tendenz in der Entwicklung moderner Gesellschaften: die Institutionalisierung einer beständigen *Selbstkontrolle*.

4 Kontrolle und Selbstkontrolle

Diese Institutionalisierung der Selbstkontrolle ist schon früh von dem Soziologen Norbert Elias (1897–1990) thematisiert worden. Elias hat daran erinnert, dass in vielen Fällen die Kontrolle von innen heraus funktioniert, also auf der Eigenmotivation der mündigen Individuen beruht. Die Fixierung auf eine Kontrolle, die von außen auf den Menschen einwirkt, blendet das aus. Elias nun hat jene vielfältigen Selbstkontrollmechanismen in ihrer historischen Entwicklung untersucht, die den modernen Menschen auszeichnen.

In seinem Hauptwerk „Über den Prozess der Zivilisation" (erstmals erschienen 1939) hat er anhand einer ausgreifenden historischen Analyse deutlich gemacht, dass der Zivilisationsfortschritt eine gründliche Domestizierung des menschlichen Affekthaushalts bedeutet. Elias diagnostiziert einen zunehmenden gesellschaftlichen Zwang zum Selbstzwang, das heißt, der Mensch ist gezwungen, seine Affekte und Triebe einer kontinuierlichen Selbstkontrolle zu unterwerfen. Elias begreift den Zivilisationsprozess ebenfalls – nicht anders als Weber – als einen Rationalisierungsprozess, wobei er das Hauptaugenmerk auf die Versachlichung im Sinne des Bedeutungsverlustes von Emotionen und Affekten legt. Den Zwang zum Selbstzwang begreift er nicht als bewusste Entscheidung der einzelnen Individuen, im Gegenteil: Als Soziologe begreift er diesen Zwang als Resultat des gesellschaftlichen Wandels, genauer gesagt: der gesellschaftlichen Differenzierung. Die in modernen Massengesellschaften zunehmenden gegenseitigen Abhängigkeiten aufgrund der Funktions- und Arbeitsteilung zwischen den Menschen erfordern, Elias zufolge, eine straffe Planung und Organisation, die ganz wesentlich auf die Selbstkontrolle des Menschen angewiesen ist (Elias 1997). Der oder die Einzelne darf, da vielfach auf andere angewiesen, nicht aus der Rolle fallen.

Außerdem fordert die hochgradige Organisiertheit des modernen Lebens ein hohes Maß an Selbstkontrolle. Dies macht Elias am Beispiel des modernen Straßenverkehrs klar. Das Gehen auf einer Landstraße in der vormodernen Gesellschaft, so Elias, erfordert eine stete Kampfbereitschaft, also eine Mobilisierung von Affekten, weil immer die Gefahr eines Angriffs oder eines Überfalls gegenwärtig ist. Die mangelhafte Monopolisierung der Macht durch den Souverän (sprich: Gewaltmonopol) fördert affektuelles Handeln. Anders ist dies in modernen, komplexen Gesellschaften. In unserer Zeit kann der Straßenverkehr nur auf Basis der Selbstregulierung der Verkehrsteilnehmer reibungslos funktionieren; die Hauptgefahr ist hier nicht der Angriff von außen, sondern der Verlust der Selbstkontrolle. Affekte beim Autofahren, so lernen wir schon in der Fahrschule, sind lebensgefährlich. Vermeiden Sie emotionsgeladene Diskussionen beim Autofahren, fahren Sie nie unter Stress! Operieren Sie, mit anderen Worten, so emotionslos wie die Maschine, die Sie bedienen. In diesem Sinne sind wir alle schon perfekte Autofahrer, wenn wir mit 17 oder 18 Jahren zum ersten Mal hinter dem Steuer sitzen. Denn wir antizipieren und akzeptieren in aller Regel bereits das Maß an Selbstdisziplin, das uns das Autofahren abverlangt. Diese Selbstkontrolle steigt Elias zufolge im Prozess der gesellschaftlichen Entwicklung an. Er schreibt: „Mit der Differenzierung des gesellschaftlichen Gewebes wird auch die soziogene, psychische Selbstkontrollapparatur differenzierter, allseitiger und stabiler." (Elias 1997: 330) Der Zwang zur Selbstkontrolle, so Elias, wird dabei gar nicht als Druck gespürt oder als Bedrohung empfunden; es ist vielmehr ein vermittelter Zwang, der „zum guten Teil durch das Medium seiner eigenen (das heißt des Menschen; A.B.) Überlegung hindurch (wirkt)" (ebd.: 337).

Mit seiner These einer zunehmenden Selbstkontrolle formuliert Elias so etwas wie ein gesellschaftliches Entwicklungsmodell. In diesem Modell ist die einfache, vormoderne Gesellschaft durch ein offenes Ausleben der Affekte und Begierden charakterisiert. Fremdzwänge werden als Zwänge erfahren und nicht in Selbstzwänge umgeformt. Die Lust an der unmittelbaren Macht- und Gewaltausübung wird mit größeren Gefahren und Ängsten bezahlt. Diese einfache Gesellschaft ähnelt gewissermaßen dem Kindesalter. Es ist ein Leben in Extremen. Die moderne, komplexe Gesellschaft dagegen ist die Gesellschaft im Erwachsenenstadium. Affekte werden reguliert,

Fremdzwänge werden in Selbstzwänge umgeformt, das Leben verläuft mangels echter Gefahren in emotionaler Ausgeglichenheit, was nicht heißt, dass es keine Spannungen gäbe: Aber diese Spannungen werden nicht zwischen den Menschen, sondern in der Person selbst ausgetragen. Man operiert als Polizist in eigener Sache, man entwickelt ein „Über-Ich".

Vor diesem Hintergrund wird verständlich, warum Elias das bürgerliche Individuum als Kulminationspunkt des abendländischen Zivilisationsprozesses und damit als einen spezifisch modernen Sozialcharakter begreift. Denn ordnungsgemäßes Verhalten funktioniert beim bürgerlichen Individuum (bei uns allen) auf Basis verinnerlichter Normen. Das heißt, die normengesteuerte Regulierung menschlichen Handelns basiert darauf, dass der oder die Einzelne an diese Normen auch wirklich glaubt. Dieser Glaube ist keineswegs selbstverständlich. Das vorbürgerliche Individuum ist nicht durch das Prinzip „Normglaube und Schuld" gesteuert, sondern durch das Prinzip „Scham und Schande". In diesem Stadium realisiert sich normkonformes Handeln ohne wirkliche innere Überzeugung. Eine Mutter beispielsweise, die ihrer Tochter das Tragen von Miniröcken verbietet, findet Miniröcke an sich vielleicht gar nicht so schlecht, aber aus Gründen der Konformität bleibt sie restriktiv. Sie will nicht aus dem Rahmen fallen. Sie hat Angst, zur Schande zu werden. Was werden wohl die Nachbarn sagen? Eine solche Form sozialer Selbstkontrolle hat Kleinräumigkeit zur Voraussetzung: räumliche Nähe, eine kleinräumige Gemeinschaft. Man kennt einander, man sieht und beobachtet sich – zumindest glaubt man das von den Anderen. Diese traditionellen Strukturen sind für unsere Zeit nicht mehr typisch, aber sie leben bis zu einem gewissen Grad noch in der Moderne fort.

Das heißt, bei der Unterscheidung zwischen vorbürgerlichem und bürgerlichem Individuum handelt es sich um eine idealtypische Unterscheidung. In der Realität wird es immer Überschneidungen und Mischformen geben. Dennoch kann man davon ausgehen, dass in unterschiedlichen Gesellschaftsepochen jeweils ein anderer Typ dominant wird. Und für Elias ist ein Typ, dessen Selbstführung und Selbstkontrolle sich auf Nähe und Kleinräumigkeit gründet, für die vormoderne, traditionelle Gesellschaft charakteristisch. Für die moderne Gesellschaft hingegen ist die Verinnerlichung von Normen typisch. Das individuelle Schuldgefühl taugt damit als Sanktionsmittel. Das bürgerliche Individuum, so Elias, macht sich jetzt die Norm (z.B. den Puritanismus des Minirockverbots) zur eigenen Sache. Man missbilligt Dinge, weil man sie für sittlich anstößig hält. Verstößt das gewissensgesteuerte Individuum gegen die Norm, empfindet es nicht Scham, sondern Schuld. Das Schuldgefühl symbolisiert das negative Ergebnis einer moralischen Selbstprüfung.

1950 hat dann David Riesman (1909–2002), ein US-amerikanischer Soziologe, die Auflösung dieses modernen Sozialcharakters postuliert und den Übergang zu einem dritten Typus postuliert. Die Kernthese seiner zeitdiagnostischen Charakterstudie lautet, dass sich seit den 1940er-Jahren in den neuen Mittelschichten der US-amerikanischen Großstädte ein Sozialcharakter herausbildet, den er „außengeleitet" nennt. Dieser außengeleitete Typ ist nicht mehr der normengeleitete Prinzipienmensch und zielorientierte Berufsmensch; es ist vielmehr ein flexibler Typus, der sich in seinem Verhalten an den kurzfristigen Erwartungen seiner Umgebung orientiert (Riesman 1958). Riesman zeichnet diesen Typus als getrieben von der Sucht nach Anerkennung durch seine Peergroup und den Versuchen, den anderen gleich zu werden. Hintergrund dieser Entwicklung ist der Übergang von der industriellen Gesellschaft in eine nachindustrielle, durch Dienstleistungsarbeit geprägte Gesellschaft (siehe Kapitel 10). In dieser Gesellschaft wird, so Riesman, der Dienstleistungssektor und damit die Beziehungsarbeit zwischen Menschen immer wichtiger. Traditionen verlieren weiter an Bedeutung, Knappheitsprobleme werden nachrangig, die Teilhabemöglichkeit an Freizeit und Konsum sowie schnell wechselnde Moden erfordern einen Typus, der sich einer „protestantischen Ethik" entledigt hat. Selbstkontrolle spielt hier eine nachrangige Rolle. Im Vordergrund steht die Konformität durch Anpassung an Andere. Mit seiner Zeitdiagnose mit dem Titel „The Lonely Crowd" (deutsch: „Die einsame Masse") landete Riesman einen der ersten soziologischen Bestseller.

Wie bei allen einflussreichen Gesellschaftsdiagnosen werden auch hier deutliche Warnsignale ausgesendet. Denn Riesman betont, dass bei allen Vorzügen des neuen Charaktertypus eines verloren gehe, nämlich so etwas wie ein authentischer Kern der Persönlichkeit. Anders gesagt: Dem postmodernen, außengeleiteten Menschen fehlt es an Autonomie. Riesman schlussfolgert daher, dass Gesellschaften, die auf diesem Typus basieren, schwere Defizite an widerstandsfähigen, selbstbewussten Charakteren haben, die aber gleichsam den Humus der Demokratie darstellen. Das heißt, moderne Gesellschaften fördern einerseits einen bestimmten Persönlichkeitstypus. Gleichzeitig droht dieser Typ wesentliche Fundamente der Gesellschaft zu untergraben. Etwas überspitzt formuliert: Der Totengräber der Gesellschaft wird aus dem Prozess gesellschaftlichen Wandels selbst hervorgebracht. Diese Denkfigur erinnert deutlich an Marx. Bei ihm ist das Entstehen des Proletariats die zwangsläufige Folge der kapitalistischen Industrialisierung im 19. Jahrhundert; gleichzeitig ist das Proletariat aber auch der Garant für die Durchsetzung einer besseren Gesellschaft. Allerdings wird auch sogleich die Differenz zu Marx deutlich: Bei Riesman droht die postmoderne Gesellschaft zwar im fortlaufenden Prozess der Modernisierung sich ihrer eigenen Wurzeln zu berauben, doch positive Alternativen sind nicht in Sicht. Der außengeleitete Typus erscheint seinerseits nicht als Übergang zu einer neuen, besseren Phase. Dies bedingt den pessimistischen Zungenschlag, der so viele Zeitdiagnosen auszeichnet.

Kapitel 9
Die Erlebnisgesellschaft

Für ein paar Jahre wehte der zeitdiagnostische Weltgeist in Bamberg. Hier lehrte Ulrich Beck, als er 1986 seine „Risikogesellschaft" vorlegte. Wenig später, 1992, rief dort Gerhard Schulze die Erlebnisgesellschaft aus. Kurz darauf trat dann Peter Gross mit einer Gesellschaftsdiagnose hervor, deren Titel – wiewohl nicht ganz so eingängig wie die seiner Bamberger Kollegen – ebenfalls zu einem Schlagwort wurde: „Die Multioptionsgesellschaft" (1994).

Ausgangspunkt all dieser (und verwandter) Diagnosen war die Beobachtung, dass im Zuge der Prosperität der 1950er- und 60er-Jahre individuelle Entscheidungs- und Konsummöglichkeiten sich extrem gesteigert hatten. Für die Soziologie stellte sich damit das Problem der Vergesellschaftung neu: Ließ sich die Industriegesellschaft in ihrer Hochphase als eine durch Knappheit strukturierte Gesellschaft verstehen, so diskutierte man in den 1980er- und 90er-Jahren, wie sich die Gesellschaft vor dem Hintergrund von Überfluss und allgemeinem Wohlergehen neu formiert. Gibt es im Zeitalter von Wohlfahrtsstaat und fortgeschrittener Individualisierung überhaupt noch soziale Großgruppen? Bestehen zwischen den Menschen noch irgendwelche Gemeinsamkeiten? Oder zerfällt die Gesellschaft zu einer losen Ansammlung atomisierter Individuen und verdient daher den Namen Gesellschaft eigentlich gar nicht mehr?

Der US-amerikanische Ökonom John Kenneth Galbraith hatte schon 1958 von der Überflussgesellschaft („The Affluent Society") gesprochen, also von einer Gesellschaft, in der Armut nur noch ein – wenngleich schmerzliches – Minderheitsproblem darstellt, und darauf hingewiesen, dass dieser dramatische soziale Wandel intellektuell erst einmal verarbeitet werden müsse. Zwar leben wir bereits in der Überflussgesellschaft, argumentierte Galbraith (1959), doch unser Denken und Handeln folgt nach wie vor der Logik einer Knappheitsgesellschaft. Deswegen drohen wir es zu verpassen, die entscheidende Weichenstellung vorzunehmen: nämlich in Menschen zu investieren anstatt in Hochöfen, sprich: mit allen verfügbaren Mitteln das Bildungsniveau der Bevölkerung zu steigern und nicht, wie bisher, die Güterproduktion. Mit diesem Plädoyer für eine Qualifizierung der Arbeit erweist sich Galbraith aus heutiger Perspektive als ein Vorläufer der Debatte um die Wissensgesellschaft.

In der Debatte um die Erlebnisgesellschaft hat man die arbeitssoziologischen Implikationen dieses epochalen Umbruchs – von der Mangel- zur Überflussgesellschaft – nicht weiter verfolgt. Ausführungen zum Wandel von Wirtschaft und Arbeitswelt sind hier randständig. Im Mittelpunkt steht der Mensch als Konsument und Freizeitaktivist, ein durch unbegrenzte Wahlmöglichkeiten Getriebener, dessen Denken – mangels echten Mangels – vor allem um Lebensstil-, Geschmacks- und Identitätsfragen kreist und dessen Arbeit vor allem eine Arbeit am Selbst ist.

1 Her mit dem schönen Leben!

Die „Erlebnisgesellschaft", das Hauptwerk des Soziologen Gerhard Schulze (geb. 1944), ist insofern eine untypische Gesellschaftsdiagnose, als ihre Kernthesen auf umfangreicher empirischer Forschung beruhen. Zusammen mit seinen Mitarbeitern hatte Schulze Mitte der 1980er-Jahre im Nürnberger Raum eine empirische Studie zu Milieus und Lebensstilen durchgeführt, die auf einer Repräsentativumfrage und verschiedenen qualitativen Zusatzerhebungen (teilnehmende Beobachtung, qualitative Interviews) beruhte. Allein der Methodenanhang mit sämtlichen Fragebogen, Skalen und Tabellen umfasst im Buch 200 Seiten und dokumentiert einen hochreflektierten Umgang mit dem Methodenkanon empirischer Sozialforschung. Den gern artikulierten Vorwurf mangelnder empirischer Fundierung wird man dieser Gesellschaftsdiagnose nicht machen können.

Typisch ist die „Erlebnisgesellschaft" für das Genre der Gesellschaftsdiagnostik insofern, als die mannigfaltigen empirischen Beobachtungen im Hinblick auf einen Epochenwandel gelesen werden. Dieser Epochenbruch resultiert für Schulze aus der breitenwirksamen Durchsetzung eines neuen, singulären Handlungsmodus, nämlich der Erlebnisorientierung. Die Erlebnisorientierung wird als Kernmerkmal einer neuen Gesellschaftsform begriffen. Ob soziale Beziehungen, Freizeitaktivitäten oder Kaufentscheidungen – all dies begründet sich jetzt vorrangig anhand des jeweiligen Erlebniswerts. Konflikte ästhetisieren sich; sie drehen sich um Stil- und Identitätsfragen, nicht um Verteilungsfragen. In dieser Erlebnisgesellschaft, die sich Schulze zufolge Anfang der 1990er-Jahre voll entfaltet hat, dreht sich alles ums Erleben, nicht mehr ums Überleben. Die individuellen Lebensentwürfe sind geprägt durch Wahlfreiheiten und neue Möglichkeitsräume, nicht durch Tradition und soziale Kontrolle. Im Zentrum stehen das Selbst und die Selbstverwirklichung, Subjektivität wird zum Markenzeichen. Die

Erlebnisgesellschaft ist eine Gesellschaft, resümiert Schulze (1992: 54), die durch „innenorientierte Lebensauffassungen" geprägt ist. Abgrenzungshorizont dieser Erlebnisgesellschaft ist offensichtlich eine vergangene Gesellschaft, in der außenorientierte Handlungsmuster vorherrschten. Aber was verbirgt sich hinter dieser Unterscheidung?

Außenorientierung meint – anders als bei Riesman (siehe Kapitel 8) – ein Denken und Handeln, das aus dem Basisproblem der Knappheit hervorgeht und daher am Haben orientiert ist. Es geht primär um die Optimierung der Mittel, um vorgegebene Zwecke effizient zu erreichen. Das Handlungsziel besteht in der Realisierung von Dingen, die unabhängig vom Handelnden existieren (z. B. Geld, Produkte, Systemeigenschaften). Interessant an diesen Dingen ist ihr Gebrauchswert. Einschlägige Beispiele für außenorientiertes Handeln wären: arbeiten, um Geld zu verdienen; essen, um satt zu werden; sich kleiden, um nicht zu frieren bzw. um Statusbewusstsein zu demonstrieren; heiraten, um den Besitz zu mehren (die altertümliche Redewendung, jemand habe „eine gute Partie gemacht", illustriert diesen Typ von Versorgungsheirat – es geht nicht darum, dass diese gute Partie besonders attraktiv, humorvoll oder empathisch wäre). Kinder kriegen, damit sie da sind. Das Erfolgskriterium dieses Handelns liegt im Objekt. Die Prüffrage lautet, ob der klar definierbare Zielzustand realisiert werden konnte.

Im Gegensatz dazu geht es bei der innen- oder erlebnisorientierten Lebensauffassung nicht primär ums Haben, sondern ums Sein, um Subjektivität und Selbstverwirklichung. Infolge der Erweiterung individueller Handlungsspielräume – hervorgerufen durch materiellen Überfluss und den Bedeutungsverlust von Traditionen – entstehen neuartige und vielfältige Wahlmöglichkeiten. Unsere Entscheidungen orientieren sich an der Steigerung von Genuss und Erlebnis. Maßgeblich für unsere Konsumentscheidungen ist nicht mehr der Gebrauchswert, sondern der Erlebniswert der Dinge. Wir arbeiten, um uns selbst zu verwirklichen (und verzichten dabei vielleicht auf einen besser dotierten Job); wir essen, um zu genießen oder Genuss zu zelebrieren; in unserer Kleidung demonstrieren wir eigene ästhetische Ansprüche; wir heiraten, um die durch den Partner vermittelten Attraktionen dauerhaft konsumieren zu können (seien sie sexueller, emotionaler oder sozialer Art). Wir haben Kinder, um mit ihrer Hilfe unsere eigenen Bildungs- und Karrierevorstellungen in der nächsten Generation zu realisieren. Das Erfolgskriterium dieses Handelns liegt im Subjekt: Nur der oder die Einzelne kann Auskunft darüber geben, ob sich der erwartete Genuss einstellt, und mangels objektivierbarer Kriterien fällt diese Auskunft oft gar nicht leicht. Der Rückbezug aufs Subjekt eröffnet unendliche Reflexionsweiten. Dass man dort auch noch den Meinungen der Anderen begegnet, steigert in der Regel die Verunsicherung.

Erlebnisrationalität meint letztlich eine neue Art zu denken und zu deuten, eine neue Art sich zu orientieren in einem Zeitalter der materiellen Überversorgung. Die Welt wird neu vermessen, nämlich nach ihrem Erlebnisgehalt. Der Sensor, der unsere – notwendigerweise selektive – Wahrnehmung steuert, ist die Erlebnisorientierung. Dies hat gravierende Verschiebungen in unserer sozialen Optik zur Folge: Soziale Unterschiede werden wahrgenommen, aber nicht mehr hierarchisiert; das Denken in den Kategorien von Oben und Unten, Besser und Schlechter wird abgelöst zugunsten eines ästhetischen Bewertungsmusters, das die soziale Welt nicht mehr in Rangordnungen zwingt, sondern als bunte Vielfalt bestehen lässt. Soziale Bindungen stabilisieren sich nicht mehr entlang traditioneller Kriterien wie verwandtschaftliche oder lokale Nähe, kulturelle oder ökonomische Ähnlichkeiten. In den Mittelpunkt unserer Beziehungspolitik rückt vielmehr die Frage, ob der Interaktionspartner spannend und unterhaltsam ist – oder langweilig.

Mit Bezug auf die Wertewandelforschung könnte man sagen: Erlebnisorientiertes Handeln ist nicht von materialistischen, sondern von postmaterialistischen Werten getragen. Der US-amerikanische Politologe Ronald Inglehart hatte in seiner Theorie der „Silent Revolution“ (1977) behauptet, dass das Handeln der Menschen sich an postmaterialistischen Werten wie Selbstverwirklichung, Mitbestimmung und politischer Partizipation orientiert, sobald die „niederen“, also materialistischen Bedürfnisse wie Essen, Trinken, Schlafen befriedigt sind. In einer Überflussgesellschaft ist demnach ein grundlegender Wertewandel zu erwarten, denn die Zunahme an Postmaterialisten wird automatisch als eine Bedeutungsabnahme materialistischer Werte gelesen. Ob dieses Modell unsere Realität korrekt widerspiegelt, darüber wird in der Forschung gestritten. Immens einflussreich war und ist diese Wertewandel-These in jedem Fall, Beweise dafür finden sich unter anderem in der Debatte um die Dienstleistungsgesellschaft (siehe Kapitel 10).

Die kollektive Forderung der Erlebnisgesellschaft lautet: Her mit dem schönen Leben! Natürlich ist dies seit jeher die Parole privilegierter Schichten gewesen (Adel, Klerus, Großbürgertum). Neu ist, dass nunmehr die Mehrzahl der Bevölkerung dieser Parole folgen und auch immer mehr Zeit für die Realisierung dieses Ziels investieren kann. Ob Kinobesuch, Shopping oder Autofahren: Im Vordergrund steht stets der Versuch, etwas Positives zu erleben, sich in die Lage zu versetzen, Gefühle von Freiheit und Abenteuer oder auch von Geborgenheit und Gemütlichkeit zu mobilisieren. Der Mensch wird auf diese Weise zum Manager seines Innenlebens. „Innenorientierung ist Erlebnisorientierung. Das Projekt des schönen Lebens ist das Projekt, etwas zu erleben.“ (Schulze 1992: 38)

Dementsprechend werden Produkte, die auf dem Erlebnismarkt gehandelt werden, auf ihren Erlebniswert getrimmt und auch so beworben. Es geht um Design und Image, nicht um Funktionalität und Langlebigkeit. Man sagt vielleicht noch, die eigene Geländelimousine (SUV) sei doch ganz praktisch. Verchromte Tritt- und Zierleisten signalisieren jedoch, worum es wirklich geht. Im Vordergrund steht nicht die effiziente Überwindung von Distanzen, sondern die Freude am Fahren (und Angeben). Natürlich: Ob etwas ein Erlebnis- oder ein Gebrauchsgut ist, hängt von der Zeit und dem sozialen Kontext ab. Was früher einmal ein Gebrauchsgut war, kann heute als Erlebnisangebot betrachtet werden, weil der Nutzen primär ästhetischer Art ist. Und viele Dinge werden eine gemischte Bedeutung haben. Aber selbst bei Produkten, die in dieser breiten Grauzone liegen, tritt, so Schulze (1992: 422), der Erlebnisaspekt immer mehr in den Vordergrund. Fast alles ist heute für den innenorientierten Konsum hergerichtet, ob Streichholzschachteln, Salz oder Kerzen. Anhand der jeweiligen Ästhetik wird ablesbar, welches Publikum durch ein bestimmtes Produkt angesprochen werden soll. Alle auf einmal ansprechen zu wollen wäre kontraproduktiv, weil die Konsumenten unterschiedlichen Stilgruppen angehören. Notwendig ist deshalb, was Schulze die „Schematisierung von Erlebnisangeboten" nennt. Dies kennt man im Musikbereich als Unterscheidung zwischen Klassik, Volksmusik, Rock & Pop: Unterschiedliche Produkte sollen unterschiedliche, klar identifizierbare Stilrichtungen repräsentieren. Und noch die Konsumtion der Erlebnisgüter folgt standardisierten Mustern. Die entsprechenden Regeln sind uns derart geläufig, dass man auf ihre Einhaltung gar nicht drängen muss. Beispiel Musik: Die meisten Besucher eines Konzerts, ob Rock oder Klassik, zeichnen sich durch einen voraussagbaren Kleidungsstil und Habitus aus. Dirndl und Lederhosen wirken bei Rockfestivals deplatziert; bei Klassikkonzerten ist Husten verboten.

Auch wenn (oder gerade weil) sich in der Erlebnisgesellschaft alles um die Überwindung von Langeweile und Routine dreht, ist das Leben in der Erlebnisgesellschaft mitunter recht anstrengend. Schließlich werden Erlebnisse als solche nicht einfach von außen geliefert; vielmehr müssen erlebnisrelevante Reize aus der Umwelt durch das Subjekt zu wirklichen Erlebnissen verarbeitet werden. Das heißt, vonseiten des Subjekts ist eine entsprechende Disposition und Verarbeitung erforderlich, um eine potenziell erlebnisreiche Situation zu einem wirklichen Erlebnis zu machen. Man muss, kurz gesagt, so etwas wie Erlebnisarbeit verrichten. Und dies umso intensiver, je geringer – aufgrund wiederholter Erlebnisreize – die erwünschte Erlebnisintensität tatsächlich ist. Andernfalls läuft man Gefahr, die angepeilten inneren Wirkungen zu verfehlen, etwas zu verpassen und sich zu langweilen.

Bis zu dieser Stelle könnte es so scheinen, als repräsentiere die Erlebnisgesellschaft weniger eine neue Form der Vergesellschaftung als vielmehr eine amorphe Masse der Erlebnishungrigen. Demnach hätte sich zwar eine neue Lebensauffassung durchgesetzt (Erlebnisrationalität), aber diese Feststellung allein wäre soziologisch noch wenig informativ, weil sie keinen Aufschluss darüber gibt, inwiefern sich die Erlebnisorientierung mit neuen Konflikt- und Politikformen, mit neuen Biografie- und Beziehungsmustern verbindet. Es muss also, mit anderen Worten, darum gehen, dem Zusammenhang von Erlebnisorientierung und Sozialstruktur genauer nachzugehen. Dies tut Schulze in aller Ausführlichkeit und argumentiert, dass mit der Durchsetzung der Erlebnisorientierung die Gesellschaft eine neue Gestalt erhält: Die Erlebnisgesellschaft ist nicht länger hierarchisch in Klassen und Schichten geordnet, sondern vielmehr in soziale Milieus untergliedert. Doch was hat man unter dem soziologischen Begriff des Milieus zu verstehen?

Milieus sind Personengruppen, die durch gemeinsam geteilte Weltbilder, Handlungsmuster und Werte sowie durch eine erhöhte Binnenkommunikation geprägt sind. Die Einbindung in Milieus basiert auf persönlichen Vorlieben und Entscheidungen – völlig anders als im Fall von Klassen, in die man quasi hineingeboren wird. Die Klasse ist ein Milieu, aus dem man nicht herauskommt. Milieus im Sinne der Erlebnisgesellschaft hingegen sind frei wählbare Lebensstilgruppen oder Subkulturen, die sich in bestimmten Szenen bewegen. Innerhalb eines Milieus schätzt man dieselbe Art von Erlebnissen, hat dieselben Hobbys und genießt ähnliche Freizeitaktivitäten. Deutliche Differenzen bestehen zwischen den Milieus. Entsprechend ihrer Milieuzugehörigkeit beurteilen die Menschen denn auch ganz unterschiedlich, was ein schönes Erlebnis ist. Völlig individuell ist diese Bewertung also nicht. Als gute Soziologen sollten wir davon ausgehen, dass es gesellschaftlich verbindende und verbindliche, also gruppenspezifische Erlebnismuster gibt.

Milieus bilden sich, so Schulze, anhand von Gemeinsamkeiten in den drei Dimensionen: Alter, Bildung und persönlicher Stil. Das *Alter* ist ein wichtiger Indikator für Milieuzugehörigkeit, weil die Erlebnisorientierung generationenspezifisch differiert. Bestimmte Erlebnisformen (z. B. Action) bevorzugen Jüngere, wobei die Jugend heute weniger als klar definierte Lebensphase denn als eine Existenzform zu verstehen ist, die verstärkt auch von jenen gepflegt wird, die man früher rein altersmäßig nicht mehr zur Jugend gezählt hätte. Der individuelle *Bildungsgrad* gibt Hinweise auf die kulturellen Präferenzen (z. B. Hochkultur oder Trivialkultur) und ist damit ebenfalls milieurelevant. Von besonderer Bedeutung jedoch ist der *persönliche Stil.* Stile dokumentieren sich in Kleidung, Wohnungseinrichtung,

Fernsehkonsum und vielem mehr. Schulze unterscheidet drei Stiltypen: Hochkultur, Trivialkultur und etwas Neuartiges, das er das Spannungsschema nennt. Die Hochkultur, das ist die Sphäre des Schöngeistigen, die Welt der Museen und des Theaters. Das schöne Erlebnis besteht hier in der Kontemplation, dem konzentrierten Zuhören oder Betrachten. Die Trivialkultur, das ist der Massengeschmack, der aus Geschmacklosigkeiten besteht, Gartenzwerge, Heimatromane und Blasmusik inklusive. Das schöne Erlebnis besteht hier in allem, was unter das urdeutsche Wort der Gemütlichkeit fällt, etwa der Kegelabend oder der Stammtisch. Das Spannungsschema – der dritte Stiltypus – hat seine Ursprünge in der jugendbewegten Gegenkultur der 1950er-Jahre, der Hochblüte des Rock 'n' Roll und der „Halbstarken". In diesem kollektiven Stilmuster besteht der Genuss in Bewegung, Beschleunigung, Abwechslungsreichtum. Es geht um Action, z. B. in der Form von Sport oder Reisen.

Diese drei Indikatoren (Alter, Bildung, Stil) bilden die Grundelemente für die Konstruktion unterschiedlicher Milieus, die man – aufgrund der besonderen Bedeutung von Geschmacksfragen für den Aufbau der sozialen Welt – auch als Stilkollektive verstehen kann. Schulze unterscheidet fünf Milieus: a) Das *Niveaumilieu* umfasst ältere Personen (über 40) mit höherer Bildung, die ins Konzert, Theater, Museum gehen. Also typische Bildungsbürger, Rechtsanwälte und Gymnasiallehrer, die mit dem Baedeker in den Urlaub ziehen, um alle alten Kirchen zu sehen, die man gesehen haben muss. b) Das *Harmoniemilieu* umfasst ältere Personen mit niedriger Schulbildung, die Angst vor dem Unbekannten und Sehnsucht nach einer heilen Welt haben, am liebsten zu Hause sitzen und besonders wenig Sport treiben. Also typische Konsumenten von Kaffeefahrten und Pauschalreisen. c) Das *Integrationsmilieu* umfasst ältere Personen mit mittlerem Bildungsniveau, Angestellte und Beamte, also Personen mit der „Aura der Durchschnittlichkeit" (Schulze 1992: 301). Nur nicht auffallen, lautet das Motto, Konformität das Ziel. Man pflegt eine Symbiose aus Trivial- und Hochkultur. Klassische Musik ja, aber bitte Beethoven und nicht Schönberg. d) Das *Unterhaltungsmilieu* umfasst jüngere Personen aus niedrigen Bildungsschichten. Man schätzt kommerziell organisierte und vordefinierte Erlebnisprogramme, die kognitive Anstrengungen beim Erlebnisgewinn gering halten (Spielesalon, Autorennen, Kino, Sportwetten-Café). e) Das *Selbstverwirklichungsmilieu* versinnbildlicht sich in der Sozialfigur des Studenten: jugendlicher Habitus, alternative Lebens- und Wohnformen, Mobilität als Prinzip, Leben im Übergang und als Projekt, nicht auf Kontinuität abzielend (Haus im Grünen, zwei Kinder), sondern auf Abwechslung und Bewegung. Es geht um Spaß und Selbstverwirklichung, das Ich steht im Mittelpunkt: Yoga, Selbsterfahrung, kreativer Tanz.

Dieses Selbstverwirklichungsmilieu, das aus dem studentischen Milieu hervorgegangen ist, sich mittlerweile aber verbreitert hat, ist in seiner kompromisslosen Hinwendung zum Ich, seiner Wertschätzung von Action, Spontaneität und Coolness der Trendsetter in der Erlebnisgesellschaft. Es ist, so Schulze, zwar nicht das zahlenmäßig stärkste, jedoch das kulturell dominierende Milieu, was mit seiner Selbstinszenierungskompetenz auf den großstädtischen Erlebnismärkten zusammenhängt. Das Selbstverwirklichungsmilieu verfügt als einziges Milieu über eine eigene Szene (die „Neue Kulturszene"), und auch in allen anderen Szenen ist es stark vertreten. Aber wie stehen die verschiedenen Milieus überhaupt zueinander? Entstehen mit der Herausbildung von Stilgemeinschaften neue Konfliktherde? Tritt an die Stelle des Klassenkampfs der dauerhafte, weil unlösbare Streit zwischen Geschmacksgemeinschaften?

Die klare Antwort lautet: Nein, und die Begründung folgendermaßen: Konflikte bedürfen eines gemeinsamen Relevanzrahmens. Das heißt, die Sache, um die gestritten wird, muss für beide Konfliktparteien gleichermaßen bedeutsam sein, sonst ergibt sich gar kein Anlass für einen Konflikt. Über Fußball kann man schlecht streiten, wenn der oder die Andere an dieser Sportart gar nicht interessiert ist. Die Anhänger benachbarter Fußballclubs hingegen können aufgrund vergleichbaren Interesses ihre Dauerfehde problemlos kultivieren. Für die Erlebnisgesellschaft lässt sich daraus schließen, dass gar kein Anlass für Konflikte mehr existiert. Grund dafür ist die Auffächerung der Gesellschaft in Milieus. Die Relevanzrahmen der einzelnen Milieus sind schlichtweg zu verschieden. Denn innerhalb der einzelnen Milieus gelten jeweils ganz unterschiedliche, eben milieuspezifische Kriterien für die Bestimmung des sozialen Status. Zählen im Niveaumilieu vor allem Bildung, Eigentum und Beruf, so gelten im Selbstverwirklichungsmilieu eher Unkonventionalität, Spontaneität und Coolness als erstrebenswert. Ein einheitliches Schema zur Bestimmung des Sozialprestiges existiert nicht mehr. Zwar werden Unterschiede und Gegensätze zwischen den Milieus durchaus wahrgenommen. Im Gegensatz zu Verteilungsfragen sind jedoch die individualisierten Streitfragen von Stil und Geschmack weniger politisierungsfähig. „Zwischen den Milieus herrscht ein Klima von Indifferenz oder achselzuckender Verächtlichkeit", resümiert Schulze (ebd.: 405), „nicht geregelt und hierarchisiert durch eine umfassende Semantik des Oben und Unten."

Diese Erlebnisgesellschaft mag uns heute wie eine Idylle aus ferner Vergangenheit erscheinen. Aus der Perspektive der 1980er-Jahre waren derartige Erwartungen an die Gesellschaftsentwicklung durchaus nachvollziehbar: Das aus den Klassengegensätzen resultierende Konfliktpotenzial war nach 1945 durch Institutionalisierung (Sozialpartnerschaft, Tarifverhandlungen usw.) erfolgreich entschärft. Es herrschte Vollbeschäftigung, die Leute kauften ihr erstes Auto und fuhren nach Italien in den Urlaub. Die Wirtschaft erlebte einen Aufschwung („Wirtschaftswunder"), der zu der Annahme verleitete, dass es immer weiter bergauf gehen würde. Und bald entwickelten sich Ansätze einer neuartigen Selbstverwirklichungskultur. Stilprägend dabei war eine neue Generation („die 68er") und ihre Erben. Die bekämpften Spießertum und Establishment und setzten auf Spontaneität und Nonkonformismus. Es ging viel um die Kritik von Grenzziehungen (Anti-Autoritarismus), überhaupt um Grenzerfahrungen (Drogen) und vor allen Dingen: um das eigene Ich. Dessen kompromissloser Entfaltung schienen durch die bürgerlichen Lebens- und Wohnformen enge Grenzen gesetzt. Daher bekämpfte man das bürgerliche Raffinement des Lebens, plädierte für ein Gemeinschaftsleben ohne Geheimnisse voreinander und sagte der Privatsphäre den Kampf an. Wir werden gleich sehen, welch hellsichtige Argumente schon früh gegen diese kritiklose Verherrlichung des Gemeinschaftsideals vorgebracht wurden.

2 Die Ideologie der Intimität

In der Erlebnisgesellschaft ist der Mensch vor allem mit sich selbst beschäftigt, sein vorrangiges Interesse gilt seinem Gefühlshaushalt. Dass das Selbst zum Grundprinzip der modernen Gesellschaft wird und sich auf diese Weise eine narzisstische Kultur durchsetzt, diese These hatte der US-amerikanische Soziologe Richard Sennett (geb. 1943) bereits 1977 in einer berühmten Zeitdiagnose vertreten. In diesem Werk über „Verfall und Ende des öffentlichen Lebens" thematisiert Sennett (1983), wenn man so will, die Schattenseiten der Erlebnisgesellschaft. Seine Diagnose bzw. Anklage lautet auf Psychologisierung und Entpolitisierung. Psychologisierung bezeichnet dabei die Ersetzung politischer durch psychologische, also auf den Gefühlshaushalt des Einzelnen rekurrierende Denk- und Bewertungsmuster. Konkret heißt das: Soziales Handeln wird nur mehr daraufhin bewertet, ob es authentisch ist und positive Gefühle bei anderen wachruft, nicht aber im Hinblick auf sein Ergebnis für die Gesamtheit. Von Belang ist beispielsweise nicht, ob eine politische Maßnahme gerecht ist, sondern ob der Politiker authentisch wirkt und medial „gut rüberkommt". Unter Entpolitisierung versteht Sennett das allgemeine Desinteresse der Bürger an der Gestaltung und Verbesserung öffentlicher Angelegenheiten in Orientierung an universalisierbaren Werten und Normen. Das öffentliche Leben, sprich: politisches Engagement sowie das Austragen von Interessenkonflikten, fällt zunehmend lästig und wird zu einer Formsache. Umso emsiger betreibt man die Pflege des Privaten, sorgt für die Familie, widmet sich seinen Hobbys und engagiert sich im Hauseigentümerverein.

Kurz: Der umfassenden Entpolitisierung auf der ideellen Ebene (Psychologisierung) entspricht das Privatisieren auf der Ebene der sozialen Praxis (Entpolitisierung). Dieses Desinteresse an der Gesellschaft ist von einer Gesellschaftskritik getragen, die auf der Entgegensetzung von Gesellschaft und Gemeinschaft beruht, einer populären Unterscheidung, die auf den deutschen Soziologen Ferdinand Tönnies (1855–1936), einen der Gründerväter der Soziologie, zurückreicht (Tönnies 2005). Die moderne Gesellschaft wird in diesem Bild als anonym, kalt und entfremdend kritisiert. Im Gegenzug, so kritisiert Sennett seine Zeit, setzt man auf die wärmende Gemeinschaft, das heißt auf zwischenmenschliche Nähe und eine politische Erneuerung durch die Pflege von Subkulturen. Man will die Gesellschaft revolutionieren, indem man die durch Distanz und Diskretion hergestellten Grenzen zwischen den Menschen einreißt. Man will authentische Beziehungen und eine echte Menschlichkeit ohne Maske. Statt Gleichheit Brüderlichkeit. Die Beispiele für eine derartige Politik der Nestwärme sind zahlreich in der Geschichte. So existierte Anfang des 20. Jahrhunderts eine lebensreformerische Künstlerkolonie am Monte Verità im Kanton Tessin in der Schweiz, die Freigeister aller Art anzog, Dadaisten und Anarchisten. In Form einer offenen Siedlungsgemeinschaft versuchte man eine bessere Gesellschaft im Kleinformat aufzubauen. Dieser Geist beseelte viele Jahre später noch jene links-alternativen Wohnprojekte, die, im Zuge der 1968er-Rebellion, alternative Wirtschafts- und Beziehungsformen propagierten und totale Transparenz im Zusammenleben zelebrierten. Diesen selbst geschaffenen Zwang zur Selbstoffenbarung, diesen unbedingten Willen zur Vertraulichkeit bezeichnet Sennett als Ideologie der Intimität.

Diese Ideologie formuliert eine Kritik der Gesellschaft, die menschlich klingt, aber in eine unmenschliche Zukunft führt: Statt die Herrschaftsverhältnisse zu kritisieren, errichtet man kulturelle Schrebergärten, grenzt sich von der fremden Welt der öffentlichen Angelegenheiten („res publica") ab und beargwöhnt die Gemeinschaftsfremden. Am Ende stehen Tribalismus und Ethnozentrismus, nicht die neue, bessere Gesellschaft. Sennetts Credo lautet: Eine Gesellschaft, in der die Ideologie der Intimität regiert, ist das Gegenteil einer zivilisierten Gesellschaft.

Was also macht eine zivilisierte Gesellschaft aus? Antwort: Eine zivilisierte Gesellschaft ermöglicht es uns, Masken zu tragen oder, anders gesagt, Rollen zu spielen. Wir sind im gesellschaftlichen Umgang nicht zur Authentizität gezwungen, wir müssen uns nicht präsentieren, wie wir „wirklich" sind, mit all unseren Erbärmlichkeiten und Schwächen. Wir tragen Masken, und hinter die Maske zu schauen ist unseren Nächsten vorbehalten. Nur in Intimbeziehungen kann der Mensch wagen, das zu sein, was er wirklich ist. In der Öffentlichkeit ist er, um seine Würde zu schützen, gezwungen, Formen kultivierter Distanzierung zu pflegen und damit bis zu einem gewissen Grad unsichtbar zu bleiben. Wer jemandem öffentlich die Maske vom Gesicht reißt, verletzt daher nicht nur den Menschen, sondern die Grundlage des Menschseins, die Humanität. Denn im öffentlichen Leben sind wir nur als Personen bzw. Maskenträger („persona", lat.: Maske) wahrhaft Menschen.

Diesen Gedanken hat der Philosoph und Soziologe Helmuth Plessner (1892–1985) in einer genialischen Jugendschrift ausgeführt. Er formuliert darin, 1924, einen vehementen Einspruch gegen den Zeitgeist, gerichtet gegen einen Entgrenzungs- und Vergemeinschaftungskult, dem gleichermaßen der Kommunismus und der Anarchismus, die Lebensreform- und die Jugendbewegung und natürlich die Apologeten der Freikörperkultur huldigten. Das Idol all dieser radikalen Strömungen und Erneuerungsbewegungen, die heftig gegen die bürgerlich-technische Zivilisation opponieren, ist die Gemeinschaft (Plessner 2003). Dies bedeutet eine Idealisierung von Nähe und Intimität, die die Intimsphäre der Person aufhebt. Die sozialen Beziehungen sind von dem Ideal geprägt, sich dem Anderen rückhaltlos zu öffnen (Plessner spricht von „Rückhaltlosigkeitsbeziehungen"). Keine Geheimnisse zu haben wird zum obersten Gebot.

Doch nur die Gemeinschaft ist über Intimität reguliert, über Liebe oder tief greifende gemeinsame Überzeugungen. Diese Form sozialer Integration, argumentiert Plessner, ist nicht mehr hinreichend für moderne Gesellschaften, in der die Öffentlichkeit notwendigerweise eine Grundform sozialer Beziehungen darstellt. In der Öffentlichkeit muss daher, um die Würde des Einzelnen wahren zu können, das Spiel gegenseitiger Distanzierung gespielt werden, das heißt die *Formen* des Umgangs – eben Takt, Diplomatie, Höflichkeit – werden zentral. Etabliert man jedoch Formen des Gemeinschaftlichen innerhalb der Sphäre des Gesellschaftlichen, zerstört man die Grundlage der Humanität. Plessner schreibt: „Mit der gesinnungsmäßigen Preisgabe eines Rechts auf Distanz zwischen Menschen im Ideal gemeinschaftlichen Aufgehens in übergreifender organischer Bindung ist der Mensch selbst bedroht." (Plessner 2003: 28) Das Ideal totaler Aufrichtigkeit und vollständiger Transparenz führt in die Barbarei.

Im Übrigen ist Plessner von dem Gedanken beunruhigt, dass die Humanität vielleicht gar nicht dem sozialen Radikalismus zum Opfer fallen könnte, sondern vielmehr im Selbstlauf der fortschreitenden Rationalisierung aufgerieben wird. Takt, Höflichkeit, Kultiviertheit – all das, was die falsche Intimität des Gemeinschaftlichen auf Distanz hält und gleichzeitig die Anonymität der Gesellschaft erträglich macht, droht mit der Durchsetzung einer technischen Welt verloren zu gehen. Das ökonomische, auf Effizienz zielende Denken und nicht zuletzt: das Tempo der modernen Welt machen das Leben zunehmend stromlinienförmiger und lassen die raffinierten und verschnörkelten Umgangsformen der altbürgerlichen Welt als überflüssig und nicht mehr zeitgemäß erscheinen. Die nächste Gesellschaft, fürchtet Plessner, ist eine taktlose Gesellschaft.

Richard Sennett wendet diese Kritik der Gemeinschaftsideologie ins Politische. Seine Kritik richtet sich darauf, dass das Private nicht privat bleibt, sondern zum Gegenstand öffentlichen Interesses wird und damit gewissermaßen die Leerstelle des Politischen füllt: Während der öffentliche Raum preisgegeben wird, entwickelt sich die private Sphäre zu einer öffentlichen Angelegenheit. Was daran problematisch ist? Politische Begründungs- und Legitimationsstrategien ändern sich grundsätzlich. Es entsteht, so Sennett, eine Politik der großen Gefühle: Statt rationaler Erwägungen und überprüfbarer Argumente dominiert das individuelle Bekenntnis, der emotionale Appell, das expressive Handeln. Wir erinnern uns: Im Jahr 2003, als erste Fälle von Rinderwahn in den USA bekannt geworden waren, verspeist Präsident George W. Bush demonstrativ eine Portion heimischen Rindfleisches. Andere Politiker haben vor laufenden Kameras gentechnisch veränderte Lebensmittel gegessen oder Wasser aus verseuchten Gewässern getrunken. Pathos statt Logos. Das ist es, was im Rahmen der Postdemokratie-Debatte als Medialisierung oder Boulevardisierung der Politik bezeichnet wird (Crouch 2008). Anstelle emanzipativer Politik will man Politiker zum Anfassen und bewertet sie hinsichtlich ihrer Geschmackssicherheit und Authentizität.

Dies führt dazu, dass Gefühle zur Schau gestellt werden, dass das Innerste nach außen gekehrt und die Öffentlichkeit auf diese Weise mit dem Innenleben öffentlicher Personen belästigt wird. Die moderne Gesellschaft ist für Sennett deshalb eine Gesellschaft, die vom Prinzip der Intimität tyrannisiert wird. Mit Blick auf die Erlebnisgesellschaft freilich müsste man hinzufügen: All dies, nämlich eine sich um das Selbst drehende Geschwätzigkeit und das Ausleben von Launen, gilt gar nicht länger als Zumutung, sondern als Grundvoraussetzung individueller Glaubwürdigkeit. Man darf, ja man muss jetzt zeigen (und über die sozialen Medien kommunizieren), wer und wie man „wirklich“ ist.

3 Die Multioptionsgesellschaft

In der „Multioptionsgesellschaft“, seinem zentralen Werk aus dem Jahr 1994, diagnostiziert der Schweizer Soziologe Peter Gross (geb. 1941) eine ganz andere Tyrannei. Nicht jene der Intimität und Selbstoffenbarung. Er sieht in der modernen Gesellschaft vielmehr einen irreversiblen, besinnungslosen Zwang zur Steigerung, zum Wachstum am Werk. Diese Gesellschaft ist eine fortschrittsversessene Gesellschaft, die im Existenzmodus des Schneller, Weiter, Besser, Mehr lebt. Eine Gesellschaft, die nur den Komparativ kennt: mehr Markt, mehr Wachstum, mehr Tempo, mehr Technik, mehr Wissen und Bildung. Und natürlich auch: mehr Demokratie, weil nur sie eine gesteigerte Teilhabe an politischer Willensbildung verspricht. Der Sozialdemokratismus wird gewissermaßen zur politischen Grundform dieser Gesellschaft. Denn diesem überparteilichen Programm sozialstaatlicher Umverteilung und Förderung traut man es zu, das Ideal allgemeiner Optionensteigerung (mehr Handlungs- und Erlebnismöglichkeiten für alle) zu realisieren. Die Multioptionsgesellschaft kennt nur ein Gebot: „Die Zukunft hat besser, muskulöser zu sein als Vergangenheit und Gegenwart." (Gross 1994: 150)

Gross kontrastiert die Multioptionsgesellschaft mit früheren Gesellschaften, die nicht durch Optionen, sondern durch Obligationen, wörtlich: Verpflichtungen, geprägt waren. Der Mensch hatte keine Wahlfreiheiten, sondern war durch Routinen und Traditionen, das heißt implizit oder explizit vorgegebene Handlungsschablonen, festgelegt. Für unsere Breiten heißt das: Man war katholisch oder evangelisch, orientierte sich in Beruf und Karriere am Vater, arbeitete ein Leben lang in demselben Betrieb, strebte die lebenslange Ehe an und hatte Kinder. Die neue Gesellschaft entsteht durch das Aufzehren dieser Traditionsbestände: Die Individuen werden aus den gewohnten Bahnen und Beziehungen herausgelöst und müssen nunmehr ihre Biografie selbst gestalten und verantworten (Individualisierung). Es etablieren sich alternative Lebens- und Beziehungsformen: Ehen zwischen gleichgeschlechtlichen Partnern werden legalisiert, das Single-Dasein gilt nicht mehr als defizitärer Existenzmodus („die alte Jungfer"), sondern als vollwertiger, wenn nicht gar erstrebenswerter Lebensentwurf. Die Abkehr von Traditionen beobachtet Gross bis hin zur Namenswahl. Mit Blick auf die Listen der beliebtesten Vornamen stellt er mit Bedauern fest, dass Sarah, Laura oder Jessica ganz vorne rangieren, eine Paula, Agathe oder Ursula aber gar nicht mehr zu finden ist. Bei den Jungen sieht es nicht besser aus. Da regieren die Kevins, Simons oder Patricks – „kein Hans, kein Peter, (…) kein Horst" (ebd.: 97). Und man ist versucht zu ergänzen: auch kein Hermann und kein Siegfried.

Diese Optionensteigerung betrifft die Warenmärkte ebenso wie die Berufswelt oder die Sphäre des Geistes. In der Wirtschaft führen Beschleunigung und Produktindividualisierung zu immer kürzeren Innovationszyklen und damit zu einer immensen Vervielfältigung des Wahlangebots, sichtbar vor allem im Bereich der Unterhaltungselektronik. Es gibt immer bessere und immer stärker individuell angepasste Produkte, die dann allerdings auch immer schneller veralten. In der Arbeitswelt herrscht der ungebrochene Trend zur Professionalisierung und Spezialisierung. Während es um das Jahr 1700 herum 200 gezählte Berufe in Deutschland gab (und das heißt: geringe Wahlmöglichkeiten), sind es 1990 bereits 30.000. Es gibt Ärzte für jeden Körperteil („Gehen unsere Kinder künftig zum Schneidezahnspezialisten?" fragt Gross ironisch), spezialisierte Anwälte für jeden denkbaren Streitfall und Soziologen für jede Subkultur. Die überforderten Eltern sollen ihre Kinder in der Berufswahl beraten, doch die meisten Berufe von morgen gibt es heute noch gar nicht. In der Welt des Geistes konstatiert Gross eine Vervielfältigung von Wahrheitsangeboten, eindrucksvoll repräsentiert durch die Vorherrschaft des Konstruktivismus in der modernen Wissenschaft. Die Folgen sind, so Gross, Beliebigkeit und Relativismus. Eine Welt, in der die Wissenschaftler noch als Evangelisten der einen Wahrheit auftreten: Dies ist das verlorene Paradies, in das der Autor, daraus macht er kein Hehl, am liebsten zurück will.

Es ist nicht zuletzt dieser Kulturpessimismus, der Gross für die Zerstörungen und Verluste, die mit Optionssteigerung einhergehen, besonders sensibel macht. Denn Optionssteigerung heißt immer auch: Verlust von Gewissheiten, Verlust an Orientierung, an Routinen und Bindungen. Mit Blick auf die philosophische Zeitdiagnostik hat Hans Blumenberg daran erinnert, dass „die Signatur der Neuzeit nicht nur als Weltgewinn und Weltzuwachs, sondern auch als Weltverlust beschrieben worden ist." (Blumenberg 1996: 16) Diese Verluste illustriert Gross unter anderem mit Bezug auf die Globalisierung, die Säkularisierung sowie unser modernes Zeitverhältnis. Die Globalisierung kritisiert er als Gleichmacherei. In Afghanistan, so Gross, sieht man die gleichen Fernsehbilder wie in Marokko, in Peking hört man dieselbe Radiomusik wie in New York. Dieses Diktat der Grenzenlosigkeit führe zum Verlust kultureller Identität. Ein ähnliches Problem ergibt sich für ihn mit Blick auf den fortschreitenden Bedeutungsverlust der Religion im Westen. Innerhalb des vielstimmigen Konzerts der Weltreligionen ist die christliche Religion nur mehr eine Stimme unter vielen. Eine Wertung anderer, gewissermaßen konkurrierender Religionen wird vermieden, klare Bekenntnisse zur Überlegenheit des Christentums – Fehlanzeige. Stattdessen werden auch nicht-christliche Religionen heimisch, die Esoterik sowieso, in Summe: eine mehr als problematische Vervielfältigung von Sinnangeboten. Schließlich unser modernes Zeitverhältnis: ebenfalls von Zerfall bedroht. Es gibt keine festen Rhythmen mehr, keine verbindliche Chronologie: Arbeitszeiten sind vollends flexibilisiert, feste Essenszeiten kennen wir nur noch aus den Erzählungen der (Ur-)Großeltern. Orangen und Kiwis gibt es das ganze Jahr hindurch. Waren und Menschen sind allzeit verfügbar, meist genügt ein Mausklick.

All das zeigt: Das Leben in der Multioptionsgesellschaft ist angenehm und anregend, aber auch anstrengend. Es geht immer noch besser, unterhaltsamer, schneller, billiger. Es gibt keine natürlichen, technischen oder ideologischen Grenzen mehr, die der kollektiven Steigerungswut Einhalt gebieten könnten, denn an die Stelle der Endlichkeit ist die Unendlichkeit getreten, ein offener Handlungshorizont, ein Meer an Optionen. In dem prinzipiell unvollendeten Projekt der Welt- und Selbstverbesserung kann es keinen Ruhezustand, nie wirkliche Entspannung geben.

Doch wer oder was liefert die Energie für Höchstleistungen und ein Leben in ständiger Anspannung? Was ist der Motor für das Hamsterrad? Gross' Antwort lautet: die Verweltlichung der Differenz. Das heißt: Die Differenz zwischen dem Wirklichen und dem Möglichen, also dem, was ist, und dem, was man sich wünscht oder erhofft, wird zu einem Projekt im Diesseits. In der traditionalen Gesellschaft war diese Differenz quasi sakralisiert, das heißt, die Realisierung eines besseren Lebens war Aufgabe Gottes und damit aufgeschoben auf das Jenseits. Für das Diesseits blieb der religiöse Trost auf ein kommendes Paradies am Ende der Tage. In der modernen Gesellschaft werden Differenzen, also Hierarchien, soziale Ungleichheit und ein Leben in Elend nicht länger als Schicksal interpretiert und damit akzeptiert. Mit der Selbstbeauftragung des Menschen zur Weltverbesserung werden diese Differenzen fragwürdig und zur Triebfeder vielfältiger Nivellierungsbemühungen. Damit formuliert sich ein Handlungsauftrag nicht nur an den Staat, sondern letztlich an jeden Einzelnen. Da wir nicht länger durch Stand, Herkunft und Tradition festgelegt sind, können, dürfen und müssen wir die dadurch freigesetzten Handlungsmöglichkeiten nutzen. Denn die Basisprämisse der Multioptionsgesellschaft lautet: Was möglich ist, muss auch gemacht werden. Auf diese Weise bleibt die Gesellschaft in einer endlosen Steigerungsspirale gefangen. Schließlich führen neue Optionen zu neuen Differenzen und damit zu weiteren Wünschen. Die Verweltlichung der Differenz treibt die Anstrengungen zur Differenzminderung auf ein olympisches Niveau.

Die Optionssteigerung in der Moderne ist also Segen und Fluch gleichermaßen. Ausführlich beschäftigt sich Gross mit Handlungsformen, die sich als individuelle Gegenreaktionen auf die Überforderungen der Multioptionsgesellschaft lesen lassen. So interpretiert er beispielsweise den Amoklauf als Ausdruck einer Zerstörungswut, die aus der Verzweiflung an der Optionenvielfalt herrührt. Terror und Vandalismus – und darunter subsumiert er Rechtsextreme, Hooligans, Sprayer und RAF-Sympathisanten gleichermaßen – erscheinen in ähnlicher Weise als pathologischer Reflex von Leuten, für die die Hoffnung auf das Mehr keine Option mehr ist. Auf der Gegenseite gibt es Menschen, die angesichts der Überzahl an Optionen einfach nichts mehr tun, sich einigeln und vor der Welt verstecken: Aussteiger und Weltflüchtige. Doch schon die Frage „Wohin flüchten?" zeigt, dass noch die Flucht unter dem Fluch der Optionalität steht. Auch Reglementierungen aller Art, Zwanghaftigkeit sowie den Trend zum Planen und Vermessen wertet Gross als Fluchtversuch aus der Multioptionsgesellschaft, allerdings mit strukturbildendem Charakter: Wir schematisieren unser Leben, engen Spielräume dadurch wieder ein und beschränken unsere Entscheidungsautonomie – auch dies eine Option, um der Optionenvielfalt zu begegnen.

Besonders einfühlsam setzt sich Gross mit der letzten und wirksamsten Option des Menschen auseinander, um der Gesellschaft, der Überfülle ihrer Möglichkeiten und Überforderungen zu entgehen: dem Selbstmord. Der Selbstmord, so Gross (1994: 233ff.), wird heute weniger als beklagenswerter Akt gesehen, der auf katastrophale gesellschaftliche Zustände hinweist. Eine auf Steigerung angelegte Gesellschaft interpretiert den Selbstmord in erster Linie als konsequente Fortsetzung des Projekts gesteigerter Selbstbestimmung, oder zumindest wird diese Deutung in der Multioptionsgesellschaft besonders plausibel. Gerade im Zeitalter einer hochentwickelten Intensiv- und Apparatemedizin mag der Selbstmord als eine probate Form aktiver Selbsthilfe erscheinen: Die durch den medizintechnologischen Fortschritt bewirkte Optionssteigerung wirkt furchteinflößend und wird durch die Wahl einer (letzten) Option abgewehrt. In gewisser Weise bestätigt der Selbstmord damit die Unentrinnbarkeit der Multioptionalität. Schließlich versucht man die Steigerungslogik der modernen Gesellschaft durch eine weitere Mobilisierung von Optionen zu unterlaufen.

Wir halten fest: Die Multioptionsgesellschaft ist eine Gesellschaft im Steigerungs- und Perfektionsfieber. Dieses Fieber hat selbst jene Weltregionen erfasst, die die Optionenvielfalt nur aus den westlichen Medien kennen. „Alle Lebensbereiche und Seinsebenen sind infiziert, durchsetzt und durchdrungen. Niemand ist für eine prinzipielle Gegenprogrammatik zu haben", schreibt Gross (ebd.: 307). Diagnostiziert man die Krankheit der Moderne auf diesem Abstraktionsniveau, tut man sich mit Therapieempfehlungen schwer. Man müsste erreichen, dass die Wirklichkeit nicht länger im Lichte ihrer (noch nicht realisierten) Möglichkeiten gesehen wird. Aber auf welchem Wege sollte man diese neue Weltsicht durchsetzen? Außerdem: Die Welt gänzlich neu zu denken hieße letztlich nichts anderes, als die (Selbst-)Reflexion voranzutreiben – der Ausstieg aus dem Mehr hätte also wiederum ein Mehr (an Reflexion) zur Voraussetzung.

In Sachen Therapieempfehlung bleibt die „Multioptionsgesellschaft" blass.

Gross' Ausführungen nehmen an dieser Stelle den Klang einer Predigt an. Er propagiert die Große Weigerung, ohne freilich Auskunft über deren Realisierungsoptionen geben zu können. Er fordert ein Innehalten, ein Aussteigen aus dem Zwang zum Mehr-Erleben, Mehr-Wissen, Mehr-Haben (ebd.: 28). Aber es bleibt unklar, von wem und auf welche Weise diese Wende vollzogen werden könnte. Was machbar und auch gängig ist, das sind Programme, die den Steigerungsdruck etwas drosseln wollen, die ein „etwas weniger bitte" empfehlen: Tempolimits, weniger Konsum, freiwillige Verzichte. Aber selbst diese Empfehlungen lassen sich auf den Steigerungsimperativ beziehen. Denn sie bedeuten in Summe eine Wende, die ebenfalls ein Mehr wäre, wenn auch ein Mehr an Kontemplation, Wellness und Entschleunigung.

Andere Möglichkeit: Sollten wir Differenzen einfach akzeptieren? Sollen wir es dabei belassen, Differenzen wahrzunehmen, ohne diese immer sogleich vermindern zu wollen? Sollen wir eine Lebenshaltung kultivieren, die man kurz als Differenzindifferenz bezeichnen könnte? Die Anerkennung und das „Geltenlassen des Du" (Gross) als Ausweg? Dies erinnert an Adornos Wort, wonach die befreite Gesellschaft eine wäre, in der man ohne Angst verschieden sein könnte. Doch Differenzindifferenz – das kann auch heißen: aus vornehmer Distanz das Elend der Welt gelassen zur Kenntnis nehmen und darauf hoffen, dass die Betroffenen ihr Schicksal vielleicht gar nicht als bedrückend empfinden. Statt Weltverbesserung lieber ein resignatives „Ja-so-ist-die-Welt" (Gross 1994: 410)? Gross schreckt in letzter Instanz davor zurück und plädiert dafür, die auch in den westlichen Metropolen drastische Kluft zwischen Arm und Reich durch Umverteilung zu verringern, ohne den Reichen die Chance zu geben, ihren Reichtum weiter zu steigern. Steigerung der Teilhabe für die Unterprivilegierten also, das sozialdemokratische Rezept.

Die „Multioptionsgesellschaft" ist ein Essay, keine systematische Abhandlung. Sie liest sich phasenweise unterhaltsam, sie ist locker geschrieben, fast zu locker, mitunter vermisst man den Bezug zu etablierten soziologischen Begriffen und Konzepten. Beeinträchtigt wird der Lesegenuss auch durch zahlreiche kulturpessimistisch-wertkonservative Exkurse zu Themen, die keinen erkennbaren Bezug zur Hauptthese des Buches haben. Es geht dabei unter anderem um die (finstere) Zukunft der gesetzlichen Krankenversicherung, um Richter, die Gewalttäter viel zu milde aburteilen, oder um den Multikulturalismus, der als Tod der Mehrheitskultur gezeichnet wird („Haucht ein Kulturkreis – im Hagel aller anderen Kulturen – sein Leben aus?", ebd.: 218).

Eine wirklich prägnante Gesellschaftsdiagnose ist die „Multioptionsgesellschaft" aus mehreren Gründen nicht. Zwar liefert Gross eine streckenweise durchaus plausible Beschreibung wichtiger Aspekte der Moderne. Es bleibt nur unklar, worin das spezifische Neue der Multioptionsgesellschaft besteht und wie sich eine Epochenzäsur innerhalb der Moderne begründen lässt. Schließlich arbeitet die Moderne – in Gestalt von Enttraditionalisierung und Individualisierung, von Aufklärung und Technisierung, Fortschritt und Emanzipation – seit jeher im Dienste der Vervielfältigung von Optionen. Die von Gross beschriebene Gegenwart erscheint als lineare Entfaltung der in der Moderne angelegten Möglichkeiten, ohne dass die Umrisse einer neuen Gesellschaft kenntlich würden. Über das bloße Ausmaß wählbarer Handlungsoptionen in unserer Gegenwart lässt sich eine Epochengrenze kaum begründen. Ab welcher Anzahl von Optionen wäre sie plausibel? Zweitens: Ist eine Gesellschaft, die hinsichtlich ihrer evolutionären Basisdynamik („Mehr“) gar keine Korrekturmöglichkeiten hat, tatsächlich eine Multioptionsgesellschaft? Die moderne Gesellschaft hat zweifellos in vielen Bereichen Optionssteigerungen erfahren. Aber leben wir wirklich in einer Multioptionsgesellschaft, wenn der Steigerungsimperativ ein Naturgesetz zu sein scheint und von uns, den Mitgliedern dieser Gesellschaft, gar nicht wirksam zur Disposition gestellt werden kann?

Die „Multioptionsgesellschaft“ hat viel Resonanz und – gerade innerhalb der Soziologie – viel Kritik erhalten (Brosziewski et al. 2001). Kritisiert wurde die mangelnde gesellschaftsstrukturelle Bestimmung der unablässigen Optionensteigerung, der allzu enge Fokus auf das Individuum, und manche Fachkollegen waren der zahlreichen Gesellschaftsdiagnosen zum damaligen Zeitpunkt vielleicht auch einfach müde. Im Vergleich zu den beiden anderen Diagnosen aus dieser Zeit, der „Risikogesellschaft“ bzw. der „Erlebnisgesellschaft“, ist die Kernaussage der „Multioptionsgesellschaft“ weniger überraschend. Man erfährt in diesem Buch viel über die Logik der Moderne, aber – auch mangels einer klaren historischen Kontrastfolie – wenig über die Spezifität der Gegenwartsgesellschaft. Hinsichtlich der theoretischen Konstruktion fehlt der „Multioptionsgesellschaft“ die dialektisch anmutende Raffinesse der „Risikogesellschaft“, hinsichtlich ihrer empirischen Illustrationen die Präzision einer „Erlebnisgesellschaft“.

Doch auch die „Erlebnisgesellschaft“, wiewohl längst ein Klassiker der Gesellschaftsdiagnose, hatte nicht den durchschlagenden Erfolg der „Risikogesellschaft“. Vielleicht ist Gerhard Schulze jener Epochenbruch in die Quere gekommen, der die gesamte Soziologie überrascht hat: der Zusammenbruch des Kommunismus und die deutsche Wiedervereinigung. Schon bei Erscheinen seines Werks im Jahr 1992 wurde absehbar, dass die vom damaligen Kanzler Kohl versprochenen „blühenden Landschaften“ so rasch nicht entstehen würden. In unserer Gegenwart, nach den Erfahrungen von Internet-Blase und Finanzkrise, hat sich der Eindruck verstärkt, dass Krise nicht ein kathartisches Durchgangsstadium zu einer besseren Zukunft, sondern vielmehr ein Dauerzustand ist. Statt Überfluss und Erlebnisorientierung stehen Themen im Vordergrund, die wieder verstärkt an die Arbeitsgesellschaft und ihre Deformationen erinnern: Beschleunigung, Prekarisierung, Erschöpfung und Burn-out. Von Erlebnisgesellschaft könne nur sprechen, so lautete bald der Vorwurf, wer von der Arbeitswelt mitsamt ihren Zwängen und Unsicherheiten abstrahiere. Diese Kritik ist berechtigt. Die Überforderungen der Arbeitswelt sind kein explizites Thema der Erlebnisgesellschaft. Gleichzeitig übersieht diese Kritik, dass jene Trends, die in der Arbeitswelt vielfach diagnostiziert werden, doch so etwas wie den Geist der Erlebnisgesellschaft widerspiegeln: der Wertewandel, die Anforderung, Privates und Subjekthaftes in die Arbeitswelt einzubringen und schließlich die Renaissance des „Team"- und Gemeinschaftsgedankens.

Kapitel 10
Wissensgesellschaft

Die gegenwärtig wohl einflussreichste Selbstbeschreibungsformel moderner Gesellschaften lautet auf „Wissensgesellschaft“. Im Zentrum dieser Diagnose steht die Behauptung, dass das Wissen sich zur zentralen Produktivkraft oder Ressource entwickelt habe, wichtiger noch als Boden, Arbeit oder Kapital. Wissen, so heißt es, sei heute zur zentralen Triebfeder technologischer Innovation und wirtschaftlichen Wachstums, zur Grundlage gesellschaftlicher Konflikte und Disparitäten, kurz: zum wichtigsten Moment gesellschaftlicher Reproduktion und Entwicklung geworden. Indem das Wissen zur Grundlage moderner Gesellschaft avanciert, wird das Management dieses Wissen – seine Produktion, Organisation und Verteilung – zur maßgeblichen Herausforderung für Wirtschaft, Wissenschaft und Politik. Mit der Wissensgesellschaftsdiagnose verbindet sich bei vielen Autoren die Vorstellung, dass sich ab den 1950er-Jahren ein gesellschaftlicher Strukturwandel vollzieht, der ähnlich bedeutsam sein soll wie der Übergang von der Agrar- zur Industriegesellschaft im späten 18. und 19. Jahrhundert.

Die Beschreibung der modernen Gesellschaft als Wissensgesellschaft hat weit über die Wissenschaft hinaus Anklang gefunden. Nicht zuletzt aufgrund ihrer Karriere in der politischen Rhetorik ist die Wissensgesellschaft zu einem weithin gebräuchlichen und einflussreichen Konzept geworden. Bis hinein in hochrangige Programme der transnationalen Politik hat es der Begriff der Wissensgesellschaft geschafft. In der im Jahr 2000 verabschiedeten „Lissabon-Strategie“ hat sich die EU das Ziel gesetzt, innerhalb der nächsten zehn Jahre „zum wettbewerbsfähigsten und dynamischsten wissensbasierten Wirtschaftsraum der Welt“ aufzusteigen. Die beiden Hauptkonkurrenten, die USA und Japan, wollte man in punkto Produktivität und Innovationsgeschwindigkeit hinter sich lassen. Als einer der Schlüsselpunkte für die Erreichung dieses Ziels galt (und gilt) der politisch zu bewerkstelligende Übergang in die Wissensgesellschaft.

Der dahinterstehende Grundgedanke lautet, dass nur wissensbasierte Gesellschaften in Zukunft wettbewerbsfähig sein werden. Darum dringt der Europäische Rat in seinem Strategiepapier darauf, dass der Bereich der Forschung und Entwicklung weiter ausgebaut werden muss. Denn die Forschungsquote – die Ausgaben für Forschung gemessen am Bruttoinlandsprodukt – war in den zehn Jahren vor Lissabon im europäischen Durchschnitt von ohnehin mageren zwei auf 1,8 Prozent gesunken. Auf drei Prozent sollten die Investitionen für Bildung und Forschung bis zum Jahr 2010 erhöht werden, und damit auf ein vergleichbares Niveau wie in Japan und in den USA, so die Vorgabe. Im Jahr 2010 meldete das statistische Amt der EU, dass man lediglich wieder bei zwei Prozent angelangt war. Nur Dänemark, Finnland und Schweden kamen zu diesem Zeitpunkt auf über drei Prozent. Aufgrund dieser und anderer Zielverfehlungen wurden die Lissabon-Ziele mittlerweile bis 2020 fortgeschrieben.

Im Kontext der Lissaboner Wachstumsstrategie kommt insbesondere dem Bildungsbereich eine hohe Aufmerksamkeit zu. Im Rahmen der EU-Bildungsoffensive ging man unter anderem daran, die Bildungssysteme zu vereinheitlichen, nicht zuletzt um die Mobilität der Studierenden zu steigern. Im „Bologna-Prozess" schuf man einen einheitlichen Hochschulraum mit standardisierten Studienabschlüssen. Wir alle kennen die Folgen: Einführung des Bachelors, Vergabe von ECTS-Punkten, Anstieg von studienbegleitenden Prüfungen, kurz: Verschulung des Studiums. Die Bologna-Reform lässt sich als Teil der Lissabon-Strategie verstehen. Genau aus diesen Folgen speist sich die Angst, dass Bildung auf die Vermittlung eines ökonomisch kurzfristig verwertbaren Wissens reduziert werden könnte.

Doch die sozialwissenschaftliche Debatte über die Wissensgesellschaft ist facettenreich und keineswegs auf Bildungsreformen und Hochschulpolitik zu reduzieren. Daher sollten wir nun, nach diesen tagespolitischen Einlassungen, erst einmal einen Schritt zurücktreten und uns vergegenwärtigen, was die Soziologie über die Wissensgesellschaft zu berichten weiß. Dabei kann es angesichts der überbordenden Literatur nur darum gehen, einige Meilensteine der traditionsreichen Debatte Revue passieren zu lassen. In einem ersten Schritt soll die ältere Diskussion der 1960er- und 70er-Jahre in ihren Grundzügen skizziert werden. Denn bereits damals wurden einige wesentliche der heute noch relevanten Themen und Thesen formuliert.

1 Auf dem Weg in die Wissen(schaft)sgesellschaft

Die Rede von der Wissensgesellschaft ist keine Erfindung unserer Zeit. Das Konzept der Wissensgesellschaft geht auf Gesellschaftsdiagnosen zurück, die schon älteren Datums sind. Eine der einflussreichsten Diagnosen stammt von Daniel Bell (1919–2011), ehemals Soziologieprofessor in Harvard. Bell hat bereits 1973 die Heraufkunft der Wissensgesellschaft prognostiziert. Allerdings nennt er die sich abzeichnende neue Gesellschaftsformation vorsichtig meist nur die „postindustrielle Gesellschaft" (Bell 1979). Bell behauptet nun nicht, dass sich in den frühen 1970er-Jahren diese postindustrielle Gesellschaft bereits voll entwickelt habe. Er charakterisiert seine Analyse als „A Venture in Social Forecasting" (so der Untertitel der amerikanischen Originalausgabe), als eine Prognose gesellschaftlicher Entwicklungen. Genau genommen schreibt Bell maßgebliche Entwicklungstendenzen seiner damaligen Gegenwart fort und kann darum postulieren, dass die entwickelten Industriegesellschaften des Westens sich in naher Zukunft zu postindustriellen Gesellschaften gewandelt haben werden. In seinem Buch beschreibt Bell also eine Gesellschaft im Übergang.

Mit der Bezeichnung „postindustriell" ist die nächste Gesellschaft zunächst negativ charakterisiert, nämlich als eine Epoche, die nicht mehr in den Koordinaten der Industriegesellschaft verstanden und beschrieben werden kann. Das Präfix „post-" signalisiert im Allgemeinen, dass man das Spezifische an der neuen Gesellschaft noch nicht abschließend auf den Begriff bringen kann, vielleicht auch, dass man sich noch nicht recht traut. Allerdings spricht Bell an wenigen Stellen seines Buchs auch von Wissens- bzw. von Informationsgesellschaft, freilich ohne diese Konzepte im Einzelnen zu präzisieren. Seine Beschreibung der postindustriellen Gesellschaft lässt allerdings keinen Zweifel daran, dass Bell zu den wichtigsten Proponenten der frühen Debatte um die Wissensgesellschaft zu zählen ist. Dies wird unmittelbar evident, wenn Bell die Strukturen der postindustriellen Gesellschaft beschreibt.

Diese Strukturen sind für ihn insbesondere durch zwei Entwicklungen geprägt: 1) die zentrale Rolle des *theoretischen* Wissens für Fortschritt und Innovation sowie 2) das Aufblühen einer *Dienstleistungsökonomie,* die Bell zufolge hohe Bildungsqualifikationen erfordert und fördert. Auf letzteren Punkt werde ich im zweiten Abschnitt zurückkommen. Wenden wir uns zunächst dem ersten Aspekt zu, der zentralen Stellung theoretischen Wissens.

Bell zeigt sich in seiner Zeitdiagnose vor allem von der Institutionalisierung von Wissenschaft und Technik in modernen Gesellschaften beeindruckt. Diese Institutionalisierung hat zur Folge, dass technische Innovationen nicht mehr das zufällige Werk einzelner genialer Bastler bleiben, sondern planmäßig und systematisch, auf Basis organisierter und größtenteils staatlich finanzierter wissenschaftlicher Forschung betrieben werden. Diese Planungsidee wird auch auf die Forschung selbst übertragen, die „geplante Forschung" wird in diesen Jahren zum Programm und zum Forschungsthema (van den Daele et al. 1979). Und auch die Wirtschaft versucht man auf Basis von Programmen zu lenken; diese Versuche bringen den Keynesianismus zur Hochblüte. Man erkennt hier die Faszination, die damals noch von der Idee der Planung, der Steuerung bzw. Rationalisierung ausging. All das, wie gesagt, auf der Grundlage einer Institutionalisierung der Wissenschaft.

Diese Institutionalisierung kommt nicht zuletzt in Form eines gigantischen Größenwachstums der Wissenschaft zum Ausdruck (de Solla Price 1974). Welche Indizien gibt es für dieses Wachstum? Drei Stichpunkte sollen genügen:

1) Es leben immer mehr Menschen von der und für die Wissenschaft, das Wachstum der Wissenschaftlerpopulation übertrifft jenes der Gesamtbevölkerung bei Weitem. Jede Verdopplung der Bevölkerung geht mit einer Verachtfachung der Zahl der Wissenschaftler einher. Die Bevölkerungsexplosion erscheint daher niedlich im Vergleich zur „Wissenschaftsexplosion" (de Solla Price). Diese Entwicklung lässt sich anhand einiger weniger Zahlen illustrieren: Während um 1900 herum rund 50000 Wissenschaftler auf der Erde lebten, waren es um 1960 bereits eine Million. Zwischen 1970 und 1985 verdoppelte sich diese Zahl, und heute gibt es bereits mehr als drei Millionen Wissenschaftler, davon allein eine Million in den USA (Felt et al. 1995: 43f.). Alle 10 bis 15 Jahre, so schätzt Derek de Solla Price (1974: 17), kommt es zu einer Verdopplung der Wissenschaftlerpopulation. Und auch wenn sich dieser Trend in unseren Tagen etwas abgeschwächt haben mag, so leben doch ca. 90 Prozent aller Wissenschaftler, die jemals gelebt haben, in unserer Gegenwart. Infolge dieses Größenwachstums hat sich der Status des Wissenschaftlers fundamental geändert: Die Wissenschaft, vormals eine Berufung für wenige Auserwählte, ist in unserer Zeit zu einem Massenberuf geworden. Waren Genies wie Leibniz von den Privatstipendien der Kurfürsten und Kaiser abhängig, so stehen heute in jedem westlichen Land ganze Armeen von Wissenschaftlern im öffentlichen Sold, um in eigens dafür eingerichteten Organisationen arbeitsteilig die Forschung voranzutreiben.

2) Es kommt zum Aufquellen eines riesigen Zeitschriftenmarktes. Existierten um 1750 herum etwa zehn Fachzeitschriften weltweit (die meist von den nationalen Akademien herausgegeben wurden), so hat sich deren Anzahl in der Folge alle 50 Jahre verzehnfacht. Heute ist die Anzahl wissenschaftlicher Zeitschriften kaum mehr zu überblicken, ständig werden neue gegründet, gerade das Internet bietet neue und beschleunigte Publikationsformen. Mittlerweile erscheinen jeden Tag rund 20000 Artikel in wissenschaftlichen Fachzeitschriften (Felt et al. 1995: 45), eine unvorstellbare Menge.

3) Es wird auch immer mehr Geld für die Forschung durch die öffentliche Hand bereitgestellt, zumindest wenn man in größeren historischen Zusammenhängen denkt. Dieser Wachstumstrend erhält in manchen Län-

dern gegenwärtig zwar eine leichte Delle, da werden Sparpakete geschnürt und Budgets eingefroren. Aber im Prinzip scheint der Trend ungebrochen. Die USA haben jahrelang rund drei Prozent vom Bruttoinlandsprodukt in die Forschung investiert; 2008 standen sie bei 2,8 Prozent. Diese drei Prozent haben sich, wie eingangs erwähnt, auch die EU zur Messlatte gemacht. In Österreich lag die Forschungsquote im Jahr 2000 bei gerade einmal 1,94 Prozent. Trotzdem waren damit die gesamten Forschungsausgaben im Lauf der zehn Jahre von 1990 bis 2000 schon um über 80 Prozent gestiegen, doppelt so schnell wie das Bruttoinlandsprodukt. Im Jahr 2010 kletterten sie – den Eurostat-Daten zufolge – auf 2,76 Prozent, Österreichs bislang höchster Wert und Platz vier im EU-Vergleich.

Neben diesem Größenwachstum beobachten wir nicht zuletzt auch eine Bedeutungszunahme der Wissenschaft. Diese Bedeutungszunahme sollte man indes nicht mit Autoritätsgewinn gleichsetzen. Zwar ist die Wissenschaft heute in vielen Lebensbereichen unentbehrlich geworden. Trotzdem (oder gerade deswegen) glauben wir nicht mehr uneingeschränkt an sie. Solche Autoritätsverluste der Wissenschaft (bei gleichzeitiger Bedeutungszunahme!) lassen sich an unserem eigenen Umgang mit Expertise ablesen: In wichtigen Fragen holen wir immer noch mindestens eine zweite Meinung ein. Davon bleibt jedoch die Diagnose unberührt, dass viele Lebens- und Arbeitsbereiche einer fortschreitenden Verwissenschaftlichung unterliegen. Ob Kindererziehung, Gesundheitsprobleme, Computer- oder Autokauf: Wir handeln in den meisten Fällen nicht (mehr) intuitiv oder traditionsgeleitet. Wir entscheiden vielmehr auf der Basis von Informationen, die oftmals wissenschaftlicher Natur sind. Die Bedeutung wissenschaftlicher Expertise für unser Leben erweist sich nicht zuletzt am Florieren eines riesigen Marktes von Ratgebern und Beratung.

All diese Tendenzen bringen Bell schon in den 1970er-Jahren zur Überzeugung, dass wir uns auf dem Weg in die Wissensgesellschaft befinden. In dieser Gesellschaft wird das Wissen zum neuen Strukturprinzip, das heißt die Art der Technologieentwicklung, des Wirtschaftswachstums und der sozialen Schichtung hängen fortan maßgeblich vom Wissen bzw. von der Verteilung des Wissens ab, wobei der Fokus auf dem wissenschaftlichen Wissen liegt. Bell (1979: 31) bezeichnet das Wissen darum als „axiales Prinzip" oder „Achse", um die herum sich die neuen Entwicklungen in der Gesellschaft organisieren. Die industrielle Gesellschaft hingegen organisiert sich um das Prinzip des Wachstums, das heißt, es geht vordringlich um die Bewältigung von Knappheitsproblemen und um Kapitalbeschaffung.

Für postindustrielle Gesellschaften besteht das Kernproblem nicht in den Kategorien von Wachstum und Investition; es besteht vielmehr in der Organisation des Wissens (in den Betrieben, durch die Universitäten usw.). Die *wissenschaftliche* Kapazität eines Landes wird zum zentralen Indikator für die Stärke der Nation, nicht – wie noch im frühen 20. Jahrhundert – die Zahl der Kolonien, das Ausmaß der Industrialisierung oder die Größe der Bevölkerung. Mit der Durchsetzung der Wissensgesellschaft ändert sich schließlich auch die typische Konfliktdynamik: An die Stelle des – die Industriegesellschaft prägenden – Basiskonflikts zwischen Arbeitgebern und Arbeitnehmern treten immer mehr die Konflikte zwischen Experten und Laien. Dies wird gerade mit Blick auf aktuelle Umwelt- und Technikkonflikte plausibel: Die weltweit stattfindenden Auseinandersetzungen um die richtige Klimapolitik oder eine nachhaltige Energieversorgung lassen sich nicht als Konflikte zwischen Ausbeutern und Ausgebeuteten deuten. Der Streit geht oftmals vielmehr darum, welche Expertise und welches Wissen als glaubhaft und damit als legitime Grundlage von Entscheidungen gelten dürfen. Es wird, mit anderen Worten, in erster Linie um Wissen gestritten, und damit weniger in den überkommenen Kategorien von Klasseninteressen.

In sozialstruktureller Hinsicht kommt es mit der Wissensgesellschaft zur Herausbildung einer neuen Klasse, nämlich einer „technischen Intelligenz" (Bell). Diese Hypothese leitet Bell aus dem Wandel der Berufsstruktur ab. Für die Industriegesellschaft war die Großindustrie die charakteristische Form der Produktion, der Taylorismus die bestimmende Form der Arbeitsorganisation und der einfache Fabrikarbeiter der maßgebliche Berufstypus. Dies wandelt sich grundlegend. In der Wissensgesellschaft, so die Basisannahme, werden professionalisierte und technisch qualifizierte Berufe vorrangig. Es kommt zu einer quantitativen Zunahme jener Berufe, für die eine Hochschulausbildung erforderlich ist. Auf diese Weise entsteht eine wissenschaftlich-akademische Klasse, die sich Bell zufolge aus Wissenschaftlern, Technologen, Verwaltungsexperten und Kulturschaffenden zusammensetzt. Diese Klasse ist durch eine Reihe von Gemeinsamkeiten gekennzeichnet: Die Macht dieser Klasse beruht auf Wissen (Qualifikation); Zugang zu dieser Klasse erwirbt man durch eine entsprechende Bildung; und im Schoße dieser Klasse bildet sich ein neues Ethos heraus. Man ist nicht mehr an typisch industriegesellschaftlichen Werten wie z.B. Fortschritt oder Wachstum orientiert, sondern an postmateriellen Werten (wie Gesundheit, Selbstverwirklichung oder Bildung). Allerdings ist die wissenschaftlich-akademische Intelligenz keineswegs durch ein homogenes Klassenbewusstsein oder gemeinsame Interessen gekennzeichnet. Sie verteilt sich auf höchst heterogene Berufsfelder (mit unterschiedlichen Arbeitsbedingungen) und ist auch in ihren politischen Positionen divers. Sie ist nicht als Interessengruppe organisiert oder ein Teil sozialer Bewegungen. Man wird daher im strengen Sinne nicht von Klasse sprechen können, eher handelt es sich um ein Segment der breiten Angestelltenschicht.

Dass Bell dennoch den Begriff der Klasse bevorzugt, ist wohl durch den politischen Einfluss begründet, den Bell der technischen Intelligenz zutraut. Dieser politische Einfluss manifestiert sich weniger im Sinne einer koordinierten Interessenpolitik, wohl aber im Sinne einer Gesellschaftsgestaltung auf der Basis von Beratungsleistungen und Expertise. Genau deshalb spricht Bell (1979: 30) in Bezug auf die Akademiker von den „Oberpriestern der neuen Gesellschaft", und im Vorwort zur deutschen Ausgabe erklärt er, es sei diese Klasse, „die die Führung der Gesellschaft übernimmt" (ebd.: 16). Ganz wörtlich nehmen darf man das nicht. Zwar werden Wissenschaftler, davon ist Bell überzeugt, immer stärker in den politischen Prozess einbezogen. Gerade die Ingenieure und Techniker werden in der zukünftigen Gesellschaft eine wichtige Rolle in der Politik spielen, liefern sie doch die in der Wissensgesellschaft wichtigen Entscheidungstechniken, wie Systemanalysen, Modellierungen und Prognosen. Andererseits betont Bell jedoch, dass letztlich immer die Politik zu entscheiden habe und nicht die Technokraten. Er scheint in der Frage, wer die Wissensgesellschaft regiert, etwas unentschlossen. Diese Frage haben die Technokratietheoretiker – auf Basis der Annahme eines leitenden „technischen Geistes" – entschiedener beantwortet (siehe Kapitel 4). Auffällig ist jedoch, dass Bell von derselben Frage umgetrieben wird. In diesem Interesse artikuliert sich ganz offensichtlich das, was die Zeitdiagnosen zu portraitieren beanspruchen: der Zeitgeist.

Um es kurz zu resümieren: Die Wissensgesellschaft ist nach Bell über den zentralen Stellenwert des theoretischen, das heißt des wissenschaftlichen Wissens bestimmt. Diese neue Gesellschaftsformation analysiert er in den Dimensionen Technologie, Wirtschaft und Schichtungssystem. In Bezug auf die Technologie konstatiert er eine Verwissenschaftlichung und Beschleunigung der Innovationsdynamik. Der technische Fortschritt wird auf eine wissenschaftliche Grundlage gestellt, also rationalisiert. Technischer Fortschritt vollzieht sich fortan nicht mehr als Zufall, sondern systematisch, geplant, kontinuierlich und dauerhaft. Die Wirtschaft wandelt sich in Richtung einer Dienstleistungsökonomie. Darauf werde ich gleich zurückkommen. Wissensarbeit und Expertise werden zu zentralen Stützpfeilern dieser Ökonomie, was einen Zwang zu Professionalisierung und Akademisierung mit sich bringt. Im Zuge der Wissensgesellschaft entsteht eine neue Schicht der technischen Intelligenz, der eine gesellschaftliche Führungsrolle zuwächst. In Summe wird eines deutlich: Die postindustrielle Gesellschaft bildet neue Strukturen heraus, die auf der Hegemonie von *wissenschaftlichem* Wissen gründen. Die Wissensgesellschaft, mit anderen Worten, wird von Bell vor allem als eine Wissenschaftsgesellschaft gedacht, also als eine Gesellschaft, die in ihren Grundlagen durch die Produktion und Verwertung von wissenschaftlichem Wissen bestimmt ist (Kreibich

1986). Bells Zeitdiagnose ist geprägt vom Glauben an die (All-)Macht der Rationalisierung und der wissenschaftlichen Erkenntnis. Seine Wissensgesellschaft erscheint als eine Gesellschaft mit planvollem und prognostizierbarem Fortschritt. Darin zeigt sich ein Denken, das noch weitgehend in der Tradition der Aufklärung steht.

2 Dienstleistungsgesellschaft

Die Wissensgesellschaftsdiagnose rekurriert auf die Institutionalisierung der Wissenschaft und die fortschreitende Verwissenschaftlichung der Gesellschaft. Außerdem reagiert sie auf das Aufblühen einer Dienstleistungsökonomie. Das Wissen spielt demnach nicht nur als Rationalisierungsinstrument im Sinne geplanter Forschung und Innovation eine Rolle, sondern auch in Form der Aufwertung von Wissensarbeit, und das heißt in erster Linie: von Dienstleistungen. Die Dienstleistungswirtschaft übertrifft heute die produzierende Wirtschaft an Bedeutung, so die Beobachtung. In historischer Perspektive zeigt sich dies in den rückläufigen Zahlen der in der Landwirtschaft und in der Industrie Beschäftigten. Bereits in den 1980er-Jahren lag die Zahl der landwirtschaftlich Tätigen in den meisten OECD-Ländern unter zehn Prozent, in vielen sogar unter fünf Prozent. Der Anteil der industriell Beschäftigten rutschte selbst in den starken Industrieländern wie Deutschland oder Großbritannien von über 50 auf weit unter 40 Prozent. Mittlerweile ist in den westlichen Gesellschaften die überwiegende Mehrheit der unselbstständig Beschäftigten im Dienstleistungssektor tätig. In Österreich z. B. arbeiteten im Jahr 2009 rund 73 Prozent der Beschäftigten im Dienstleistungsbereich. In den Städten, allen voran in Wien, ist der Anteil noch viel höher und liegt zum Teil bei über 90 Prozent.

Als Dienstleistungsgesellschaft bezeichnet man gemeinhin eine Gesellschaft, in der mindestens 50 Prozent der Erwerbstätigen ihr Einkommen mit Dienstleistungen verdienen. Tatsächlich arbeiten in den westlichen Demokratien die meisten Menschen heute in Dienstleistungsberufen, und neue Jobs entstehen vor allem im Dienstleistungsgewerbe, also in den Bereichen Bildung und Forschung, Gesundheit, Tourismus, Transport, Handel, Freizeit, Finanzen, Verwaltung, Umweltschutz (Häußermann/Siebel 1995). Den Dienstleistungsbereich bezeichnet man auch als dritten Sektor. Während der erste Sektor die Land- und Forstwirtschaft umfasst und der zweite Sektor das verarbeitende Gewerbe, also die Industrie, bezeichnet der dritte Sektor all jene Bereiche, wo keine materiellen Güter hergestellt oder verarbeitet werden bzw. wo Dienstleistungen nicht unmittelbar in die Güterproduktion integriert sind.

Dienstleistungen sind keine Erfindung der Wissensgesellschaft. Bereits in der vorindustriellen Gesellschaft kannte man häusliche Dienste, und in der Industriegesellschaft wurde gerade der öffentliche Dienst groß ausgebaut (Gesundheit, Finanzen). Spezifisch an der wissensbasierten Dienstleistungsgesellschaft ist das hohe Aufkommen akademischer Dienstleistungen (Beratung, Expertise). In vielen Fällen handelt es sich um produktionsorientierte Dienstleistungen, also Dienstleistungen, die der Rationalisierung der Produktion, der Innovation usw. dienen. Diese Dienstleistungen werden durch Angestellte, nicht durch Arbeiter bereitgestellt. Mit der Wissensgesellschaft setzt sich darum die Angestelltenkultur durch.

Eine gleichermaßen einflussreiche wie optimistische Deutung der Dienstleistungsgesellschaft hat der französische Ökonom Jean Fourastié (1907–1990) gegeben. In seinem Buch von 1949 mit dem Titel „Die große Hoffnung des 20. Jahrhunderts“ (Fourastié 1954) vertritt er schon recht früh die These, dass wir es in entwickelten Industriegesellschaften mit einem Prozess der Tertiarisierung zu tun haben. Tertiarisierung heißt: Verschiebung der Beschäftigtenquote zugunsten des dritten Sektors. Die längste Zeit in der Geschichte der Menschheit, nämlich in den Agrargesellschaften, seien 80 Prozent aller menschlichen Tätigkeiten an den primären Sektor gebunden gewesen. In der sich ab 1750 entwickelnden Industriegesellschaft seien 50 Prozent im sekundären Sektor beschäftigt gewesen, die andere Hälfte etwa gleich verteilt im ersten und dritten Sektor. In der Zukunft, das heißt in der Dienstleistungsgesellschaft, würden 80 Prozent aller Berufstätigen im dritten Sektor beschäftigt sein. Fourastié geht allerdings davon aus, dass sich die Dienstleistungsgesellschaft erst in etwa 200 Jahren voll durchgesetzt haben wird; demnach leben wir in einer Übergangsphase. Die grundlegende These der Tertiarisierung geht auf ein Buch von Colin Clarke aus dem Jahr 1940 zurück, in dem erstmals von einer Verschiebung der Gewichte zugunsten des dritten Sektors die Rede war. Erst Fourastié indes macht aus dieser These – die er systematisch entwickelt und empirisch reichhaltig belegt – eine umfassende Zeitdiagnose.

Im Zentrum der Tertiarisierung stehen für Fourastié der *wissenschaftlich-technische Fortschritt* und ein damit zusammenhängender *Wertewandel.* Die seit dem ausgehenden 19. Jahrhundert gewaltig erhöhte Arbeitsproduktivität hat einerseits zu steigender Nachfrage und wachsendem Verbrauch geführt, andererseits aber auch zu einer Sättigung des Güterkonsums. Fourastié (1954: 38) fragt in diesem Zusammenhang rhetorisch: „Wer kauft Fleisch, das er nicht mehr essen, Bücher, die er nicht mehr lesen, Pferde, die er nicht mehr reiten, Autos, die er nicht mehr fahren kann?“ Außerdem deutet er an, dass der (industriell produzierte) Überfluss an Gütern zu deren symbolischer Entwertung beitragen kann. Das Argument lautet sinngemäß: Wenn alle ein Auto haben, muss ich aus Prestigegründen auf Flugreisen umsteigen. Fourastié prognostiziert nun eine wachsende und unstillbare Nachfrage nach Dienstleistungen. Diese Nachfrage, so glaubt er, dient in erster Linie dem Ziel der *Zeitersparnis*. Da Zeit nun einmal nicht dehnbar ist, muss der Mensch, um die Unmasse an erworbenen Gütern aller Art überhaupt noch genießen zu können, Zeit sparen. Man lässt sich daher vieles liefern, geht ins Restaurant, delegiert (z. B. die Steuererklärung an den Steuerberater).

Es sind diese *natürlichen und symbolischen Grenzen des (primären und sekundären) Konsums*, die eine Verschiebung der Nachfrage in Richtung Dienstleistungen ankurbeln. Diese Verschiebung realisiert sich indessen nicht unbedingt als individuelle Wahlentscheidung, sondern zuweilen auch als Zwang: Aus nachvollziehbaren Gründen kaufen wir heute in aller Regel unsere täglichen Lebensmittel beim Großhändler (tertiär), nicht auf dem Bauernhof (primär). In Summe ergibt sich aus diesem Wandel der Nachfrage ein Veränderungsdruck auf dem Arbeitsmarkt: Die nicht mehr im Bereich der Güterproduktion und -verarbeitung benötigten Beschäftigten sehen sich gezwungen, in den Dienstleistungsbereich abzuwandern.

Tertiarisierung, mit anderen Worten, findet statt, wenn es vorrangig nicht mehr um Selbsterhaltung geht, sondern um Selbstverwirklichung. Der Mensch, schreibt Fourastié (ebd.: 244), wird mit steigendem Einkommen „anspruchsvoll in der Wahl seines Berufes; er verringert seine Arbeitszeit und nimmt eine Senkung des Lebensstandards in Kauf, um mehr Freizeit zu haben; er strebt nach geistiger und künstlerischer Bildung und verlängert seine Schulzeit." Im Zuge der durch die Industriegesellschaft und ihre wohlfahrtsstaatliche Organisation gewonnenen Errungenschaften (ein Mehr an Einkommen, Gesundheit, Sicherheit) setzen sich neue Bedürfnisse durch, die über die industriegesellschaftlich geprägte Lebensweise hinausweisen. Es sind postmaterielle Werte, etwa der Wunsch nach Selbstverwirklichung, die zur Durchsetzung der tertiären Zivilisation beitragen. Dass er Selbstverwirklichung mit Bildung gleichsetzt, zeigt, dass Fourastié an das Gute im Menschen glaubt. Hier werden die anthropologischen Wurzeln von Fourastiés Argumentation offenbar. Denn anscheinend unterstellt er so etwas wie ein typisch menschliches Verlangen nach geistig-moralischer Selbstvervollkommnung.

Der zweite und für die Tertiarisierung wichtigste Aspekt ist für Fourastié der wissenschaftlich-technische Fortschritt. Im Bereich der Produktion macht sich dieser Fortschritt als *Verwissenschaftlichung der Produktion* geltend. Damit ist der Trend bezeichnet, dass die meiste Arbeit in das Planen, Berechnen und Vermarkten der Dinge fließt, und das heißt in vielen Fällen: in die Forschung. Mit der Ausführung der konkreten Tätigkeit (z.B.

Güterherstellung) sind nur mehr wenige befasst, in erster Linie geht es ums Denken, mit anderen Worten: um produktionsorientierte Dienstleistungen bzw. um Wissensarbeit. Fourastié geht nun 1) von einer Zunahme der Bedeutung und des quantitativen Anteils der Dienstleistungs- oder Wissensarbeit an der Produktion aus. Sofern das Besondere der Dinge in ihrer eingebauten Intelligenz, in ihrem Design oder ihrem Symbolwert liegt, entsteht ein erhöhter Bedarf an Wissen und Expertise. Außerdem geht er 2) von der Zunahme konsumorientierter Dienstleistungen aus (Stichwort: Zeitersparnis), und auf diesem Aspekt liegt sein Hauptaugenmerk. Schließlich ist er 3) davon überzeugt, dass die Dienstleistungsarbeit selbst nicht rationalisierbar ist, auch und gerade nicht die personenbezogenen oder häuslichen Dienstleistungen. Ein indischer Friseur, bemerkt Fourastié, bedient pro Stunde ebenso viele Kunden wie ein Friseur in Chicago. Eine ähnliche Produktivitätssteigerung wie im Industriebereich sei nicht erwartbar, eine Sättigung mit Dienstleistungen auf lange Sicht darum auch nicht, vielmehr würden zu wenige Dienstleistungen angeboten, und die seien zu teuer. Fazit: Dienstleistungsarbeit ist zwar ein Faktor der Rationalisierung (industrieller Arbeit), aber selbst nicht rationalisierbar – und wenn doch, dann nur um den Preis der Vervielfachung der Nachfrage nach entsprechender Wissensarbeit, die man für diesen Rationalisierungszweck benötigte. In gesellschaftstheoretischer Perspektive ergibt sich daraus der paradox anmutende Zusammenhang, dass genau jener Rationalisierungsimperativ, der letztlich in der Industriegesellschaft wurzelt, mittels der Privilegierung von Wissen als Produktivkraft zur Überwindung der Industriegesellschaft führt.

Die zukünftige Gesellschaft, so Fourastiés Erwartung, wird eine stabile Gesellschaft sein, und zwar aufgrund des unstillbaren Bedürfnisses nach Dienstleistungen. Die Fundamente der Agrar- oder Industriegesellschaft können infolge der fortschreitenden Rationalisierung brüchig werden – jene der zukünftigen (Dienstleistungs-)Gesellschaft nicht. So trägt die Natur des technischen Fortschritts nicht nur zur Durchsetzung der neuen Gesellschaft bei, sondern stellt sie auch auf Dauer. Eine übernächste Gesellschaft käme aus dieser Perspektive nur dann in Sichtweite, wenn der Markt an Dienstleistungen gesättigt wäre.

Für seine Gegenwart, eine Gesellschaft im Übergang, diagnostiziert Fourastié indes eine tief greifende Krise. Tertiarisierung bedeutet für viele Menschen nichts anderes, als dass sie gezwungen sind, ihre Arbeitskraft im dritten Sektor erfolgreich zu verkaufen: Bauern müssen ihre Höfe aufgeben, Industriearbeiter ihre gewohnten Arbeitsroutinen. Der technische Fortschritt führt zum Verlust sozialer Bindungen, zu Heimatlosigkeit und vor allem zu gravierenden Orientierungsproblemen, die sich aus der nunmehr geringen Halbwertszeit überlieferter Regeln und Verfahren ergeben. Die seelische und geistige Entwicklung des Menschen, resümiert Fourastié, kann mit dieser Beschleunigung nicht Schritt halten. Es ist diese Kluft zwischen beschleunigtem institutionellen Wandel (bedingt durch Technisierung) und beständiger Natur des Menschen, die die „Krankheit unserer Zeit" (Fourastié) ausmacht. Die Lösung sieht er allerdings nicht – in kulturkritischer Manier – in einem „Zurück zur Natur", in einer Revitalisierung überkommener Arbeits- und Lebensstrukturen oder in einer Rückbesinnung auf traditionelle Werte. Die Lösung sieht er vielmehr in einem Mehr an Technisierung. An die Stelle der nunmehr vollautomatisierten Fließbandarbeit, so die optimistische Erwartung, werden neue, anspruchsvolle und den Menschen erfüllende Tätigkeiten treten. Die Zahl an hochwertigen Jobs wird genauso steigen wie die Zahl der akademisch Gebildeten. Drei Viertel der Bevölkerung werden in der durchgesetzten Dienstleistungsgesellschaft einen Hochschulabschluss haben, so Fourastiés Prognose. Das menschenfeindliche System des Taylorismus wird außer Kraft gesetzt sein. Vermehrt wird hingegen die Freizeit, die der Mensch unter anderem für Bildungszwecke nutzen kann. An seine Zeitgenossen adressiert Fourastié entsprechend den Aufruf, den Anforderungen der schönen neuen Arbeitswelt offensiv zu begegnen, das heißt entsprechende kommunikative und kognitive Fähigkeiten zu entwickeln, um dem irreversiblen Prozess der Tertiarisierung gewachsen zu sein. An seine Leser appelliert er nachdrücklich: „*Die Menschen müssen unbedingt intelligent werden* und ihr Denken den wissenschaftlichen Methoden unterwerfen." (Fourastié 1954: 250) Das heißt, obwohl er die sozialen Verwerfungen infolge eines beschleunigten technologischen Wandels durchaus registriert und kritisiert, setzt Fourastié seine Hoffnung gleichwohl in diesen fortschreitenden Rationalisierungsprozess.

Die „große Hoffnung" Fourastiés bezieht sich darauf, dass sich mit der Tertiarisierung Gesellschaften durchsetzen, die ein besseres Leben ermöglichen: mehr Bildung, eine humanere Arbeitswelt sowie ein verstärktes Interesse an Fragen der Lebensqualität und der Selbstverwirklichung. Diese Gesellschaften versprechen konfliktarm zu sein, weil sie qualifizierte Tätigkeiten an Hochqualifizierte verteilen und keine Arbeitslosigkeit kennen. Denn, so Fourastiés Credo, die Nachfrage nach Dienstleistungen ist im Prinzip nicht zu sättigen und Dienstleistungsarbeit nicht zu rationalisieren. Demnach wären Dienstleistungsgesellschaften arm an Interessenkonflikten und reich an Lebensqualität – eine aus seiner Analyseperspektive durchaus überzeugende Schlussfolgerung.

Auch wenn Fourastiés Prognose einen langen Übergangszeitraum geltend macht: Seine Hoffnung hat sich bislang nicht in der erwarteten Form realisiert. Zwar hat der Dienstleistungsbereich in unserer Zeit an Bedeutung eher noch hinzugewonnen. Doch ganz offenkundig entstehen damit nicht nur Freiheiten, sondern auch neue Zwänge. So ist es heute vor allem an den Menschen, sich mittels (Weiter-)Bildung auf die neuen Verhältnisse einzurichten – eine Grundmelodie aus der gegenwärtigen Wissensgesellschaftsdebatte. Außerdem ging Fourastié – nicht anders als Bell – davon aus, dass die Tätigkeiten im Dienstleistungsbereich hohe formale Bildungsqualifikationen erfordern würden. Nun wissen wir heute, dass gerade der Dienstleistungsbereich prädestiniert ist für die Prekarisierung von Arbeit. Schuhputzer, Einpacker im Supermarkt, Gepäckträger im Hotel oder am Flughafen – das Panorama schlecht bezahlter Dienstleistungen erinnert heutzutage nicht unbedingt an die wissensbasierte Dienstleistungsgesellschaft, sondern eher an die Dienstbotengesellschaft. Und tatsächlich: Das „Job-Wunder" in den USA der 1980er-Jahre war vor allem auf die Ausweitung eines Dienstleistungsmarktes gegründet, der sich durch niedrige Löhne und geringe Regulierung auszeichnete. Derartige Beobachtungen haben dazu geführt, dass man in den Sozialwissenschaften nun schärfer die (hochqualifizierte) Wissens- von der Dienstleistungsarbeit abgrenzt – eine Unterscheidung, die für den fortschrittsgläubigen Fourastié noch gar nicht notwendig war.

Ein weiterer Einwand gegen Fourastiés Prognose ist ebenfalls empirischer Natur. So lässt sich der Trend beobachten, dass Dienstleistungen in Eigenregie der Konsumenten, teilweise unter Nutzung industriell erzeugter Produkte, erbracht werden, ohne dass diese Dienstleistungen als geldwerte Arbeit gelten. Erinnert sei hier an die Eigenarbeit von Kunden (siehe Kapitel 8). Ein anderes Beispiel ist die Verrichtung von Pflegearbeiten durch Angehörige zu Hause, was einer Informalisierung von Arbeit gleichkommt. Das alles spricht nicht gegen die Dienstleistungsgesellschaftsdiagnose, wohl aber gegen die Annahme, dass sich mit der Dienstleistungsgesellschaft automatisch eine bessere Gesellschaft mit hohem Kultivierungspotenzial und humaner Arbeitswelt durchsetzt.

3 Wissensarbeit und der Wandel der Wissensproduktion

Den populären Kern der gegenwärtigen Debatte um die Wissensgesellschaft bildet die Überzeugung, dass das Wissen heute zur wichtigsten Produktivkraft geworden ist. Diese Annahme ist schwer zu beweisen. Zweifellos haltbar ist jedoch die Behauptung, dass dem Wissen heute ein ungewöhnliches Maß an Aufmerksamkeit geschenkt wird, gerade im Bereich der Wirtschaft. Es kann daher nicht verwundern, dass die Debatte um die Wissensgesellschaft ihren Ausgangspunkt in Diskussionen genommen hat, die sich um das Auftreten eines neuen Arbeitstypus drehten: der Wissensarbeit. Von Wissensarbeit wurde als erstes in der Managementliteratur gesprochen. Der maßgebliche Name in diesem Zusammenhang ist Peter Drucker. Drucker war nicht nur einer der einflussreichsten Organisationsberater und Managementtheoretiker des 20. Jahrhunderts, er ist überdies aufgrund seiner Biografie interessant. Denn sein Lebenslauf illustriert einmal mehr, welches intellektuelle Kapital das Wien des frühen 20. Jahrhunderts barg – und was durch den Weg in den Faschismus verloren gegangen ist. Geboren wurde Peter Drucker 1909 in Wien und wuchs in Grinzing, im Herzen des 19. Gemeindebezirks, auf. 1933 emigrierte Drucker nach England, 1937 in die USA. Seine Karriere begann er als Berater von General Motors. Seine Methode eines „Führens durch Zielvereinbarungen" („Management by Objectives") ist heute noch grundlegend für viele Managementsysteme. Professuren erhielt er in Vermont, in New York und, ab 1970, in der Nähe von Los Angeles. Dort, in Claremont, starb Drucker im Jahr 2005. Er prägte den Begriff der Wissensarbeit und sprach als einer der ersten von der Wissensgesellschaft. Wissen, so formulierte er in dem 1969 erschienenen Band „The Age of Discontinuities", sei die „eigentliche Grundlage der modernen Wirtschaft und Gesellschaft" (Drucker 1972: 322).

Bereits in den 1950er-Jahren konstatierte Drucker das Auftreten von „knowledge workers", also von Arbeitern, die nicht für körperliche Arbeit und manuelle Fähigkeiten bezahlt werden, sondern für die Anwendung ihres erworbenen Wissens und die Entwicklung von Ideen. Als typische Produkte des Wissensarbeiters gelten darum nicht materielle Güter oder technische Artefakte, sondern Wissen, z. B. in der Form von Expertise, also eines Wissens über Wissen. Der Begriff der Wissensarbeit bezieht sich damit auf die Herausbildung neuer Arbeitsfelder, für die professionelle Expertise benötigt wird. Robert Reich (1991) hat in diesem Zusammenhang vom Aufstieg der „Symbolanalytiker" gesprochen, das heißt von Menschen, die vermittels der Manipulation von Symbolen Probleme lösen, identifizieren und vermitteln. Symbolanalytiker setzen Deutungen der Realität durch, auf deren Grundlage Lösungsstrategien erarbeitet werden, die dann eventuell in die Realität entlassen werden. Zu den Symbolanalytikern werden typischerweise Berater, Gutachter, Forscher, Marketingfachleute, Kommunikationsexperten oder EDV-Spezialisten gerechnet. Der Aufstieg dieser Wissensarbeiter hat nachhaltig das mediale Bild von einer schönen, neuen und sauberen Arbeitswelt in der Wissensgesellschaft geprägt. Demnach tritt an die Stelle der monotonen Arbeit an der schmutzigen Werkbank das kreative Schaffen im vollklimatisierten Büro oder zu Hause, beim Teleworking. Die Welt ist nicht mehr die große, rußgeschwärzte Fabrik, sondern das blitzsauber durchgestylte Beraterbüro. Aber wie auch immer, mitgedacht ist beim Wissensarbeiter in der Regel ein Tätigkeitsprofil, das ein höheres Bildungsniveau erforderlich macht und ein höheres Einkommen garantiert. Drucker unterscheidet daher explizit zwischen Wissensarbeitern und – minder qualifizierten – Dienstleistern.

Diese Wissensarbeiter begreift der Organisationsberater Drucker als zentrale Herausforderung für das moderne Management. Zum einen deshalb, weil es in modernen Ökonomien darum gehen muss, dieses Wissen für Organisationszwecke produktiv zu machen; und zum anderen deshalb, weil dieser neue Angestelltentyp – anders als der Industriearbeiter – aufgrund seines Wissens über ein hohes Maß an Autonomie verfügt und daher nicht leicht zu steuern ist.

Wie lässt sich Wissensarbeit einerseits effizient organisieren, andererseits aber auch so kontrollieren, dass Organisationen steuerbar bleiben? Diese Problemstellung erinnert an Max Weber. In seiner Bürokratisierungstheorie hatte Weber ebenfalls vermutet, dass sich das Beamtentum qua Fachwissen an die Stelle der leitenden Politik setzen könnte. In vergleichbarer Weise stellt sich Drucker dieses Problem im Hinblick auf wirtschaftliche Unternehmen. Anders als in der Industriegesellschaft, so Drucker, gehe es in der Wissensgesellschaft nicht mehr vordringlich darum, die Arbeit zu rationalisieren (Taylorismus). Es gehe vielmehr darum, das *Wissen zu rationalisieren,* das heißt, Wissen auf intelligente, also seinerseits wissensbasierte Weise zu generieren, zu fördern und zu verwalten. Die Aufgabe des Managements besteht darin, wissensbasierte Organisationen möglich zu machen, das heißt, Organisationen so einzurichten, dass Wissen systematisch in Innovation übersetzt werden kann. Das *Management von Wissen* ist darum für Drucker das Kernelement der Wissensgesellschaft.

Den Führungsspitzen in den Unternehmen empfiehlt er, sich selbst nicht in traditioneller Weise als Kontroll- und Gerichtsinstanz zu verstehen bzw. misszuverstehen. Notwendig sei vielmehr ein kooperativer Führungsstil, der seine vordringlichste Aufgabe darin findet, Ideen anzuregen, auch wenn sie noch so unreif oder spekulativ erscheinen mögen. Darin besteht die Hauptfunktion der Leitungsebene: Wissensarbeiter produktiv zu machen, halbfertige Ideen in Innovation umzuwandeln, Neues zu schaffen und dabei die Organisation selbst zu erneuern. Dazu gilt es nicht zuletzt, die Eigenmotivation der Mitarbeiter zu wecken. Bei den Industriearbeitern wurde Motivation primär über Außenreize, sprich: Lohn, hergestellt. Die Wissensarbeiter hingegen muss in erster Linie die *Arbeit* zufrieden stellen. Selbstverwirklichung soll wieder in der Arbeit, nicht (nur) in der Freizeit stattfinden.

Die Rede von der Wissensarbeit impliziert freilich mehr als nur die Aufwertung kognitiver Fähigkeiten im Produktionsprozess. Sie impliziert nämlich eine Pluralisierung und Dezentralisierung des Wissens. Was ist damit gemeint? Drucker (1972: 175f.) gibt ein Beispiel: Die großen Baumeister der Antike entwarfen und planten die Pyramiden; ausgeführt wurde diese Arbeit von einer Heerschar ungeschulter Handwerker und Arbeitssklaven. Alles Wissen war an der Spitze der Organisation konzentriert. Nach diesem Modell funktionierte noch die Automobilproduktion eines Henry Ford im frühen 20. Jahrhundert. Er selbst war der einzige Direktor. Dieses Modell der Wissenspyramide, die auf der Spitze steht, ist überholt. Heute geht man davon aus, dass das relevante Wissen heterarchisch strukturiert ist, nicht hierarchisch, es ist verteilt, nicht zentralisiert, und es gibt praktisch kein Wissen und kaum mehr eine wissenschaftliche Disziplin, die in der modernen Wissensökonomie keine Funktion hätten. Man könnte sagen: Das alte, pyramidale Modell des Wissens wird durch ein neues, netzwerkartiges Modell abgelöst. Der pluralistischen Struktur der Gesellschaft entspricht also in Druckers Wahrnehmung eine pluralistische Struktur des Wissens.

Im Zuge dieses fundamentalen Wandels ändert sich das Wissen selbst – es wird zu einer Ressource. Das heißt, Wissen gilt nun nicht mehr als ein Wert an sich, als ein wichtiger Schritt auf dem langen Weg zur Wahrheit; es wird vielmehr zu einem Mittel zum Zweck. Wissen wird zu einem Werkzeug, um etwas zu erreichen, was außerhalb der Wahrheitssphäre liegt, also etwa Innovationen bewirken oder Politik beraten. Es geht primär überhaupt nicht mehr um Wahrheit, sondern darum, ob das Wissen sich im Anwendungskontext bewährt, ob es „funktioniert". Diese Entwicklung hat Peter Drucker bereits vor 50 Jahren antizipiert. Für den Akademiker, so meint er (1972: 251), sei Wissen immer noch vor allem das, was im Buch steht; das aber seien nur Informationen. Zum Wissen werde dieses „Bücherwissen" erst, wenn es im Handlungsprozess praktisch angewendet wird, mit anderen Worten: eine Handlungsressource darstellt.

Die Debatte um die Wissensarbeit hat in jüngerer Zeit insbesondere der Soziologe Helmut Willke (geb. 1945) neu aufgenommen. Er bestimmt die Wissensgesellschaft als eine Gesellschaft, deren Reproduktion so stark von Wissen abhängt, dass Informationsverarbeitung und Expertensysteme gegenüber anderen Faktoren der Reproduktion vorrangig werden. In Bezug auf die Existenz einer Wissensgesellschaft ist Willke allerdings vorsichtig: „Die Wissensgesellschaft existiert noch nicht", schreibt er (1998: 163), „aber sie wirft ihre Schatten voraus." Vorboten dieser Wissensgesellschaft sieht er vor allem im Bereich der Ökonomie. Nicht von ungefähr konzentriert er sich in seiner Phänomenologie der Wissensgesellschaft auf das ökonomische Feld. Drei Aspekte hebt er dabei hervor: 1) Das Aufkommen von *Wissensarbeit,* das heißt gegenüber Landwirtschaft und industrieller Produktion nehmen wissensbasierte Tätigkeiten zu. Davon haben wir gehört. 2) Die

Bedeutung *intelligenter Produkte,* das heißt von Produkten, die ihren Wert der eingebauten Expertise verdanken (z.B. Mikrochip). 3) Die Ausbildung von *lernenden Organisationen,* das heißt von Organisationen, deren Leistungsfähigkeit von ihrer Lernfähigkeit abhängt. In erster Linie bedeutet dies, intelligente Strukturen zu schaffen, die Innovationsfähigkeit auf Dauer stellen – ungeachtet der Fluktuation von Mitarbeitern. Es geht darum, organisationale Kompetenzen von personalen Kompetenzen abzukoppeln, sprich ein „organisationales Wissen" zu erzeugen, ein Wissen, so Willke (ebd.: 166), „das nicht in den Köpfen von Menschen gespeichert ist, sondern in den Operationsformen eines sozialen Systems. *Organisationales oder institutionelles Wissen steckt in den personenunabhängigen, anonymisierten Regelsystemen, welche die Operationsweise eines Sozialsystems definieren.*" Ein solches Wissen ist in Standardverfahren, Routinen, Rezeptwissen, Datenbanken, Projektwissen verkörpert. Im Zentrum der lernenden Organisation steht darum das Wissensmanagement. Die Durchsetzung der Wissensgesellschaft läuft in Summe auf eine Innovationsbeschleunigung qua Wissen und Expertise hinaus, wobei Wissen und Expertise in den Organisationen selbst hervorgebracht werden (müssen). Dies ist übertragbar auf die Ebene der Funktionssysteme: Auch die Politik z.B. sieht sich aus Effizienzgründen gezwungen, anstelle des Imports von Wissen (vor allem aus der Wissenschaft) eigene Expertise im Umgang mit Wissen und in der Generierung von Wissen aufzubauen (Willke 2005).

Ein *erstes Resümee* geht also dahin, dass es im Zuge der Wissensgesellschaft zu einem Wandel der Organisation kommt, der aus dem Zwang zur Organisation von Wissen und Wissensarbeit resultiert. Wissensarbeit impliziert bei Willke zudem die systematische Organisation des Wissens (Generierung, Verteilung, Management) innerhalb von Organisationen mit der Folge der Veränderung der Organisationslogiken. Wissensarbeit ist darum mehr als nur ein anderes Wort für „nachdenken". Der Begriff markiert nicht weniger als einen Strukturwandel von Arbeit. Denn es geht um die Organisation von Tätigkeiten, deren zentrale Ressource das Wissen ist und deren Resultat in der Produktion intelligenter Güter besteht. Diese gesteigerte Wissensabhängigkeit der Arbeit bedeutet außerdem, dass das Wissen kontinuierlicher Überwachung und Revision unterworfen sein muss. Für die Beschäftigten heißt dies, dass Wissen nicht nur einmal erworben wird und dann nur noch angewendet werden muss. Es entwickelt sich vielmehr der manifeste Zwang zum lebenslangen Lernen, jener Imperativ, der aus der politischen Diskussion um die Wissensgesellschaft wahrscheinlich am besten bekannt ist. Denn genau dies ist die Hauptlehre, die die Politik aus den soziologischen Debatten mitnimmt: Um die Stärke der Nation zu wahren, müssen die Menschen lernbereiter werden.

Ein *zweites Resümee* lautet: Parallel zum Wandel der Organisation kommt es in der Wissensgesellschaft – Bell hat dies bereits vorweggenommen – zu einem Wandel der Bedeutung von Wissen selbst. Wissen wandelt seinen Charakter, es wird zu einer vielfältig nutzbaren Ressource ohne Wahrheitsanspruch. Man könnte sagen, gerade in dem Wissen in sämtlichen Bereichen der Gesellschaft zu einer wichtigen Ressource für Handeln und Entscheiden wird, nutzt sich gleichzeitig seine Autorität und sein Prestige stark ab. Die Wissenschaft ist nicht mehr das allein maßgebliche System für die Produktion von Wissen, es kommt vielmehr zu einer Dezentralisierung und Heterogenität von Expertise. Die Politik etwa ist, um steuerungsfähig zu bleiben, auf die Entwicklung von Eigenintelligenz angewiesen, mit anderen Worten: auf die systeminterne Produktion von Expertise. Auf Organisationsebene wird relevantes Wissen in der Praxis, durch schnelles Lernen im Umgang mit Nichtwissen und in hybrider Form erarbeitet (Willke 2002). Das alles heißt: Wissenschaft hat nicht mehr länger eine Sonderstellung oder das Monopol für Wissensgenerierung. Neben Formen wissenschaftlicher Wahrheitsproduktion und Validierung treten gleichberechtigt diverse Formen der Expertiseproduktion, die innerhalb der Organisationen organisiert werden und reaktionsschneller und praxisnäher funktionieren. Maßgeblich für die Wissensgesellschaft ist demnach eine polyzentrische Produktion von Wissen.

Diese Perspektive wird durch Beobachtungen aus der Wissenschaftssoziologie gestützt. Dort ist von Michael Gibbons, Helga Nowotny und anderen die These vertreten worden, dass wir es gegenwärtig mit einem tief greifenden Wandel der Wissensproduktion zu tun haben. Um es in der Diktion der Autoren zu sagen: Der „Modus 1" der Wissensproduktion werde durch einen „Modus 2" überlagert (Gibbons et al. 1994). Unter „Modus 1" verstehen die Autoren eine disziplinäre Form der Wissensproduktion, gewissermaßen die „klassische" Wissenschaft, wie sie von uns schon fast niemand mehr aus eigener Erfahrung kennt. In dieser klassischen Ära ist die Universität der primäre Ort der Wissensproduktion; die Wissenschaft ist durch hohe Autonomie geprägt, und sie gilt als Autorität gegenüber der als aufklärungsbedürftig geltenden Öffentlichkeit. Das Ziel aller Wissensproduktion besteht im Auffinden von Wahrheiten, die Validierung von Wissensansprüchen passiert im kleinen Kreis einschlägiger Experten („Peer Review"). Die „Modus 1"-Wissenschaft ist die gegenüber anderen Systemen – wie z.B. Politik, Wirtschaft oder Medien – stark abgeschottete „Elfenbeinturm"-Wissenschaft.

Unter „Modus 2" verstehen die Autoren anwendungsbezogene und Disziplinen übergreifende (inter- oder transdisziplinäre) Formen der Wissensproduktion, also die Ablösung der klassischen Wissenschaft durch die moderne Forschung. Diese Forschung findet in hohem Maße außerhalb der staatlichen Universitäten statt, in Think Tanks, in Unternehmenslabors und Privatuniversitäten; sie ist gekennzeichnet durch ihren hohen Anwendungsbezug, durch temporäre Kooperation heterogener Akteure sowie durch ihre Projektförmigkeit. Ein Forscher verfolgt nicht mehr nur ein einziges Projekt während seiner gesamten Berufslaufbahn, etwa die Entwicklung einer Gesellschaftstheorie. Forschung ist viel stärker auf die Lösung kurzfristig handhabbarer und anwendungsrelevanter Problemstellungen bezogen. Das Ziel dieser Wissensproduktion besteht im Ankurbeln von Innovationen; für die Qualitätsmessung dieses Wissens sind daher nicht nur wissenschaftliche Kriterien maßgeblich. Die „Modus 2"-Wissenschaft ist die gegenüber den Ansprüchen aus Politik, Wirtschaft und Öffentlichkeit prinzipiell offene Projektforschung.

Das Fazit der Wissenschaftsforscher lautet dementsprechend: „We argue that as Mode 1 has become the mode of production characteristic of disciplinary research institutionalised largely in universities, so Mode 2 is characterised by transdisciplinarity and institutionalised in a more heterogeneous and flexible socially distributed system." (Gibbons et al. 1994: 11) Am Rande sei erwähnt, dass die Autoren eine interessante Erklärung für den Übergang zu „Modus 2" anbieten. Sie argumentieren, dass in den heutigen Massenuniversitäten wissenschaftliche Spezialisten ausgebildet werden, die jedoch keine Chance (und vielleicht auch gar kein Interesse) haben, einen Platz in der universitären Forschung zu finden. Stattdessen werden – infolge des Auswanderungsdrucks aus den Universitäten – außeruniversitäre Orte der Wissensproduktion immer wichtiger, z.B. Beratungsagenturen, Think Tanks, private Labors und Forschungseinrichtungen. Die Universitäten, indem sie qualifizierte Absolventen produzieren, tragen gewissermaßen selbst zur Unterminierung ihres eigenen Monopols auf Wissensproduktion bei. Der Substanzverlust der Universitäten ergibt sich aus dieser Perspektive als nicht-intendierte Nebenfolge der Vermassung der Universität und damit gerade aus der ihr ursprünglich zugeschriebenen Bedeutung als primärer Wissensproduzent. „Modus 2" erscheint auf diese Weise als Folge der ungesteuerten Herausbildung neuer Wissensmärkte – auf denen die Universitäten nicht mehr die Hauptrolle spielen.

Eines wird an dieser Stelle offensichtlich: Die Wissensgesellschaft, sofern heute schon Realität, lässt sich nicht als eine Wissenschaftsgesellschaft begreifen. Die Relativierung der Wissenschaft markiert eine wichtige Korrektur gegenüber der alten, stark wissenschaftslastigen Debatte über die Wissensgesellschaft. Wer Wissensgesellschaft mit Wissenschaftsgesellschaft gleichsetzt, muss davon ausgehen, dass ein bestimmtes Funktionssystem – nämlich die Wissenschaft – die Gesellschaft als Ganzes repräsentiert bzw.

dass die Gesellschaft durch die Wissenschaft gesteuert werden kann. Wissensgesellschaft in ihrer gegenwärtigen Gestalt bezeichnet demgegenüber fast das Gegenteil: Die Wissensproduktion, so lauten maßgebliche Befunde, ist heute längst nicht mehr nur eine Sache der Wissenschaft und der Universitäten, vielmehr wird relevante Expertise in allen Bereichen der Gesellschaft und unter Beteiligung potenziell aller produziert. Es ist diese Multiplikation von Orten relevanter Wissensproduktion sowie die enge Kopplung zwischen Wissenschaft und anderen Systemen (Politik, Wirtschaft usw.), weswegen man heute mit guten Gründen von einer Wissensgesellschaft reden kann (Stichweh 2006). Modern ist diese Gesellschaftsdiagnose in dem Sinne, dass sie – im Wissen um die irreversible Pluralisierung von Gesellschafts- und Politikidealen – definitiv auf Sollensfragen oder kritische Präskriptionen verzichtet (dazu Vobruba 2009: 61ff.). Konsequenter als andere Gesellschaftsdiagnosen verschließt sie sich kulturkritischen Positionen. Der Alarmismus ebbt dementsprechend stark ab. Vielleicht ist die „Wissensgesellschaft" darum in Fachkreisen geringeren Vorbehalten ausgesetzt als konkurrierende Zeitdiagnosen. Ob mit dem expliziten Verzicht auf Gesellschaftskritik auch der Reiz der Zeitdiagnostik verloren geht, ist eine andere Frage.

4 Wissensgesellschaft als Ideologie?

Von marxistischer Seite ist in letzter Zeit verstärkt der Vorwurf zu hören gewesen, dass die Zeitdiagnose „Wissensgesellschaft" in Wirklichkeit Ideologie sei (Bittlingmayer 2005). Schließlich werde Wissen heute zur Ware degradiert; der Wissenserwerb stehe unter dem Primat der ökonomischen Verwertbarkeit von Wissen („Ausbildung statt Bildung"); die Menschen würden zu lebenslangem Lernen und damit zu Flexibilität und Mobilität verurteilt, um konkurrenzfähig zu bleiben. Der oder die Einzelne wird damit zum alleinverantwortlichen Organisationsbüro seiner eigenen Karriere, auch als abhängig Beschäftigte(r). Er oder sie wird, mit anderen Worten, zum „unternehmerischen Selbst" (Bröckling 2007). Vor allem aber werde geflissentlich übersehen, dass sich im Kontext der gesteigerten Bedeutung von Wissen die alte Kluft zwischen Arm und Reich nun über den Umweg des massiv aufgewerteten Bildungsaspekts reproduziere. Weil in der Wissensgesellschaft nach wie vor formale Bildungstitel von hoher Bedeutung sind und weil es zudem in hohem Maß darum geht, neben den zertifizierten Kompetenzen die Selbstorganisationsfähigkeit im Umgang mit Wissen zu entwickeln, seien die bildungsbeflissenen Schichten nach wie vor bevorzugt. Die Apologeten der Wissensgesellschaft jedoch gingen letztlich von einer

Nivellierung sozialer Ungleichheit aus, und zwar aufgrund der Annahme, dass das Wissen mittelfristig durch alle Schichten und Klassen diffundiere. Systematische Bildungsbarrieren würden daher erst gar nicht thematisiert. Die Wissensgesellschaft, kurz zusammengefasst, erscheint als ein ideologischer Diskurs, weil die realen Herrschafts- und Ungleichheitsverhältnisse ausgeblendet werden.

Dass ein positiver Zusammenhang zwischen Wissen, Bildung und Ungleichheit besteht, darauf hat in einflussreichen Arbeiten der französische Soziologe Pierre Bourdieu (1930–2002) hingewiesen. In seiner empirisch reich illustrierten Analyse sozialer Schichtung schreibt er dem Wissen einen zentralen Stellenwert zu, wobei es hier weniger um reflexiv verfügbares Wissen als vielmehr jene habitualisierte Expertise handelt, die sich im instinktsicheren Wissen um den „richtigen Stil" und den „guten Geschmack" ausdrückt (Bourdieu 1982). Soziale Ungleichheiten werden von Bourdieu nicht einfach nur als Folge des ungleich verteilten ökonomischen Kapitals verstanden, sondern gleichfalls als kulturelles Phänomen. Dementsprechend liegt sein Hauptaugenmerk auf der Ungleichverteilung des *kulturellen Kapitals.* Wichtige Ausformungen des kulturellen Kapitals sind nach Bourdieu (1983) das objektivierte, das institutionalisierte sowie das inkorporierte Kulturkapital. *Objektiviertes* Kulturkapital meint den materiellen Besitz von Kulturgütern. Unter dem Begriff des *institutionalisierten* kulturellen Kapitals fällt der Besitz von Bildungstiteln, z.B. Universitätsabschlüsse. Als *inkorporiertes* kulturelles Kapital lassen sich jene schwer fassbaren Dispositionen und Fähigkeiten verstehen, die für den sozialen Aufstieg unabdingbar sind und in der Konkurrenz den feinen Unterschied ausmachen: Lernbereitschaft, Selbstorganisationsfähigkeit, prinzipielles Interesse an Erkenntnis usw. Die verschiedenen Formen des kulturellen Kapitals sind aufeinander verwiesen: So setzt beispielsweise ein akademischer Titel auf der Basis von zertifiziertem Wissen eine bestimmte Disposition zum Wissen voraus. Und diese Disposition wird in erster Linie im Elternhaus vermittelt. Der von Bourdieu formulierte enge Zusammenhang zwischen familialer Herkunft und individuellem Bildungserfolg ist seitens der Bildungsforschung mittlerweile vielfach nachgewiesen. Kurz gesagt: Über den zukünftigen Erfolg der Kinder im Berufsleben entscheiden Anzahl und Qualität der Bücher, die im elterlichen Bücherschrank stehen.

Im Anschluss an Bourdieu argumentieren nun die linken Kritiker der Wissensgesellschaft, dass die zunehmende Bedeutung des Wissens keinesfalls gleichbedeutend sei mit der Überwindung industriegesellschaftlich geprägter Ungleichheiten. Genauso wie die Bildungsexpansion der 1970er-Jahre nicht die Aufhebung von Bildungsungleichheiten zur Folge hatte (trotz der Zunahme höherer Bildungsabschlüsse), so biete die Wissensgesellschaft den benachteiligten Schichten nicht automatisch ungeahnte und beschleunigte Aufstiegschancen. In Wirklichkeit öffne sich die Kluft zwischen den Bildungsgewinnern aus der Mittelschicht und den Verlierern immer stärker. Die Wahrscheinlichkeit, dass jemand z.B. an Weiterbildungsmaßnahmen teilnimmt, steigt mit höherem Schulabschluss und höherem Einkommen. Das heißt, der allgegenwärtige Imperativ zum lebenslangen Lernen wird nur bei denjenigen wirklich fruchtbar, die ihn aufgrund ihrer Position und ihrer Karriereperspektiven ohnehin selbstständig praktizieren. Gravierende Probleme ergeben sich insbesondere für Migranten. Diese verfügen in aller Regel über signifikant niedrigere formale Bildungstitel und vererben diese Insuffizienz gewissermaßen an ihre Kinder weiter. Deswegen müsste hierzulande die Debatte über Exklusionsgefahren im Bildungsbereich ganz anders ansetzen. Ausführlich gestritten wird ja gerne über die Studiengebühren. Doch hier liegt gar nicht das Problem. Das Problem – Stichwort kulturelles Kapital – liegt in der Förderung sprachlicher Kompetenzen im frühkindlichen Alter, während der Kindergartenzeit. Doch gerade die Kindergartenpädagogik ist in unserer Gesellschaft ein Stiefkind.

Doch wird vonseiten der Soziologie nicht die Bedeutung formaler Bildungsabschlüsse überschätzt? Man könnte einwenden: Bill Gates hat ja auch kein Informatikdiplom, obwohl er immerhin eine kurze Zeit lang in Harvard studierte. Oder: Studierende an Technischen Universitäten werden von Firmen abgeworben, noch bevor sie ihr Studium abgeschlossen haben. Ist der Glaube an Zeugnisse und Zertifikate darum nicht gründlich veraltet? Eher nicht. Zwar hat der Besitz akademischer Titel seine Garantiefunktion für hohes Einkommen und Prestige eingebüßt, selbst in Österreich. Gleichwohl sind formale Bildungstitel heute zu einer zwingend notwendigen Voraussetzung geworden, um überhaupt einen erträglichen – wenn auch nicht unbedingt einträglichen – Job zu bekommen. Genau deswegen sind wir nach der Matura oder dem Abitur erst einmal auf die Universität gegangen, vorsichtshalber sozusagen und natürlich: mangels attraktiver Alternativen. Und die Statistik gibt uns recht: Die Akademiker-Arbeitslosigkeit liegt derzeit in Österreich bei 2,5 Prozent, die nationale Arbeitslosenquote beläuft sich dagegen auf sieben Prozent. Gleichzeitig dreht diese Akademisierung an der Schraube der Professionalisierung. So wird in vielen Branchen mittlerweile für Tätigkeiten auf Praktikantenniveau ein Studienabschluss gefordert.

Ganz offensichtlich ist die Durchsetzung der Wissensgesellschaft nicht gleichzusetzen mit der Überwindung sozialer Ungleichheiten. Davon reden ernst zu nehmende Theoretiker der Wissensgesellschaft im Übrigen auch nicht. Nico Stehr, der mit seiner Studie „Arbeit, Eigentum und Wissen“

(1994) die jüngere Debatte um die Wissensgesellschaft maßgeblich intensiviert hat, geht vielmehr davon aus, dass sich das Wissen in der Wissensgesellschaft zum Stratifikationsprinzip entwickelt. Das heißt, Wissen wird zur maßgeblichen Ressource für die (Re-)Produktion sozialer Ungleichheit. Schließlich darf man annehmen, dass Wissen je nach Herkunft, Stand und Klasse unterschiedlich verteilt ist bzw. dass sich die gegenwärtige Gesellschaft nach „Wissensgewinnern" und „Wissensverlierern" neu sortiert. Die plausible Überlegung lautet, dass Wissensgesellschaften keineswegs egalitäre Gesellschaften sind, im Gegenteil. Weder ist das Wissen heute gerechter oder gleichmäßiger verteilt als früher, noch gibt es eine Gewähr dafür, dass sich das zukünftig ändern wird. Was Stehr und andere Autoren allerdings nicht mitliefern, sind systematische Überlegungen zur sozialen Ungleichheit in der Wissensgesellschaft. Zwar listet Stehr einige wissensfundierte Handlungskompetenzen auf, die zur (Re-)Produktion sozialer Ungleichheit beitragen (Stehr 1994: 194ff.). Aber diese Beschreibung formuliert eher eine Forschungsprogrammatik und lässt keine Aussagen darüber zu, inwiefern sich die Strukturen sozialer Ungleichheit in Wissensgesellschaften von jenen in Industriegesellschaften unterscheiden.

Doch egal, ob man die Rede von der Wissensgesellschaft nun marxistisch als Ideologie oder eher als schlichte Beschreibung einer Realität auffasst, die einem gefällt oder nicht: Interessant ist in unserem Zusammenhang vor allem die Tatsache, dass in dieser Kontroverse sich einmal mehr die Materialität der Zeitdiagnostik erweist. Gerade die Kontroverse um die Wissensgesellschaft zeigt, wie die Sozialwissenschaften die Gesellschaft, die sie beobachten, gleichzeitig mitprägen.

Die Wissensgesellschaft gehört heute längst zum Inventar jener einflussreichen und ursprünglich aus den Sozialwissenschaften stammenden Beschreibungsformeln wie Industriegesellschaft, Dienstleistungsgesellschaft oder Risikogesellschaft. Aufgrund ihrer Präsenz in vielen Diskursen ist sie prägend für unsere alltäglichen Deutungen der sozialen Welt. Die Wissensgesellschaft ist aus dieser Perspektive ein weiteres schönes Beispiel für die Einbettung der Soziologie in ihre Gesellschaft. Es ist nicht zu übersehen, dass die Soziologie mithilfe derartiger Begriffsprägungen den Rahmen des Denkmöglichen mitbestimmt – und damit den Rahmen dessen, was gesellschaftlich als machbar, möglich und wünschenswert erscheint.

Immer vorausgesetzt natürlich, die Gesellschaft nimmt von ihren Gesellschaftsdiagnosen überhaupt Notiz.

Überprüfungsfragen

Kapitel 1 (Der diskrete Charme der Gesellschaftsdiagnostik)
- Was ist typisch für Gesellschaftsdiagnosen? Woran erkennt man Gesellschaftsdiagnosen bzw. Zeitdiagnosen oft schon auf den ersten Blick?
- Welche Vorbehalte gibt es seitens der Wissenschaft gegenüber der Zeitdiagnostik? Welchen Nutzen schreibt man ihr zu?
- Was charakterisiert den historischen Entstehungskontext der Zeitdiagnostik? Warum will die frühe Zeitdiagnostik ihre Zeitgenossen aufrütteln und alarmieren?

Kapitel 2 (Die Geburt der Zeitdiagnose aus dem Geist der Kulturkritik)
- Wodurch sieht Johann Gottlieb Fichte sein eigenes Zeitalter charakterisiert? Woher nimmt der deutsche Idealismus seinen festen Glauben an ein „Happy End" in der Geschichte?
- Was verbirgt sich hinter dem „Dreistadiengesetz" von Auguste Comte? Wodurch sind die einzelnen Zeitalter charakterisiert? Welche Rolle kommt der Soziologie in Comtes Geschichtsphilosophie zu?
- Durch welchen (Aber-)Glauben sieht Nietzsche sein eigenes Zeitalter in erster Linie charakterisiert? Welche Therapie empfiehlt Nietzsche für das Leiden seiner Zeit?

Kapitel 3 (Dialektik der Aufklärung)
- Welche Kernthese formulieren Horkheimer und Adorno in der „Dialektik der Aufklärung"? Was bezeichnen Horkheimer und Adorno in ihrem Buch als „Aufklärung"? Welcher zeitgeschichtliche Hintergrund motiviert ihre Zeitdiagnose?
- Was versteht Heidegger unter „Subjektivierung"? Welches Problem hat er mit dieser Subjektivierung?
- Was ist für Heidegger das Neue an der Neuzeit? Warum bewertet Heidegger das Zeitalter des Humanismus nicht als Fortschritt für die Menschheit?

Kapitel 4 (Die technologische Gesellschaft)
- Was versteht Jacques Ellul unter „technologischer Gesellschaft"? Inwiefern lassen sich die verschiedenen Gesellschaftsbereiche (Ökonomie, Kultur usw.) als technisch dominiert verstehen?
- Was sind – Helmut Schelsky zufolge – Aufgaben und Zielstellungen der Politik in der technologischen Gesellschaft? Warum hat Schelsky mit der technologischen Gesellschaft kein größeres Problem?
- Arnold Gehlen sagt, dass das technisch-industrielle Zeitalter durch „Kristallisation" betroffen sei. Was bedeutet das? Welche Rolle spielt die „Superstruktur" für diese kristallisierte Gesellschaft?

Kapitel 5 (Risikogesellschaft)

- Warum bezeichnet Beck die moderne Gesellschaft als Risikogesellschaft? Durch welchen zeitgeschichtlichen Kontext ist seine Zeitdiagnose motiviert?
- Was heißt Individualisierung im Beck'schen Sinne? Was unterscheidet „halbierte" und „vollständige" Individualisierung?
- Was meint Beck mit dem Begriff der Subpolitisierung? Welche Lesarten dieser Subpolitisierung entwickelt Beck in seinen Werken?

Kapitel 6 (Sicherheitsgesellschaft)

- Welches Verständnis von Kriminalität ist für die Sicherheitsgesellschaft prägend? Welche Form der Kriminalitätsbekämpfung ergibt sich aus diesem Verständnis?
- Welches Überwachungsmodell steht hinter der Videoüberwachung? Was ist ein Panopticon?
- Durch welche Diskurse und Praktiken ist die gegenwärtige „Kontrollkultur" (Garland) geprägt? Was charakterisiert demgegenüber das wohlfahrtsstaatliche Modell der Verbrechenskontrolle?
- In der Sicherheitsgesellschaft ändern sich Stellenwert und Funktion des Gefängnisses. Was heißt das? Welchen Zwecken dient die Strafe im Wohlfahrtsstaat bzw. in der Sicherheitsgesellschaft?

Kapitel 7 (Bürgergesellschaft)

- Warum bereist der französische Adelige Alexis de Tocqueville in den 1830er-Jahren Amerika? Was beschreibt Tocqueville als „typisch amerikanisch"? Welchen Nutzen schreibt er der aktiven Bürgerpartizipation zu?
- Was versteht man unter „bürgerschaftlichem Engagement"? Warum lebt die Debatte um das bürgerschaftliche Engagement derzeit wieder auf?
- Worin erkennt Robert Putnam eine Gefährdung des „Social Capital"? Welche Gründe gibt er dafür an?
- Bürgergesellschaft oder bürgerliche Gesellschaft – macht das einen Unterschied? Was sind zentrale Charakteristika der bürgerlichen Gesellschaft? Marx kritisiert die bürgerliche Gesellschaft vehement, gleichzeitig begrüßt er sie begeistert: Warum?

Kapitel 8 (Die durchrationalisierte Gesellschaft)

- Was versteht George Ritzer unter „McDonaldisierung der Gesellschaft"? Was sind die zentralen Prinzipien der „McDonaldisierung"?
- Was hat Ritzers Zeitdiagnose mit Max Webers Bürokratisierungstheorie gemein? Was charakterisiert die bürokratische Herrschaft (nach Weber)?
- Norbert Elias hat den Zivilisationsprozess als Rationalisierungsprozess beschrieben. Auf welche Aspekte richtet er dabei sein Hauptaugenmerk? Was ist bei ihm mit Rationalisierung gemeint?
- In seinem Buch „Die einsame Masse" hat David Riesman die Durchsetzung eines neuen Sozialcharakters beschrieben. Was zeichnet diesen Typus aus? Welche gesellschaftliche Entwicklung begünstigt die Durchsetzung dieses Typus?

Kapitel 9 (Die Erlebnisgesellschaft)

- Die Erlebnisgesellschaft ist, Gerhard Schulze zufolge, durch eine „innenorientierte" Lebensauffassung geprägt. Was ist darunter zu verstehen? Und was muss man sich, im Gegensatz dazu, unter „Außenorientierung" vorstellen?
- Die Erlebnisgesellschaft ist nicht nach Klassen geordnet, sondern in soziale Milieus untergliedert. Was genau ist ein „Milieu"? Welche Milieus finden sich in der Erlebnisgesellschaft?
- Die Kritik an einer „kalten" und entfremdenden Gesellschaft verbindet sich oft mit der Verherrlichung der „wärmenden" Gemeinschaft. Welche Probleme ergeben sich daraus für die Sphäre des Politischen und das menschliche Zusammenleben?
- Peter Gross hat das Schlagwort von der „Multioptionsgesellschaft" geprägt. Was charakterisiert diese Gesellschaft? Was sind ihre Schattenseiten? Gibt es eine wirksame Therapie gegen die Auswüchse der Multioptionsgesellschaft?

Kapitel 10 (Wissensgesellschaft)

- Welche Basisannahme steckt hinter der Rede von der Wissensgesellschaft? Was ist mit der Behauptung gemeint, dass Wissen in der Wissensgesellschaft zur Ressource werde?
- Warum lässt sich Daniel Bells „postindustrielle Gesellschaft" als Wissensgesellschaft verstehen? Was sind deren zentrale Strukturen? Wie verändern sich Technikentwicklung, Sozialstruktur und Konfliktdynamik in der Wissensgesellschaft?
- Was versteht man unter Dienstleistungsgesellschaften? Was heißt „Tertiarisierung"? Wie erklärt Jean Fourastié den Prozess der Tertiarisierung? Mit welchen Hoffnungen verbindet Fourastié diesen Prozess?
- Peter Drucker hat als einer der ersten von der Wissensgesellschaft gesprochen. Worin sieht er die zentrale Herausforderung für Wissensgesellschaften?

Literatur

Adloff, Frank (2005): Zivilgesellschaft. Theorie und politische Praxis. Frankfurt am Main/New York: Campus.

Adorno, Theodor W./Albert, Hans/Dahrendorf, Ralf/Habermas, Jürgen/Pilot, Harald/ Popper, Karl (Hg. 1993): Der Positivismusstreit in der deutschen Soziologie. München: dtv (Orig. 1969).

Agamben, Giorgio (2002): Homo Sacer. Die souveräne Macht und das nackte Leben. Frankfurt am Main: Suhrkamp.

Arbeitsgruppe SubArO (Hg. 2005): Ökonomie der Subjektivität - Subjektivität der Ökonomie. Berlin: sigma.

Aron, Raymond (1964): Die industrielle Gesellschaft. 18 Vorlesungen. Frankfurt am Main: Fischer.

Bauman, Zygmunt (1995): Moderne und Ambivalenz. Das Ende der Eindeutigkeit. Frankfurt am Main: Fischer (engl. Orig. 1991).

Beck, Ulrich (1986): Risikogesellschaft. Auf dem Weg in eine andere Moderne. Frankfurt am Main: Suhrkamp.

Beck, Ulrich (1988): Gegengifte. Die organisierte Unverantwortlichkeit. Frankfurt am Main: Suhrkamp.

Beck, Ulrich (1993): Die Erfindung des Politischen. Zu einer Theorie reflexiver Modernisierung. Frankfurt am Main: Suhrkamp.

Bell, Daniel (1979): Die nachindustrielle Gesellschaft. Reinbek: Rowohlt (amerik. Orig. 1973).

Bittlingmayer, Uwe H. (2005): „Wissensgesellschaft" als Wille und Vorstellung. Konstanz: UVK.

Blumenberg, Hans (1996): Die Legitimität der Neuzeit. Erneuerte Ausgabe. Frankfurt am Main: Suhrkamp (Orig. 1966).

Bollenbeck, Georg (2007): Eine Geschichte der Kulturkritik. Von Rousseau bis Günther Anders. München: C.H. Beck.

Bonß, Wolfgang (1995): Vom Risiko - Unsicherheit und Ungewissheit in der Moderne. Hamburg: Hamburger Edition.

Bourdieu, Pierre (1982): Die feinen Unterschiede. Kritik der gesellschaftlichen Urteilskraft. Frankfurt am Main: Suhrkamp.

Bourdieu, Pierre (1983): Ökonomisches Kapital, kulturelles Kapital, soziales Kapital. In: Reinhard Kreckel (Hg.). Soziale Ungleichheiten. Soziale Welt, Sonderband 2, S. 183–198.

Bröckling, Ulrich (2007): Das unternehmerische Selbst. Soziologie einer Subjektivierungsform. Frankfurt am Main: Suhrkamp.

Brosziewski, Achim/Eberle, Thomas S./Maeder, Christoph (Hg. 2001): Moderne Zeiten. Reflexionen zur Multioptionsgesellschaft. Konstanz: UVK.

Comte, Auguste (1956): Rede über den Geist des Positivismus, hrsg. von I. Fetscher. Hamburg: Felix Meiner (frz. Orig. 1844).

Crouch, Colin (2008): Postdemokratie. Frankfurt am Main: Suhrkamp (engl. Orig. 2004).

Dahme, Heinz-Jürgen/Wohlfahrt, Norbert (2009): Zivilgesellschaft und „managerieller" Staat. Bürgerschaftliche Sozialpolitik als Teil instrumenteller Governance. In: Bode, Ingo (Hg.): Bürgergesellschaft als Projekt. Wiesbaden: VS, S. 240–264.

Dahrendorf, Ralf (1961): Elemente einer Theorie des sozialen Konflikts. In: Ders: Gesellschaft und Freiheit. Zur soziologischen Analyse der Gegenwart. München: Piper, S. 197–235.

Dahrendorf, Ralf (1992): Der moderne soziale Konflikt. Essay zur Politik der Freiheit. Stuttgart: DVA.

de Solla Price, Derek J. (1974): Little Science, Big Science. Von der Studierstube zur Großforschung. Frankfurt am Main: Suhrkamp (amerik. Orig. 1963).

Dröge, Kai/Magnin, Chantal (2008): Integration durch Partizipation? Zum Verhältnis von formeller und informeller Bürgerbeteiligung am Beispiel der Stadtplanung. Zeitschrift für Rechtssoziologie, 1, S. 103–121.

Drucker, Peter (1972): Die Zukunft bewältigen. Aufgaben und Chancen im Zeitalter der Ungewißheit. München: Droemer Knaur (amerik. Orig. 1969: The Age of Discontinuity: Guidelines to Our Changing Society).

Durkheim, Emile (1992): Über soziale Arbeitsteilung. Studie über die Organisation höherer Gesellschaften. Frankfurt am Main: Suhrkamp (frz. Orig. 1893).
Elias, Norbert (1997): Über den Prozess der Zivilisation. Soziogenetische und psychogenetische Untersuchungen (Bd. 2). Frankfurt am Main: Suhrkamp (Orig. 1939).
Ellul, Jacques (1964): The Technological Society. New York: Vintage Books (frz. Orig. 1954).
Enquete-Kommission des Deutschen Bundestags (2002): Bürgerschaftliches Engagement: auf dem Weg in eine zukunftsfähige Bürgergesellschaft. Bericht. Drucksache 14/8900.
Felt, Ulrike/Nowotny, Helga/Taschwer, Klaus (1995): Wissenschaftsforschung. Eine Einführung. Frankfurt/New York: Campus.
Fichte, Johann Gottlieb (1962): Die Grundzüge des gegenwärtigen Zeitalters. In: Ausgewählte Werke in sechs Bänden, Bd. 4, hrsg. von F. Medicus. Darmstadt: Wissenschaftliche Buchgesellschaft, S. 393–648 (Orig. 1806).
Foucault, Michel (1977): Überwachen und Strafen. Die Geburt des Gefängnisses. Frankfurt am Main: Suhrkamp (frz. Orig. 1975).
Fourastié, Jean (1954): Die große Hoffnung des 20. Jahrhunderts. Köln: Bund-Verlag (frz. Orig. 1949).
Freyer, Hans (1960): Über das Dominantwerden technischer Kategorien in der Lebenswelt der industriellen Gesellschaft. Verlag der Akademie der Wissenschaften und der Literatur in Mainz. Wiesbaden: Steiner.
Fukuyama, Francis (1992): Das Ende der Geschichte. Wo stehen wir? München: Kindler (amerik. Orig. 1992).
Galbraith, John Kenneth (1959): Gesellschaft im Überfluß. München/Zürich: Droemersche Verlagsanstalt (amerik. Orig. 1958).
Garland, David (2008): Kultur der Kontrolle: Verbrechensbekämpfung und soziale Ordnung in der Gegenwart. Frankfurt am Main/New York: Campus (amerik. Orig. 2001).
Gehlen, Arnold (2004): Die Seele im technischen Zeitalter und andere sozialpsychologische, soziologische und kulturanalytische Schriften, hrsg. von K.-S. Rehberg. Frankfurt am Main: Klostermann (Orig. 1957).
Gibbons, Michael/Limoges, Camille/Nowotny, Helga/Schwartzman, Simon/Scott, Peter/ Trow, Martin (1994): The New Production of Knowledge: The Dynamics of Science and Research in Contemporary Societies. London: Sage.
Giddens, Anthony (1991): Modernity and Self-Identity – Self and Society in the Late Modern Age. Stanford/CA: Stanford University Press.
Giddens, Anthony (1995): Konsequenzen der Moderne. Frankfurt am Main: Suhrkamp.
Gramsci, Antonio (1992): Gefängnishefte, Bd. 4 (Hefte 6–7), hrsg. von K. Bochmann und W.F. Haug. Hamburg: Argument (ital. Orig. 1930/31).
Groenemeyer, Axel (2010): Wege der Sicherheitsgesellschaft. Transformationen der Konstruktion und Regulierung von Unsicherheiten. In: Ders. (Hg.): Wege der Sicherheitsgesellschaft. Gesellschaftliche Transformationen der Konstruktion und Regulierung innerer Unsicherheiten. Wiesbaden: VS, S. 7–19.
Gross, Peter (1994): Die Multioptionsgesellschaft. Frankfurt am Main: Suhrkamp.
Habermas, Jürgen (1969): Technik und Wissenschaft als „Ideologie". Frankfurt am Main: Suhrkamp.
Häußermann, Hartmut/Siebel, Walter (1995): Dienstleistungsgesellschaften. Frankfurt am Main: Suhrkamp.
Hegel, Georg Wilhelm Friedrich (1970): Vorlesungen über die Philosophie der Geschichte. Hegel Werke Bd. 12, hrsg. von E. Moldenhauer und K.M. Michel. Frankfurt am Main: Suhrkamp (Orig. 1840).
Heger, Nora (2010): Die Entwicklung der Sicherheitsgesellschaft am Beispiel der Videoüberwachung am Wiener Schwedenplatz. In: Groenemeyer, Axel (Hg.): Wege der Sicherheitsgesellschaft. Gesellschaftliche Transformationen der Konstruktion und Regulierung innerer Unsicherheiten. Wiesbaden: VS, S. 343–357.

Heidegger, Martin (1977): Die Zeit des Weltbildes. In: Ders.: Holzwege. Gesamtausgabe Bd. 5, hrsg. von F.-W. v. Herrmann. Frankfurt am Main: Klostermann, S. 75–113 (Orig. 1938).

Heidegger, Martin (1992): Was heißt Denken? Vorlesung Wintersemester 1951/52. Stuttgart: Reclam.

Heidegger, Martin (1994): Bremer und Freiburger Vorträge. 1. Einblick in das was ist (1949). 2. Grundsätze des Denkens (1957). Gesamtausgabe Bd. 79, hrsg. von P. Jaeger. Frankfurt am Main: Klostermann.

Heidegger, Martin (2000): Gelassenheit. In: Ders.: Reden und andere Zeugnisse eines Lebenswegs (1910–1976). Gesamtausgabe Bd. 16, hrsg. von H. Heidegger. Frankfurt am Main: Klostermann, S. 517–529 (Orig. 1955).

Hempel, Leon/Metelmann, Jörg (Hg. 2005): Bild – Raum – Kontrolle: Videoüberwachung als Zeichen gesellschaftlichen Wandels. Frankfurt am Main: Suhrkamp.

Hitzler, Ronald/Honer, Anne (1994): Bastelexistenz – Über subjektive Konsequenzen der Individualisierung. In: Beck, Ulrich/Beck-Gernsheim, Elisabeth (Hg.): Riskante Freiheiten. Individualisierung in modernen Gesellschaften. Frankfurt am Main: Suhrkamp, S. 307–315.

Hobbes, Thomas (1984): Leviathan – oder Stoff, Form und Gewalt eines kirchlichen und bürgerlichen Staates, hrsg. von I. Fetscher. Frankfurt am Main: Suhrkamp, 14. Aufl. (engl. Orig. 1651).

Honneth, Axel (1994): Desintegration. Bruchstücke einer soziologischen Zeitdiagnose. Frankfurt am Main: Fischer.

Horkheimer, Max (1988): Der neueste Angriff auf die Metaphysik. In: Ders.: Gesammelte Schriften, Bd. 4, hrsg. von A. Schmidt u. G. Schmid Noerr, Frankfurt am Main: Fischer, S. 108–161 (Orig. 1937).

Horkheimer, Max (1992): Traditionelle und kritische Theorie. In: Ders.: Traditionelle und kritische Theorie. Fünf Aufsätze. Frankfurt am Main: Fischer, S. 205–259 (Orig. 1937).

Horkheimer, Max/Adorno, Theodor W. (1988): Dialektik der Aufklärung. Philosophische Fragmente. Frankfurt am Main: Fischer (Orig. 1944).

Huntington, Samuel (2002): Kampf der Kulturen. Die Neugestaltung der Weltpolitik im 21. Jahrhundert. München: Goldmann.

Inglehart, Ronald (1977): The Silent Revolution. Changing Values and Political Styles Among Western Publics. Princeton, NJ: Princeton University Press.

Jacobs, Jane (1961): Death and Life of Great American Cities. New York: Random House.

Jay, Martin (1981): Dialektische Phantasie. Die Geschichte der Frankfurter Schule und des Instituts für Sozialforschung 1923–1950. Frankfurt am Main: Fischer.

Jünger, Friedrich Georg (2010): Die Perfektion der Technik. Frankfurt am Main: Klostermann, 8. Aufl. (Orig. 1944).

Kant, Immanuel (1968): Idee zu einer allgemeinen Geschichte in weltbürgerlicher Absicht. In: Kants Werke (Akademie-Textausgabe), Bd. 8. Berlin: de Gruyter, S. 15–31 (Orig. 1784).

Karlauf, Thomas (2008): Stefan George: Die Entdeckung des Charisma. Berlin: Pantheon.

Kaube, Jürgen (2014): Max Weber. Ein Leben zwischen den Epochen. Berlin: Rowohlt.

Kebir, Sabine (1991): Antonio Gramscis Zivilgesellschaft. Hamburg: VSA.

Kern, Horst/Schumann, Michael (1984): Das Ende der Arbeitsteilung? Rationalisierung in der industriellen Produktion. München: C.H. Beck.

Kieserling, André (2002): Evergreens der Sozialkunde. In: Frankfurter Allgemeine Sonntagszeitung vom 21. April 2002, S. 68.

Klein, Ansgar (2002): Der Diskurs der Zivilgesellschaft. In: Meyer, Thomas/Weil, Reinhard (Hg.): Die Bürgergesellschaft. Perspektiven für Bürgerbeteiligung und Bürgerkommunikation. Bonn: Dietz Nachf., S. 37–64.

Kneer, Georg/Nassehi, Armin/Schroer, Markus (Hg. 2001): Soziologische Gesellschaftsbegriffe. Konzepte moderner Zeitdiagnosen. München: Fink (UTB).

Knorr Cetina, Karin (1984): Die Fabrikation von Erkenntnis. Zur Anthropologie der Naturwissenschaften. Frankfurt am Main: Suhrkamp.

Koch, Claus/Senghaas, Dieter (Hg. 1970): Texte zur Technokratiediskussion. Frankfurt am Main: Europäische Verlagsanstalt.

Konersmann, Ralf (2008): Kulturkritik. Frankfurt am Main: Suhrkamp.
Kratzer, Nick/Dunkel, Wolfgang/Becker, Karina/Hinrichs, Stephan (Hg. 2011): Arbeit und Gesundheit im Konflikt. Analysen und Ansätze für ein partizipatives Gesundheitsmanagement. Berlin: sigma.
Kreibich, Rolf (1986): Die Wissenschaftsgesellschaft. Von Galilei zur High-Tech-Revolution. Frankfurt am Main: Suhrkamp.
Kruse, Volker (1999): „Geschichts- und Sozialphilosophie" oder „Wirklichkeitswissenschaft"? Die deutsche historische Soziologie und die logischen Kategorien René Königs und Max Webers. Frankfurt am Main: Suhrkamp.
Latour, Bruno (1998): Wir sind nie modern gewesen. Versuch einer symmetrischen Anthropologie. Frankfurt am Main: Fischer (frz. Orig. 1991).
Legnaro, Aldo (1997): Konturen der Sicherheitsgesellschaft: Eine polemisch-futurologische Skizze. In: Leviathan 27, S. 271–284.
Lichtblau, Klaus (1991): Soziologie und Zeitdiagnose. Oder: Die Moderne im Selbstbezug. In: Müller-Dohm, Stefan (Hg.): Jenseits der Utopie. Theoriekritik der Gegenwart. Frankfurt am Main: Suhrkamp, S. 15–47.
Luedtke, Jens (2010): Die Ausweitung privater und staatlicher Raumkontrolle. Infragestellung der modernen (National-)Gesellschaft? In: Groenemeyer, Axel (Hg.): Wege der Sicherheitsgesellschaft. Gesellschaftliche Transformationen der Konstruktion und Regulierung innerer Unsicherheiten. Wiesbaden: VS, S. 268–295.
Luhmann, Niklas (1998): Die Moral des Risikos und das Risiko der Moral. In: Bechmann, Gotthard (Hg.): Risiko und Gesellschaft. Grundlagen und Ergebnisse interdisziplinärer Risikoforschung. Opladen: Westdeutscher Verlag, 2. Aufl., S. 327–338.
Luhmann, Niklas (2005): Die Weltgesellschaft. In: Ders.: Soziologische Aufklärung 2. Aufsätze zur Theorie der Gesellschaft. Wiesbaden: VS, 5. Aufl., S. 63–88 (Orig. 1971).
Maasen, Sabine/Weingart, Peter (2006): Unternehmerische Hochschule und neue Wissenschaftskultur. In: die hochschule. journal für wissenschaft und bildung 1, S. 19–45.
Marcuse, Herbert (1994): Der eindimensionale Mensch. Studien zur Ideologie der fortgeschrittenen Industriegesellschaft. München: dtv (amerik. Orig. 1964).
Marien, Michael (1977): The Two Visions of Post-industrial Society. In: Futures 9, S. 415–431.
Marx, Karl/Engels, Friedrich (1969): Manifest der Kommunistischen Partei. Stuttgart: Reclam (Orig. 1848).
Merton, Robert K. (1983): Auf den Schultern von Riesen: Ein Leitfaden durch das Labyrinth der Gelehrsamkeit. Frankfurt am Main: Suhrkamp (amerik. Orig. 1965).
Moldaschl, Manfred/Voß, G. Günter (Hg. 2002): Subjektivierung von Arbeit. München/ Mering: Hampp.
Münch, Richard (2010): Das Regime des Pluralismus. Zivilgesellschaft im Kontext der Globalisierung. Frankfurt am Main/New York: Campus.
Münch, Richard (2011): Akademischer Kapitalismus. Über die politische Ökonomie der Hochschulreform. Frankfurt am Main: Suhrkamp.
Nassehi, Armin (2001): Gesellschaftstheorie und Zeitdiagnose. Soziologie als gesellschaftliche Selbstbeschreibung. In: Bohn, Cornelia/Willems, Herbert (Hg.): Sinngeneratoren. Fremd- und Selbstthematisierung in soziologisch-historischer Perspektive. Konstanz: UVK, S. 551–570.
Neckel, Sighard (2011): Refeudalisierung der Ökonomie. Zum Strukturwandel kapitalistischer Wirtschaft. In: WestEnd. Neue Zeitschrift für Sozialforschung 8, S. 117–128.
Nietzsche, Friedrich (1999): Die Geburt der Tragödie. Unzeitgemäße Betrachtungen I–IV. Nachgelassene Schriften 1870–1873, hrsg. von G. Colli und M. Montinari (Bd. 1 der Kritischen Studienausgabe in 15 Bänden). Berlin: de Gruyter.
Offe, Claus (Hg. 2003): Demokratisierung der Demokratie. Diagnosen und Reformvorschläge. Frankfurt am Main/New York: Campus.
Osrecki, Fran (2011): Die Diagnosegesellschaft. Zeitdiagnostik zwischen Soziologie und medialer Popularität. Bielefeld: transcript.
Papcke, Sven (1991): Gesellschaftsdiagnosen. Klassische Texte der deutschen Soziologie im 20. Jahrhundert. Frankfurt am Main/New York: Campus.

Plessner, Helmuth (2003): Grenzen der Gemeinschaft. Eine Kritik des sozialen Radikalismus. In: Ders.: Macht und menschliche Natur. Gesammelte Schriften V. Frankfurt am Main: Suhrkamp, S. 7–133 (Orig. 1924).

Pongs, Armin (1999/2000): In welcher Gesellschaft leben wir eigentlich? 2 Bände. München: Dilemma-Verlag.

Popper, Karl R. (1992): Die offene Gesellschaft und ihre Feinde. Band 1: Der Zauber Platons. Mohr Siebeck (UTB) (Orig. 1945).

Putnam, Robert (1995): Bowling Alone: America's Declining Social Capital. In: Journal of Democracy 6, S. 65–78.

Reese-Schäfer, Walter (1996): Zeitdiagnose als wissenschaftliche Aufgabe. In: Berliner Journal für Soziologie 6, S. 377–390.

Reich, Robert B. (1991): The Work of Nations: Preparing Ourselves for 21st Century Capitalism. New York: Vintage Books.

Riesman, David (1958): Die einsame Masse. Eine Untersuchung der Wandlungen des amerikanischen Charakters. Reinbek: Rowohlt (amerik. Orig. 1950).

Ritzer, George (2006): Die McDonaldisierung der Gesellschaft. Konstanz: UVK, 4., völlig neue Ausgabe (amerik. Orig. 1993).

Rödel, Ulrich/Frankenberg, Günter/Dubiel, Helmut (1989): Die demokratische Frage. Frankfurt am Main: Suhrkamp.

Rousseau, Jean-Jacques (1995): Schriften zur Kulturkritik: Über Kunst und Wissenschaft (1750). Über den Ursprung der Ungleichheit unter den Menschen (1755), übers. und hrsg. von K. Weigand. Hamburg: Felix Meiner.

Safranski, Rüdiger (2001): Ein Meister aus Deutschland. Heidegger und seine Zeit. Frankfurt am Main: Fischer.

Schelsky, Helmut (1965): Der Mensch in der wissenschaftlichen Zivilisation. In: Ders: Auf der Suche nach der Wirklichkeit. Gesammelte Aufsätze. Düsseldorf/Köln: Diedrichs, S. 439–480 (Orig. 1961).

Scherr, Albert (2010): Innere Sicherheit und soziale Unsicherheit. Sicherheitsdiskurse als projektive Bearbeitung gesellschaftsstrukturell bedingter Ängste? In: Groenemeyer, Axel (Hg.): Wege der Sicherheitsgesellschaft. Gesellschaftliche Transformationen der Konstruktion und Regulierung innerer Unsicherheiten. Wiesbaden: VS, S. 23–39.

Schiller, Friedrich (2000): Über die ästhetische Erziehung des Menschen, hrsg. von K.L. Berghahn. Stuttgart: Reclam (Orig. 1795).

Schimank, Uwe (2007). Soziologische Gegenwartsdiagnosen Eine Einführung. In: Schimank, Uwe/Volkmann, Ute (Hg.): Soziologische Gegenwartsdiagnosen I. Eine Bestandsaufnahme. Wiesbaden: VS, 2. Aufl., S. 9–22.

Schimank, Uwe/Volkmann, Ute (Hg. 2007): Soziologische Gegenwartsdiagnosen I. Eine Bestandsaufnahme. Wiesbaden: VS, 2. Aufl.

Sennett, Richard (1983): Verfall und Ende des öffentlichen Lebens. Die Tyrannei der Intimität. Frankfurt am Main: Fischer (amerik. Orig. 1977).

Sennett, Richard (1998): The Corrosion of Character. The Personal Consequences of Work in the New Capitalism. New York: Norton (dt. Ausgabe 1998).

Selke, Stefan (2014): Lifelogging. Wie die digitale Selbstvermessung unsere Gesellschaft verändert. Berlin: Econ.

Simmel, Georg (1958): Der Streit. In: Ders.: Soziologie. Untersuchungen über die Formen der Vergesellschaftung. Berlin: Duncker & Humblot, S. 186–255 (Orig. 1908).

Singelnstein, Tobias/Stolle, Peer (2008): Die Sicherheitsgesellschaft. Soziale Kontrolle im 21. Jahrhundert. Wiesbaden: VS, 2. vollst. überarb. Aufl.

Sombart, Werner (1955): Der moderne Kapitalismus. Dritter Band: Das Wirtschaftsleben im Zeitalter des Hochkapitalismus. Erster Halbband: Die Grundlagen – Der Aufbau. Berlin: Duncker & Humblot (Orig. 1927).

Springer, Roland (1999): Rückkehr zum Taylorismus? Arbeitspolitik in der Automobilindustrie am Scheideweg. Frankfurt am Main/New York: Campus.

Stehr, Nico (1994): Arbeit, Eigentum und Wissen – Zur Theorie von Wissensgesellschaften. Frankfurt am Main: Suhrkamp.
Stichweh, Rudolf (2000): Die Weltgesellschaft. Soziologische Analysen. Frankfurt am Main: Suhrkamp.
Stichweh, Rudolf (2006): Die Universität in der Wissensgesellschaft: Wissensbegriffe und Umweltbeziehungen der modernen Universität. In: Soziale Systeme 12, S. 33–53.
Sutter, Barbara (2005): Von Laien und guten Bürgern. Partizipation als politische Technologie. In: Bogner, Alexander/Torgersen, Helge (Hg.): Wozu Experten? Ambivalenzen der Beziehung von Wissenschaft und Politik. Wiesbaden: VS, S. 220–240.
Taylor, Frederick W. (1922): Die Grundsätze wissenschaftlicher Betriebsführung. München: Oldenbourg (amerik. Orig. 1911).
Tocqueville, Alexis de (1985): Über die Demokratie in Amerika, hrsg. von J.P. Mayer. Stuttgart: Reclam (frz. Orig. 1835/1840).
Tönnies, Ferdinand (2005): Gemeinschaft und Gesellschaft. Grundbegriffe der reinen Soziologie. Darmstadt: Wissenschaftliche Buchgesellschaft (Orig. 1887).
Treiber, Hubert/Steinert, Heinz (2005): Die Fabrikation des zuverlässigen Menschen. Über die „Wahlverwandtschaft“ von Kloster- und Fabrikdisziplin. Münster: Westfälisches Dampfboot (Orig. 1980).
Van den Dale, Wolfgang/Krohn, Wolfgang/Weingart, Peter (Hg. 1979): Geplante Forschung. Vergleichende Studien über den Einfluß politischer Programme auf die Wissenschaftsentwicklung. Frankfurt am Main: Suhrkamp.
Vobruba, Georg (2009): Die Gesellschaft der Leute. Kritik und Gestaltung der sozialen Verhältnisse. Wiesbaden: VS.
Vormbusch, Uwe (2004): Accounting. Die Macht der Zahlen im gegenwärtigen Kapitalismus. In: Berliner Journal für Soziologie 1, S. 33–50.
Voß, G. Günther/Rieder, Kerstin (2005): Der arbeitende Kunde. Wie Konsumenten zu unbezahlten Mitarbeitern werden. Frankfurt am Main/New York: Campus.
Wacquant, Loïc (2009): Bestrafen der Armen: Zur neoliberalen Regierung der sozialen Unsicherheit. Opladen: Budrich.
Weber, Max (1980): Wirtschaft und Gesellschaft. Grundriss einer verstehenden Sozialwissenschaft. Tübingen: Mohr, 5. rev. Aufl. (Orig. 1922).
Weber, Max (1988a): Die „Objektivität“ sozialwissenschaftlicher und sozialpolitischer Erkenntnis. In: Ders.: Gesammelte Aufsätze zur Wissenschaftslehre, hrsg. von J. Winckelmann. Tübingen: Mohr Siebeck (UTB), S. 146–214 (Orig.1904).
Weber, Max (1988b): Die drei reinen Typen der legitimen Herrschaft. In: Ders.: Gesammelte Aufsätze zur Wissenschaftslehre, hrsg. von J. Winckelmann. Tübingen: Mohr Siebeck (UTB), S. 475–488 (Orig. 1922).
Weber, Max (1993): Die protestantische Ethik und der „Geist“ des Kapitalismus, hrsg. von K. Lichtblau und J. Weiß. Bodenheim: Athenäum (Orig. 1905).
Weyer, Johannes (2008): Techniksoziologie. Genese, Gestaltung und Steuerung sozio-technischer Systeme. Weinheim: Juventa.
Willke, Helmut (1998): Organisierte Wissensarbeit. In: Zeitschrift für Soziologie 27, S. 161–177.
Willke, Helmut (2002): Dystopia. Studien zur Krisis des Wissens in der modernen Gesellschaft. Frankfurt am Main: Suhrkamp.
Willke, Helmut (2005): Welche Expertise braucht die Politik? In: Bogner, Alexander/Torgersen, Helge (Hg.): Wozu Experten? Ambivalenzen der Beziehung von Wissenschaft und Politik. Wiesbaden: VS, S. 45–63.
Wilson, William Julius (1990): The Truly Disadvantaged: The Inner City, the Underclass, and Public Policy. Chicago: Chicago University Press.
Wittgenstein, Ludwig (1984): Tractatus logico-philosophicus. Werkausgabe Bd. 1. Frankfurt am Main: Suhrkamp (Orig. 1921).
Zedner, Lucia (2009): Security. London: Routledge.